한국 괴물 백과

한국 괴물 백과

곽재식 지음
이강훈 그림

1판 1쇄 발행. 2018년 12월 31일
2판 1쇄 발행. 2024년 1월 31일
2판 2쇄 발행. 2024년 8월 22일

편집. 박활성, 이동휘, 박새롬
디자인. 워크룸
제작. 세걸음

워크룸 프레스
03035, 서울시 종로구 자하문로19길 25, 3층
전화. 02-6013-3246
팩스. 02-725-3248
이메일. wpress@wkrm.kr
workroompress.kr

ISBN 979-11-93480-09-0 02910
32,000원

한국 괴물 백과

곽재식 지음

이강훈 그림

work
rk
—
ro
om

일러두기

1. 이 책에 실린 괴물은 18세기 이전의
문헌에 기록되어 원전이 분명하다고 판단한
것으로 한정했다.

2. 괴물의 이름이 불분명한 경우 임의로
이름을 붙이는 대신 괴물이 기록된 문헌에
등장하는 특징적 구절을 이름으로 삼고,
괴물을 설명할 때는 각 괴물이 기록된
문헌이나 괴물을 묘사한 공예품 등을
참고했다. 한편, 괴물에 관한 설명과
지은이의 상상 및 의견은 문단을 구분했다.

3. 괴물이 기록된 문헌과 각 설명에 자주
등장하는 문헌은 「참고 문헌」에서 관련
항목과 함께 정리했다.

ㅅ

ㅈ

신라의 신과 마귀, 『삼국유사』의 신화

서문

내가 왜 한국의 괴물에 관한 기록을 조사하기 시작했는지는 사실
정확히 기억나지 않는다. 그냥 2000년대 후반 즈음 어쩌다 보니 무슨
수집 취미처럼 이 일을 하게 되었다. 굳이 기억을 되살려 보면 2007년
즈음 『어우야담』 번역판을 산 것이 계기가 된 것 같기도 하다. 그 무렵
나는 옛날을 배경으로 한 역사 소설 같은 것을 써 보려던 중이었다.
그때 나는 사극이나 영화로 막연히 알려진 옛 풍경, 옛 모습에 대한
인상을 넘어 정말 옛날 사람들이 남긴 옛날이야기가 어떤 느낌인지 더
알고 싶었다. 진짜 옛날에 옛날 사람이 기록한 옛날이야기에 푹 빠진
상태에서 소설을 쓰고 싶었다. 그렇게 나는 조선 시대의 대표적인
이야기책인 『어우야담』의 번역판을 샀다.

그런데 이 책은 무척 비쌌다. 그러다 보니 책값이 아까워 여러
번 샅샅이 읽게 되었고 책 속에 신기하지만 별로 잘 알려지지 않은
이야깃거리가 제법 많다는 사실을 알게 되었다. 그러던 중 이런
이야기를 다른 사람들에게도 소개하고 싶다는 생각이 들었고, 곧
이 책에서 신비한 괴물 이야기만 뽑아 보면 재미있겠다고 생각했다.
그때도 외국 신화 속의 괴물이나 외국 전설 속의 괴물을 정리한 책이나
자료집 같은 것은 이미 여러 편이 나와 잘 알려져 있던 상태였다.
중국이나 일본의 괴물을 정리한 자료 역시 한국어 번역판을 구하는
것도 어렵지 않았다. 그러니 자연스럽게 한국의 옛 기록 속에서 괴물을
모아 보자는 발상이 떠오를 만했다.

나는 괴물 백과사전 같은 자료가 그 문화권만의 특색 있는
이야기나 예술 작품을 만드는 데 무척 귀중한 바탕이라 생각해 왔다.
이는 1990년대 초반 PC 통신에서 '한국형 판타지란 무엇인가'를 두고
사람들이 논쟁하던 시절로 거슬러 올라간다. 적지 않은 사람이 진정한
한국형 판타지를 만들기 위해서는 먼저 한국적인 정신과 한국적인
사상이 무엇인지 정하고, 그것을 표현할 수 있는 한국적인 판타지
세계의 모습과 그 세계의 규칙, 특징, 기술 수준, 제도, 신분 계층 같은

것을 차근차근 세워 나가야 한다고 주장했다. 그러면 작가들이 그 세계 안에서 이야기를 꾸밀 것이라 했다. 누구는 열심히 연구하고 토론해 세계를 만들고, 누구는 그렇게 만들어 놓은 세계 안에서 열심히 소설을 쓴다. 그러다 보면 그게 진정한 한국형 판타지가 될 거라는 이야기였다.

나는 그 생각에 반대하는 소수파에 속했다. 그렇게 사상과 원리에 따라 세계를 꾸민 뒤 그 세계 속에 이야기를 집어넣는 방식은 너무나 원대한 꿈이고 품이 많이 들고 시간도 오래 걸리는 힘든 일이라 생각했다. 많은 사람이 다들 이것이 정말 한국적이라 공감하는 세계를 합의 끝에 만들어 낸다는 것도 이상해 보였다. 그런 일은 아무도 해낼 수 있을 것 같지 않았다. 위에서부터 사상, 규칙, 세계를 만들어 주면 아래에서는 거기에 따라 이야기를 만든다는 발상은 얼핏 체계적이고 그럴듯해 보였지만 반대로 답답하고 지겨운 일처럼 들리기도 했다.

그 시절부터 나는 그런 식으로 한국형 판타지에 도전하는 것보다는 오히려 한국 전설 속의 괴물이나 신기한 보물 같은 것을 목록으로 정리해 두고 그런 자료로 이야기를 만들고 싶은 사람들이 같이 돌려 보는 것 정도가 실용적인 방법이라 주장했다. 그렇게 여러 작가가 저마다 자기 생각, 자기 이야기 속에서 이리저리 활용하다 보면 자연히 그중에 진정한 한국형 판타지 같아 보이는 것도 점차 나타나리라는 것이 내 생각이었다. 당장 사용할 수 있는 소재를 늘어놓고 아래에서부터 이야기를 만들다 보면 자연히 그에 따라 사상, 규칙, 세계 등 이야기 위에 있는 것도 생긴다고 믿었다.

지금 이렇게 밝히지만 2007년 『어우야담』 번역판에 나오는 괴물 이야기를 정리할 때 그런 점까지 다시 생각해서 깊은 사명감을 가지고 시작한 것은 아니다. 그저 그런저런 사연으로 한국 괴물 이야기 사전을 만들겠다는 계획을 막연히 품고 있었는데, 그것이 그냥 비싸고 두꺼운 책을 산 계기로 터져 나오지 않았나 싶다.

그렇게 나는 『어우야담』 속 괴물 이야기 몇 개를 간추려 썼고 그것만으로는 분량이 부족한 듯해 조선 시대의 다른 이야기책인 『용재총화』에 나오는 괴물도 같이 정리했다. 그것이 내가 이 책에서 가장 먼저 쓴 내용이다. 나는 일단 그 내용부터 인터넷에 공개했다. 관심을 두는 사람은 제법 많았다. 지금도 그렇지만 그때도 나는 '환상문학 웹진 거울'이라는 곳에서 활동하고 있었는데, 이곳은 SF와 환상 소설에 관심이 있는 작가와 독자가 드나드는 곳이다. 그러다 보니 이런 자료를 좋아하는 사람이 유달리 더 많았던 것 같다.

더 의욕이 생긴 나는 '괴물 백과사전'이라는 작업에 관해 조금 더 차분히 조사해 보았다. 나 말고도 비슷한 일에 도전한 사람이 없지는 않았다. 한국 전설 속의 괴물을 소개하겠다고 의욕적으로 자료를 모아 제법 분량을 모은 사람들이 당시에도 이미 있었다.

그런데 그런 자료를 살펴보다가 한 가지 문제를 깨달았다. 이때 몇몇 사람들이 모아서 소개해 놓은 자료들은 출처나 원전이 불분명한 막연한 내용이 많았다. 예컨대 한국의 대표적인 괴물이라 할 수 있는 도깨비를 소개할 때도 도깨비의 특징에 관해 서술하면서 그냥 평소에 동화나 영화에서 접했던 막연한 인상을 전하고 있는 경우가 흔했다. 비슷한 방식으로 어릴 때 동화에서 본 이상한 괴물 이야기나 TV 프로그램에서 소개한 전설에 나온 이야깃거리를 적당히 떠올려 늘어놓은 것이 대부분이었다.

물론 그런 내용도 충분히 가치가 있겠지만 아무래도 괴물의 특징을 상세히 밝히기에는 부족했다. 어릴 적 동화에서 본 괴물에 대한 막연한 느낌을 옮겨 놓은 것만으로는 도대체 그 괴물이 어느 시대, 어떤 상황에서 생겨났는지 알 수 없다. 어디까지가 좀 더 확실한 내용이고 어디까지는 불분명한 내용인지 가늠하기도 어렵다. 괴물에 관한 묘사의 부분 부분이 예전부터 오랫동안 전해 내려온 것인지, 그저 몇 년 전에 급히 책을 써야 했던 동화 작가가 이야기를 재미있게 꾸미기 위해 마감 며칠 전에 지어낸 것인지 구분할 수 없다.

전문적인 조사 자료나 학술 논문에서도 비슷한 문제가 있었다. 이 무렵 한국의 괴물 전설을 밝히는 학술 논문들은 주로 구비문학을 대상으로 하는 경우가 많았다. 특히 『한국구비문학대계』나 그와 비슷한 현대에 채록된 이야기 자료를 근거로 괴물의 특징이나 성격에 관해 이야기하는 논문들을 나는 주로 접했다.

　그런데『한국구비문학대계』만 해도 1970년대 말이 되어서야 조사가 시작된 자료다. 1970년대 말이면 이미 한국 괴물을 소재로 한 영화가 여러 편 개봉되고,「전설 따라 삼천리」같은 대중문화 매체를 통해서도 여러 전설이 각색되어 소개된 뒤였다. 그렇다면 이런 시점에 어떤 지역의 노인이 들려주는 옛날이야기를 조사한다 해도 그 이야기는 현대의 작가들이 가공하고 꾸민 영화, 소설, TV, 라디오의 영향을 받은 내용일 수밖에 없다고 생각했다. 1년 중 어느 하루에만 나타난다는 어느 흉측한 귀신의 모습을 묘사할 때 무심코 며칠 전에 본 영화 속 귀신 모습을 떠올리며 이야기를 할지도 모른다는 것이다.

　따라서 1970-80년내에 채록된 입에서 입으로 전해진 이야기로부터 수천 년간 내려온 한국의 전통을 연구한다는 방향에 무리가 있다는 느낌을 받았다. 현대 대중문화의 영향은 막강하다. 이렇게 조사한 이야기는 채록 시점의 대중문화에 교란된 결과일 수밖에 없다고 생각했다. 먼 옛날부터 전해진 신화 같은 이야기라고 잔뜩 조사해서 이것이 한국의 전통이라며 연구했지만, 그것이 자칫 그냥 1970-80년대에 인기를 끈 어느 영화 시나리오 작가나 TV 극작가의 머릿속에 떠올라 퍼진 한국 전설에 대한 인상이 사람들에게 영향을 주고, 그것이 되돌아온 것에 지나지 않을 수도 있다는 걱정이 들기도 했다. 예컨대 어느 지역 사람들을 대상으로 여우 전설을 조사했더니 다들 여우가 요사스러운 여자가 변했다고 이야기하기에 한국의 전통은 여우를 요사스러운 여자에 비유하는 경향이 있다고 결론을 내렸다고 하자. 하지만 사실은 그것이 그 동네에서 며칠 전 배우 한혜숙이 여우로 변신하는 TV 연속극이 인기를 끌었기 때문일 수도 있다는 이야기다. 실제로 한혜숙은 1979년 7월 10일「전설의 고향」에서 여우로 변신하는 연기를 보여 준 적이 있었고『한국구비문학대계』에 포함된 전설들은 그 뒤에 채록된 것이 상당수다.

　그래서 나는 일정한 기준에 따라 조사하면서 정확히 어느 기록에 그런 이야기가 나오는지 원전을 정확히 밝히면서 한국 괴물 이야기를

모아야겠다고 생각했다. 그렇게 나는 이런저런 옛 기록에 나오는
한국 괴물 이야기를 모으는 일에 점차 빠져든 것 같다. 지금 돌아보면
과연 그런 방향에 확실히 색다른 점이 있었다고 생각한다. 흔히 TV나
동화를 통해 한국의 괴물이라고 알려진 것들에 비해 실제 옛날에
남겨진 기록에서 직접 확인한 괴물 이야기는 더 다채롭고 더 특이하며
더 새롭고 더 놀라웠다.

나는 옛 문헌이 번역되어 출간되었다는 소식이나 그런 자료가
인터넷에 공개되었다는 보도를 보면 거기에 신기한 이야기나 괴물
이야기가 있지 않을까 매번 추측해 본다. 그리고 괴물 이야기가 있을
듯하면 그 자료를 구해 처음부터 끝까지 훑어보며 괴물 이야기가
등장하는 대목을 찾아보곤 한다. 만약 괴물 이야기가 있으면 잊지
않도록 써 두고 다른 괴물 이야기에 추가 자료로 보충할지, 아니면
새로운 괴물 이야기로 편성할지 결정한다. 그렇게 한 해 두 해 틈틈이
심심할 때마다 계속한 일이 어느새 올해로 11년째가 되었다.

이 책 『한국 괴물 백과』는 이렇게 모은 자료들을 새로운 삽화와
함께 한 권의 책으로 엮은 것이다. 이 책은 18세기 이전에 기록으로
남은 한국의 괴물들을 정리하고 있다. 19세기 이후에 기록되거나
작자가 불분명하거나 소설 속에만 나오거나 기록 없이 구전된 괴물은
되도록 배제했다. 구전된 이야기라고 그 가치를 함부로 무시해서는 안
되겠지만 여기서는 일정한 기준을 정한다는 의미에서 비록 예로부터
전해 내려온 괴물 이야기로 보이더라도 채록이 19세기 이후나 현대에
이루어진 것은 제외했다.

괴물, 요괴(妖怪), 이물(異物) 등 비슷한 말 가운데 이 책에서 '괴물'을
사용한 것은 옛 기록에서도 쓰면서 현재에도 큰 의미 차이 없이 그대로
쓰는 말이기 때문이다. 요즘 외국에서는 '요괴'라는 말도 자주 쓰는
듯한데, 조선 시대 기록에서 '요괴'는 이상한 사람과 괴상한 자연재해를
뜻하는 인요물괴(人妖物怪)라는 말의 줄임말로 쓰는 경우가 많아
이 책에서 다루는 이야기들과는 분명한 차이가 있다. 따라서 혼동이

없도록 요괴보다는 괴물이라는 말을 사용한 것이다. 괴물을 설명할 때는 되도록 원전의 내용을 최대한 살려 담되 다른 기록에 나오는 비슷한 괴물의 묘사, 비슷한 전설, 비슷한 괴물의 그림, 공예품 등을 참조해 설명을 덧붙였다. 이렇게 괴물의 모습과 성격을 보충해 설명할 때는 19세기 이후의 기록이나 현대에 채록된 구전 기록도 참고하고 자료를 정리하면서 생각한 바를 여러 가지로 밝히기도 했다. 한편, 괴물의 이름이 불분명할 때 이름을 임의로 붙이는 것은 최대한 피했다. 그 대신 원전에서 괴물을 묘사하는 부분에 나오는 말을 그대로 발췌해 제목으로 삼았다. 되도록 한자도 병기했다.

여러 자료를 엮는 과정에서 최대한 분명하고 정확하게 괴물의 성격을 밝히려 했으나 불분명한 사실을 단정하거나 충분한 근거 없이 짐작한 부분도 있을 것이다. 기록 자체에 관해 따로 깊이 연구하지 못해 명확하지 못한 자료를 그대로 받아들인 부분도 있다. 『촌담해이』나 『명엽지해』를 비롯한 몇몇 자료는 자료의 성격에 관해 추가 연구가 더 필요하리라 생각한다. 이런 부족한 점이나 오류에 대해서는 언제고 반가운 마음으로 지적을 기다릴 것이다.

책의 마지막 부분에는 『삼국유사』에서 발췌한 삼국과 신라의 신화를 비슷한 방식으로 정리해 덧붙였다. 1990년대 이후로 한국의 신화에 관한 관심은 빠르게 커져 이에 대해서는 요즘 여러 자료가 많이 소개되어 있다. 그런데 나는 최근의 한국 신화에 관한 관심이 서사 무가를 통해 조사된 무속 신화에 치중된 면이 강하다고 느꼈다. 잘 알려진 '자청비'나 '당금애기' 이야기 같은 것이 여기에 속한다. 이런 무속 신화는 대체로 1930년 손진태가 쓴 『조선신가유편』이 발표된 이후 20세기에 채록된 자료를 근거로 한다. 이런 내용도 한국 문화를 살펴보는 데 매우 중요한 자료일 것이다.

그러나 과연 이런 자료가 어떤 형태로 언제부터 전해 내려온 것인지 알기가 어렵다는 한계는 뚜렷하다. 이런 자료에서는 태초의 먼 옛날을 배경으로 하는 신화라 하더라도 실제로는 그 내용이 채록된 현대에 누군가 창작한 내용일 가능성도 있다. 함경도 함흥 지역에서 전해 내려온 「창세가」는 하늘과 땅이 처음 생겨난 이야기를 담은 신화로 알려졌지만 채록 시기는 1923년이다. 따라서 「창세가」의 이야기는 먼 옛날부터 전해진 세계의 창조에 대한 뿌리 깊은 신화가 아니라 그저 1920년대에 창작된 이야기일 수도 있다고 생각한다.

여기서는 고려 시대의 문헌인 『삼국유사』에 수록된 이야기로 범위를 한정해 신령이나 마귀에 관한 이야기와 신화를 모았다. 이 이야기들은 삼국과 신라의 신화를 짐작하게 해 주고, 이런 이야기가 고려 시대까지 어떻게 전해 내려오며 남았는지 알 수 있게 해 줄 것이다. 이런 이야기 중에는 비슷한 소재와 구성의 이야기들이 조선 시대 이후의 전설과 통하는 것도 적지 않다. 긴 세월 이어지며 정착된 한국 신화의 형태에 관해 상상해 보는 데도 좋은 자료가 되리라 본다.

지금까지 나는 내가 모은 괴물 이야기들을 다른 사람들이 활용할 수 있도록 항상 인터넷을 통해 공개해 왔다. 그러다 보니 점차 자료가 알려져 TV나 라디오에 출연해 한국의 괴물에 관해 이야기할 기회가 생기기도 했고, 작가 모임이나 연구 기관에서 주최하는 한국 전통문화에 관한 행사에 초청받아 괴물 이야기를 할 뜻깊은 기회도 제법 있었다. 아울러 많은 다른 작가들이 이 자료를 참고해 자신만의 소설이나 만화를 만들었다며 고마움의 뜻을 전한 일도 여러 번 있었다. 이 내용을 토대로 학술 논문을 쓰는 데 도움이 되었다는 분도 있었고, 졸업 작품을 만드는 데 도움이 되었다는 분도 있었다. 브랜드 디자인이나 게임을 만드는 데 활용한 분도 있었다.

이 모든 분의 이야기가 나는 무척 뿌듯하다. 내가 그저 재미로 신비한 이야기를 모아 보려고 시작한 일이 멋진 이야기나 아름다운 그림으로 바뀌어 세상에 도움이 되고 있다는 것은 그 자체로도 신비하고 재미있는 일이다.

2018년 12월 선릉에서
곽재식

버섯이 핀 모양과 비슷한데, 버섯의 바탕이 되는 부분은 나무로 만든 가면 같다. 처음에는 버섯이 돋아나지 않은 상태로, 가면을 좋아하는 사람이 집어 가기를 바라는 듯하다. 이것을 가까이 두거나 이것에 몸이 닿으면 병에 걸리고 괴롭다. 가면을 쓴 사람이 병에 걸리면 주변 사람에게 옮는다. 눈치를 채고 이것을 버리면 썩으면서 버섯의 기둥과 갓이 나타난다. 먹을 만해 보이지만 먹은 뒤에는 갑자기 기분이 좋아지고 즐거워지며 웃음이 나오는 등 정신과 마음이 혼란해진다. 하나둘 계속 먹다 보면 어느 순간 갑자기 노래하고 춤을 추고 싶어지다가 결국 견딜 수 없어 춤을 추게 된다. 이때 추는 춤이 무척 격렬해 제정신이 아닌 것처럼 보인다고 한다. 경기도 광주에서 발견된 이야기가 『청파극담』에 나온다.

정신에 영향을 미치는 독버섯에는 여러 가지가 있는데 버려진 물건이 썩으면서 거기에 독버섯이 자란 이야기로 볼 수 있다. 『청파극담』의 이 이야기는 특별히 가면에 버섯이 생겼다는 점을 강조하면서 가면에 얽힌 신비한 이야기처럼 소개했다.

가사어(袈裟魚)	지봉유설
◉ 지리산 반야봉	

크기가 한두 뼘 정도로 붉은색 송어와 닮았다. 이것을 내려다보면
무늬, 지느러미, 몸체가 옷감처럼 보이는데, 특히 붉은색 가사를 두른
사람으로 보인다. 폭포에서 뛰어내리거나 거슬러 올라가는 재주가
있다. 봄에는 폭포 위, 가을에는 폭포 아래 살며 폭포를 아래위로
오르내리는 듯하다. 한 지역에 머물지만 1년에 한두 번밖에 볼 수 없다.
잡아서 먹어 보면 맛이 무척 좋다. 지리산 반야봉의 샘에 있었다는
이야기가 『지봉유설』에 나온다.

『용재총화』에는 조선 전기의 새해 풍습으로 사람들이 새해 첫날
새벽 문 앞에 그림을 그려서 붙여 놓곤 했다는 기록이 나와 있다.
처용, 각귀, 종규(鍾馗), 복두관인(僕頭官人), 개주장군(介冑將軍),
경진보부인(擎珍寶婦人), 닭, 호랑이 등을 그린 그림이다. 이 중에
처용은 신라 때부터 역귀를 내쫓는다고 알려져 있으며, 종규 역시
중국에 널리 퍼져 있는 악귀를 내쫓는 신이다. 즉 여기에 소개된
그림들은 악귀를 내쫓는 신령들을 나열한 것으로, 각종 세시기류
기록에서 다루고 있는 문배(門排) 풍습으로 볼 수 있다.『용재총화』의
기록과 달리 조선 후기에는 장군들의 모습을 그리는 풍습이 널리 퍼져
있었던 것 같은데, 이 내용은 '금갑장군' 항목에서 따로 서술하였다.

　　『용재총화』에 소개된 조선 전기의 악귀 쫓는 그림 중에는 왜 그런
그림을 붙였는지 그 연원을 쉽게 짐작할 수 있는 처용, 종규 이외에
그저 사람들 사이에 널리 퍼져 있던 신령 그림인 듯한 각귀, 복두관인,
개주장군, 경진보부인이 같이 언급되어 있다. 글자대로 뜻을 풀어 보면,
각귀는 뿔이 달린 귀신이라는 뜻이니 악귀를 쫓아 주는 괴물이라고 볼
수 있다. 복두관인은 멋진 모자를 쓴 문관 내지는 학자 모습의 신령이며
개주장군은 투구와 갑옷을 쓴 무관 내지는 군인 모습의 신령이니
악귀를 쫓아 주는 남성 신이라고 볼 수 있다. 경진보부인은 아름다운
보물을 들고 있는 모습의 신령으로 악귀를 쫓아 주는 여성 신으로
보인다.

　　조선 중기의 허균이 남긴『성소부부고』의 「궁사」(宮詞)라는 글을
보면, 문배 풍습에 해당하는 풍습을 소개하면서 천왕과 선녀 그림을
붙인다고 되어 있는데 그렇다면 여기에서 천왕이 남신으로 복두관인,
개주장군과 통하고 선녀는 여신으로 경진보부인과 통한다고 볼
수 있을 것이다. 이야기를 꾸며 보자면, 남녀신인 천왕과 선녀, 즉
복두관인-개주장군과 경진보부인이 그 부하나 동료로 닭, 호랑이,
각귀 등을 거느리고 집에서 악귀들을 물리치는 역할을 했다는 식으로
상상해 볼 수도 있을 듯싶다.

　　각귀를 비롯해 뿔이 달린 모습의 여러 괴물 이야기들을 한번

정리해 보자면, 머리 한쪽만이 유독 튀어나온 형상에 대해서는
'강수선생' 항목에서 설명했고, 살덩어리가 뿔 모양으로 둘 튀어나온
형상에 대해서는 '양육각' 항목에서 설명했으며, 뿔이 많아서 다섯
갈래로 돋아난 형상에 대해서는 '생사귀' 항목에서 설명했다.

뿔이 둘 달린 괴물이 나오는 재미있는 기록으로는 『중종실록』
1515년 음력 5월 16일 자에 실린 노비 억천의 꿈 이야기를 들 수 있다.
여기에서 억천은 꿈에 늙은이들이 무리를 지어 강녕전으로 몰려와
창호를 마구 두들겼으며, 연산군이 뿔이 둘 달린 귀신을 이끌고 와서
중궁이 있는 곳을 물으며 담을 넘어 사람들을 때리는 것을 보았다고
해서 궁궐 사람들의 마음을 어지럽혔다고 한다. 아마도 당시에
중종에게 옥좌를 잃고 쫓겨난 연산군이 지옥에서 돌아와 복수하기
위해 늙은이 같은 무리 내지는 뿔이 둘 달린 귀신같이 생긴 무리를
이끌고 담을 넘어 다니며 창호를 마구 때린다는 식의 상상이 섬뜩한
이야기로 화제가 되었던 듯하다.

뿔 달린 괴물에 대해 끝으로 덧붙일 만한 이야기는 조선
중기에 악명 높았던 길삼봉 사건이다. 길삼봉은 16세기에 소문이
파다했던 도적으로 『연려실기술』에 정리된 바에 따르면 천안의
노비 출신으로 화적이 된 인물이었다고 한다. 그런데 대단히 재주가
뛰어나서 조정에서 잡지 못했다. 당시 기록을 보면 길삼봉은 힘이
세어서 맨손으로 돌을 쳐서 깨고, 뛰어오르면 집을 넘을 수 있으며,
신령스러운 병사, 즉 신병(神兵)을 거느리고 다닐 수가 있어서 멀리서
보면 병사들이 와글와글한 것 같지만 가까이 가서 보면 아무도 없는
모습을 보여 주기도 했다고 한다. 이후 길삼봉은 16세기 최악의 역모
사건인 기축옥사와 엮이면서 당시 정여립 무리가 반란을 일으키려
할 때 길삼봉과 손을 잡았다는 이야기로 퍼져 나갔다. 그리고 그에
따라 길삼봉의 정체와 위치 등을 조사하고 고문하는 과정에서 수많은
사람들이 희생당했다.

결국 실제로 길삼봉을 보았다는 명확한 기록은 확인되지 않았다.
그러므로 길삼봉은 그저 소문으로만 돌았던 허상 속의 인물일

가능성이 높다. 그런데 그 진상과 관련해 어이없는 이야기 하나가 알려져 있다. 『난중잡록』에 따르면 '길운절'이라는 사람이 당시 조정에 불만이 많았는데 머리에 튀어나온 부분이 셋 있어서 어릴 때 부르던 별명이 '길삼봉'이었다고 한다. 아마도 점 같은 것이 셋 튀어나와 있었던 것 같은데 그것이 머리에 뿔이 셋 난 사람으로 와전되고, 나중에는 신비로운 괴물 같은 사람이 있다는 소문으로 퍼지다가 결국 절대 잡히지 않는 신비의 도적 길삼봉으로 확대되어 역모에 얽혀들면서 수많은 사람을 희생시킨 것으로 보인다.

감서(甘鼠)	성호사설

아주 작은 크기의 쥐와 비슷한 동물이다. 주로 몰래 새에게 다가가 그 몸을 갉아 먹는데, 그 재주가 아주 특별해 조금씩 갉아 먹히는 동물은 그것을 느끼지 못한다. 갉아 먹는 정도가 심해지면 동물이 죽기도 하는데, 그때까지도 동물은 자기가 갉아 먹히는지 모른다. 다만 소 같은 큰 동물은 공격하지 않는 듯하다.

『성호사설』의 감서는 중국 고전에서 '혜서'(鼷鼠)라는 말로 자주 언급하는 것을 가져와 견주어 설명해 본 것이다. 중국 고전에는 '감서'나 '감구서'(甘口鼠)라는 말이 나온다. 『성호사설』에서는 이익이 직접 본 것을 이야기하면서, 감서와 혜서 등 비슷한 것을 몇 가지로 구분했고 자기가 직접 본 것은 눈에 보이지 않을 정도로 작지는 않고, 소나 사람을 공격하는 것과도 다르다고 언급했다.

사람 키의 두세 배 정도 길이가 말 꼬리처럼 길게 흩날리는 이상한 것으로 비바람을 타고 날듯 움직인다. 움직일 때는 바닥에 있는 것이나 앞에 가로막는 것을 마치 톱으로 썰어 부수듯 치고 나간다. 주변에 물건을 날려 보내는 강한 바람을 일으킨다. 마을에 나타나면 집을 모조리 부수며 다니고 근처에 있던 사람은 기운을 이기지 못하고 기절한다. 숲에 들어가면 나무와 풀을 모두 부수고 뽑아서 지나간 뒤에는 숲이 황무지처럼 변한다. 화룡(火龍)이라는 별명도 있었다 한다. 1656년 평안북도 의주와 용천 일대에서 이것에 관한 소문이 돌았다.

전국적으로 널리 알려진 괴물인 강철(꽝철, 꽝처리, 깡철, 깡처리)과 비슷한 점도 있어 보인다. 그러나 강철이 용이나 발 달린 짐승에 가까운 모습으로 나타나는 데 비해 이 괴물은 바람이 휘몰아치는 모양과 비슷하게 묘사되는 점이 명백히 다르다. 강길이 후대에 강철로 정착하기 이전 단계의 묘사일 수도 있을 것이다. 『열하일기』의 「성경잡지」에서는 중국의 화룡에 대한 소문을 듣고 박지원이 이것을 조선의 괴물, 강철과 비슷하다고 설명하는 부분이 나온다. 이로 미루어 짐작해 보자면 중국이나 북방 일대에 재해를 일으키는 독룡과 화룡에 관한 전설이 점차 조선으로 전파되다가 중간 단계에는 의주의 '강길'로 나타나고, 나중에 완전히 정착된 뒤 전국적인 강철 전설이 되었을지도 모른다.

뒤통수에 뼈가 높게 솟아 있거나 뿔이 돋아난 사람의 외모를 보고 비범하게 여겨 사용한 이름이다. 머리에는 검은 사마귀가 나 있다. 보통 사람보다 머리가 좋고 재능이 뛰어나며 특히 말재주와 다른 나라의 말과 글을 읽고 쓰는 일에 무척 뛰어나다. 600년대 지금의 김해에서 강수의 어머니가 태몽에서 만난 적이 있고, 강수도 머리 뒤쪽에 뼈가 튀어나온 모습으로 태어나 외모가 특이했다 한다. 강수의 본명은 자두(字頭) 또는 우두(牛頭)인데, 이런 외모를 보고 신라의 태종이 강수라는 별명을 붙여 현대에 이르기까지 원래 이름보다는 강수로 불린다. 강수가 사랑의 인연을 중시해 중매에 따라 부유한 사람과 결혼할 수 있었지만 옛 인연을 배반하지 않고 미천한 사람과 결혼했다는 이야기도 유명하다.

머리뼈가 이상하게 튀어나온 사람이 현명하다는 것은 중국 도교 문헌에서 나오는 신선인 남극노인(南極老人)과 닮은 점이 있다. 하지만 『삼국사기』에 강수가 자신은 속세의 학문을 하고 싶다고 밝히는 부분이 나오는 점은 도교의 신선이 신비롭고 속세를 떠난 깨달음을 중시하는 것과는 오히려 반대된다.

　　한국정신문화연구원에서 펴낸 『역주 삼국사기』의 주석은 본명은 우두고 자두는 우두의 오자인데, 우두는 '소의 머리'나 '쇠머리'라는 말을 한자로 표기한 것이라는 해석을 소개했다. 그리고 태종이 쇠머리를 나타내는 다른 한자 표기를 이름으로 내려 호칭이 강수가 되었다는 것이다. 그렇다면 머리의 튀어나온 뿔과 비슷한 부분은 소의 뿔과 비슷한 느낌을 주었다고 생각해 볼 수 있다.

　　『삼국사기』에는 강수가 당시 미천하게 여긴 부곡 출신 대장장이 집안의 딸과 사귀었는데, 강수가 세상에 이름이 나 유명해진 뒤 부모가 정식 중매로 혼인을 시키려 하자 부모의 뜻을 거부하고 의리를 지켰다는 이야기가 나온다. 그 외에 신라에서 글솜씨로 뛰어난 여섯 명을 소개하며 강수와 함께 제문(帝文), 수진(守眞), 양도(良圖), 풍훈(風訓), 골답(骨沓)을 들었다.

강철(强鐵)	앙엽기
◉ 경기도 김포	

늪 속에 둥지를 틀고 사는 망아지 같은 것이다. 얼굴은 사자나 용과 비슷한 점도 있다. 늪 밖으로 튀어나오면 주변을 뜨겁게 하는 바람이나 연기를 뿌린다. 그 정도가 강하고 상당히 멀리 퍼지는 데다가 사방으로 날뛰며 사납게 덤벼들어 사람에게 큰 피해를 준다. 논과 밭을 헤집고 다니면 가뭄이 든다. 뜨거운 기운 때문에 항상 늪이 달아오르고 바다로 뛰어 들어가면 바닷물이 끓어오른다. '강철이 있는 곳은 가을도 봄 같다'는 속담이 생길 만큼 큰 피해를 준다. 이는, 가을에는 곡식과 과일이 풍성해야 할 텐데 강철이 날뛴 피해로 농사가 다 망하면 이제 농사를 시작하는 봄과 다를 바 없는 꼴이 된다는 뜻이다. 김포에 나타나 농가 피해가 극심했기에 주민들이 힘을 모아 바다로 몰아냈다는 이야기가 『앙엽기』에 나온다.

강철은 '강철이 가는 곳은 가을도 봄 같다'는 속담으로 조선 후기에 퍼진 괴물로, 흉년을 상징하는 사악한 것으로 농민들 사이에 이야기되었다. 강철은 하늘을 날아다니는 커다란 소, 말을 닮은 괴물이면서 용도 닮았는데 빠르게 먼 거리를 이동하며 주변의 농작물을 온통 파괴한다고 『지봉유설』이나 『성호사설』 등에 나온다.

　강철이 특별히 관심을 끄는 것은 17세기 이후 기록에서도 자주 나오는 괴물이면서 꾸준히 그 전설이 이어져 현대까지 지방의 민속에 남았기 때문이다. 현대에 채록된 이야기를 보면 '꽝철', '깡철'로 부르는 지역도 있고 『표준국어대사전』에는 '강철이'로 등재되어 있다. 여기서는 옛 기록에 자주 쓰인 말을 살려 '강철'로 표기했다. 중국이나 일본과 달리 조선 이후 한국에서만 유행한 괴물이며 겉모습도 특이하다는 점도 특징이다.

　강철에 관한 기록 중에 시기가 비교적 앞서는 것은 1614년 기록인 『지봉유설』에 실린 내용이다. 이 기록은 '강철이 가는 곳은 가을도 봄 같다'는 당시 조선에 돌던 속담의 의미를 궁금해하는 내용인데, 이수광이 시골 노인에게 물어보니 '강철'이라는 괴물을 말하는 것으로, 그 근처 몇 리의 풀, 나무, 곡식이 모두 타 죽는다는 전설을 알려

주었다. 이수광은 강철을 중국 고전이나 『산해경』에 나오는 소와 닮은 비(蜚)라는 괴물로 추측한다. 중국 고전에 나오는 비는 눈이 하나에 꼬리는 뱀 모양이고, 이것이 나타나면 전쟁이나 전염병이 나타난다 한다.

이후의 기록들은 비슷하고도 조금씩 다르다. 1740년경의 기록인 『성호사설』에서는 중국 고전의 독룡(毒龍) 이야기를 꺼내며 이것이 '강철이 가는 곳은 가을도 봄 같다'는 속담 속의 강철과 비슷한 것 같다고 나온다. 여기서도 묘사는 소와 비슷한데 『지봉유설』과 달리 폭풍우로 농사에 해를 끼치는 동물이라 한다.

1742년의 김이만이 쓴 『학고집』의 「기이」에서는 강철을 뿔이 난 독룡과 비슷하지만 온몸에 털이 있고 황색 기운을 띤다고 묘사했다. 여기에도 '강철이 가는 곳에는 가을도 봄 같다'는 속담이 나오는데, 번개와 폭우를 내려 재해를 일으키는 괴물이다. 김이만은 중국 고전의 '효'(蟂)라는 것이 강철과 비슷하다고 추측했다.

1779년경의 기록인 『학산한언』에서는 이의제가 계룡산에서 소 같기도 하고 말 같기도 하고 용 같기도 한 동물을 보고 강철(江鐵)이라 했다는 이야기를 소개한다. 그리고 철원의 연못 속에 사는 괴물을 제거하기 위해 근처 관원들이 물속에 뜨거운 장작을 집어넣었더니 말처럼 생긴 괴물이 튀어나와 우박을 뿌리며 날아갔는데, 그것도 강철인 듯하다 했다. 『학산한언』을 쓴 신돈복은 강철이 가뭄을 일으키는 중국 고전의 한발(旱魃)과 비슷하다고 추측했다. 여기서도 맨 먼저 '강철이 가는 곳은 가을도 봄 같다'는 속담을 인용했다.

비슷한 시기의 기록인 『앙엽기』에서 강철은 망아지 같은 괴물로 김포의 늪 속에 살며 가뭄을 일으켰고 바닷속으로 숨으니 바닷물이 끓었던 일이 있었다 한다. 『앙엽기』를 쓴 이덕무는 강철이 중국 고전의 '후'(犼)와 비슷하다고 추측했다. 여기서도 '강철이 가는 곳은 가을도 봄 같다'는 속담이 나온다. 한편, 여기서는 '용이 되려다 못 된 것이 강철'이라는 말이 나온다.

1780년의 일을 기록한 『열하일기』 중 「성경잡지」의

'상루필담'에서는 청나라 사람이 불같은 기운으로 주변을 뜨겁게 해 일대를 고생시킨 용에 관한 이야기를 하고, 다른 청나라 사람들은 화룡, 응룡(應龍), 한발 등으로 그것을 지칭한다. 그런데 글쓴이 박지원이 그런 것을 조선에서는 강철(罡鐵, 다른 한자)이라 한다며 소개한다. 여기서도 속담을 인용한다. 가난한 사람이 일을 열심히 했는데도 득이 없을 때 '강철의 가을'이라는 표현을 쓴다고도 한다.

정리하면 폭우, 번개, 우박을 일으켜서 농사를 망치는 것이 있고 가뭄, 불, 뜨거운 기운을 일으켜서 농사를 망치는 것이 있다. 이렇게 상반된 모습이 나타나는 이유는 강철이 가진 힘에 대해 처음부터 구체적인 특징이 있었다기보다 강철이 어떤 형태로든 자연재해의 상징으로 취급되었기 때문으로 짐작해 본다.

'강철이 가는 곳은 가을도 봄 같다'는 속담이 인용되는 것도 주목할 만하다. 짐작해 보면 이 속담이 조선에 먼저 돌고 그 속담을 설명하는 과정에서 상상이 따라붙었다고 볼 만하다. 강철에 대한 한자 표기가 조금 엇갈리는 것도 이런 짐작에 걸맞다.

추측해 보자면, 조선 중기의 전쟁으로 인한 혼란스러운 상황에서 그런 새롭고 특이한 속담이나 떠도는 말이 사람들 사이에 나타난 듯하다. 그런 말은 전쟁 중에 일본이나 중국의 괴물에 대한 다른 전설이 전해진 것일 수도, 한 지역의 괴물 이야기가 전국으로 퍼진 것일 수도 있다. 또는 강철 비슷한 발음의 어떤 농사일을 괴롭히는 사람이나 상황의 상징으로 퍼진 것일지도 모른다. 전쟁의 무기나 쇠붙이를 상징하는 '강철'이라는 말이 근원이었을 수도 있다. 처음에는 어떤 흉포한 사람이 나타나거나 어떤 사건이나 전쟁이 터지면 농사지은 것은 몽땅 망한다는 뜻 정도의 말이 '강철이 가는 곳은 가을도 봄 같다'는 속담이었을 수 있다는 이야기다.

그랬던 것이 원래의 의미를 알 수 없는 상태에서 자연재해 때 본 신기한 현상에 관한 이야기가 이리저리 들러붙어 강철 전설이 완성되었다고 상상해 볼 수 있다. 폭풍우가 몰아칠 때 어느 초가집 지붕이 날아가 지푸라기가 온통 날리는 광경을 멀리서 보고 무슨 괴물이 춤추는 것 같다고 생각했는데 누군가 "저게 그 농사 망친다는 강철 아니냐?"라고 했다는 것이다.

이런 생각과 방향이 비슷한 자료로 강철과 발음이 비슷한 강길(羌吉)이라는 것이 나오는 『연도기행』의 기록도 있다. 여기서는 강길이나 '화룡'이라는 괴물의 소문을 다음과 같이 소개한다. 1656년에 용천을 지나다가 보니 말 꼬리 같은 괴물이 비바람을 타고 날아다니는데, 두세 길 정도에 뭔가 톱으로 써는 듯하며 집을 부수고 숲의 나무를 박살 내며 곡식을 망가뜨려 주변을 황폐화했다고 한다. 1626년에도 이런 것이 있었는데 그것이 전쟁의 징조였다는 말도 나온다.

현대에 조사된 민속에서는 '용이 되려다 못 된 것이 강철'이라는 점에 초점을 맞춘 경우가 특히 눈에 띈다. 『한국민속신앙사전』에는 '꽝철이 쫓기'라는 기우제가 나오는데, 꽝철이는 용이 되는 데 실패해 땅으로 떨어진 괴물로 가뭄을 일으키며 날아갈 때는 불덩이가 보이고 코에 물이 들어가면 사라진다 한다. 꽝철이는 산 능선에 앉곤 해 경북 남부, 경남 지역에 산 능선을 다니며 꽹과리와 징을 치며 꽝철이를 쫓아내는 풍속이 있었다 한다. 이렇게 현대에 채록된 전설의 사례로는 청도 대비사의 승려가 용이 되려고 시도하다가 실패하고 꽝철이가 되어 농사를 망치므로 이 지역에서 '꽝철이 쫓기' 풍속이 생겼다는 이야기 등이 있다.

강철에 관한 이야기는 현대에도 널리 깊게 퍼져 심지어 1950년대 후반까지도 실제로 사람들이 강철을 보았다는 이야기가 보도될 정도였다.

깡철의 마력 / 양산군 금산부락 앞 물 들판에는 홍수가 휘몰아치던 지난 3일 깡철이란 동물 두 마리가 나타나 가산과 가족을 잃은 이재민들은 깡철 구경에 한창 법석댔는데 깡철의 움직임에 따라 그 지대 수면이 약 5미터가량 높았다 얕았다 동요하더란…
(1957년 8월 11일 자 『동아일보』 기사 중)

강철을 소재로 새로운 이야기를 꾸며 본다면 마을을 부수고 다니는
무시무시한 거대한 괴물 이야기로 만드는 것을 상상해 봄 직하다.
재해를 일으킨다는 강철의 특징과도 들어맞는다. 번개나 우박으로
공격한다면 어지간한 무기로 싸우기 쉽지 않을 것이다. 구름과 안개
사이로 조금씩 보일 듯 말 듯한 신비한 상황에서 그것을 보고 한 학자가
강철이 나타났다고 주장하며 믿지 않는 다른 학자들을 뒤로하고
끈질기게 추적하는 이야기도 생각해 볼 만하다.

거루(駏驉)	삼국사기
◉ 골구천	

거루는 신비롭고 뛰어난 명마로 고구려 대무신왕이 지어 준 이름이다. 흔히 신마(神馬)로 불렸다. 전쟁 통에서 길을 잃어도 주인에게 돌아오며 다른 말들을 이끌고 다니는 등 말들의 임금처럼 행세한다. 20년 고구려의 골구천에서 발견되었다.

22년 대무신왕이 부여를 공격했다가 패배하는 바람에 아끼던 명마인 거루까지 잃어버렸는데 한 달 후에 부여의 말 100필을 거느리고 되돌아온 이야기가 『삼국사기』에 나온다. 말이 주인이 진 전쟁에 복수를 한 셈이다. 여기서 거루를 신마, 신마거루, 골구천신마 등 신령스러운 말로 지칭했다. 조선 시대 초기의 임금들도 훌륭한 말이 여럿 있어 각각 이름을 붙였다는 이야기가 있다. 19세기 이후의 조선 시대 기록인 『송남잡지』에는 제주도에 사는 말들의 임금인 '마왕'에 대한 묘사가 나오는데, 마왕은 갈기가 아름답고 길어 바닥까지 닿을 정도라 하며 글을 읽고 이해할 줄 알고 붉은색이었다 한다. 영조가 보고 싶다며 궁궐에 데려간 적이 있다 한다. 이런 이야기는 『삼국사기』의 거루처럼 다른 말들을 몰고 다니는 말 이야기와 통한다고 볼 수 있다. 그렇다면 한국의 신령스러운 말들은 마왕 이야기 속에 묘사된 모습과 습성을 지녔다고 상상해 보아도 좋을 것이다.

거악	어우야담
◉ 순천 부근 바다	

순천 근처의 바닷속 어딘가에 여름에는 시원하고 겨울에는 따뜻해서 한겨울에도 벗은 몸으로 들어갈 수 있는 곳이 있었다고 한다. 그중에서도 큰 전복을 따기 좋은 곳 부근에 이상한 괴물이 사는데, 한입에 사람을 물어 죽일 수 있을 정도로 거대하다. 물고기의 일종이지만 정확한 모습은 알려지지 않았다. 이 물고기는 쇠붙이를 무서워해서, 전복 따는 사람들은 작은 칼에 방울을 단 채로 들고 들어가서 방울 소리로 이 괴물을 쫓곤 했지만 성공하지 못할 때도 있다. 이 이야기와 같이 다음의 내용도 실려 있다. 변방을 돌던 관리가 물놀이를 벌여 놓고 몰인(沒人)이라는 자에게 전복을 따오라고 시켰는데, 물속에 들어갔다가 이상하게도 입을 딱 벌리고 웃는 얼굴로 물 밖에 떠올라 자세히 보니 어떤 무서운 것의 습격을 받아 허리 아래가 도끼로 잘린 것처럼 끊어져 있었다고 한다. 한편 권준이 순천 부사가 되었을 때, 어부에게 바다에 들어가게 했더니 물속에서 거악이라는 짐승에게 옆구리가 물려 고통받다가 며칠 만에 세상을 떠났다는 이야기도 함께 『어우야담』에 나온다.

『어우야담』에는 물속에서 이상한 것의 공격을 받아 세상을 떠난 사람들의 이야기 세 편이 한 항목으로 연결되어 실려 있는데, 그중에 첫 번째 이야기는 저자인 유몽인이 집에 있던 궁매(宮梅)라는 노비가 고향 순천에서 들은 이야기를 기록해 둔 것이다. 이 이야기에서 희생자는 물속에 들어가서 전복을 따던 사람인데 전복 열 개를 한 꿰미로 엮어 거래해야 하는데 아홉 개를 땄을 때 괴물을 보았다고 한다. 그래서 그만두려고 했는데, 어머니가 하나만 더 따오라고 하는 바람에 다시 물속에 들어갔다가 공격당했다는 이야기다. 전체적으로 관청이나 관리에게 명령을 받거나 물건을 바치려고 어민들이 고생하던 이야기로 볼 수도 있다.

　　이야기 속에서 전복을 따는 일이 어머니와 딸, 여성들이 하는 일로 묘사되어 있어서 요즘의 해녀 문화와 비슷하다는 점도 눈에 띄고, 해녀 일을 하는 사람들이 방울을 단 칼을 쓴다든가 하는 묘사나, 물속에

잠수하는 사람을 '몰인'이라고 불렀다는 점도 눈에 띈다. 원문에는 해녀 일을 하는 사람들이 표주박을 들고 바다에 들어가서 작업을 하다가 물 밖으로 나올 때 표주박을 이용해서 떠올랐다고 하는데, 숨을 참았다가 몰아쉴 때마다 휘파람 소리가 났다는 묘사도 있다.

　　한편 '거악'이라는 말은 직역하면 거대한 악어라는 뜻이다. 그러므로 바다 악어나 멸종된 과거의 악어류 동물과 비슷한 모습의 바다 괴물을 상상해 보아도 좋을 것이다. 단, 실제로 거대한 악어가 순천 근처의 바닷속에 살았을 가능성은 거의 없을 것이므로, 막연한 바닷속의 무서운 괴물의 이름으로 보아야 한다. 사람이 공격당한 형태를 보면 어찌 되었건 입이 상당히 큰 괴물 아니었을까 추측해 보며, 상어에게 사람이 공격당한 이야기가 잘못 전해진 것이 아니었을까 싶다.

거인(巨人) / 칠십삼척(七十三尺)	삼국사기
◉ 충청도 일원 바다	

보통 사람 키의 열 배가 넘지만 몸에 비해 발이 무척 작아 비율을 따지면 보통 사람의 절반만 하다. 661년 백제에서 지금의 충청도 일원의 바다에서 시체가 떠올랐다.

기록이 엇갈리는데 거인의 시체가 백제 멸망의 징조로 나타난 기록은 659년, 661년, 667년 세 차례에 걸쳐 『삼국사기』와 『삼국유사』에 흩어져 나온다. 『삼국사기』의 기록은 사람의 몇 배만 하고 거인치고는 큰 편이 아니지만 『삼국유사』에서는 그보다 훨씬 크게 나온다.

　　바다에 시체가 떠올랐다는 점에서 섬나라나 바닷속 사람이 살 수 있도록 공기가 차 있는 동굴에 산다고 상상해 볼 수 있고 발은 무척 작다는 점을 생각해 보면, 사람처럼 땅 위에서 달리거나 걷는 데 능숙하지 못해 항상 물에서 헤엄을 치거나 엎드려 기어 다녔다고 생각해 볼 수 있다.

　　옛 기록에는 이외에도 여러 거인 이야기가 나온다. 가장 옛날로 거슬러 올라가는 사례는 중국 고전 『박물지』에 실린 옥저에 관한 이야기다. 여기서는 중국 위나라의 관구검이 고구려를 침공해 고구려 동쪽 끝까지 갔다가 옥저의 한 노인에게 들은 이야기 몇 가지가 짤막하게 나온다. 이 노인은 여자들만 사는 나라인 여인국 이야기 등과 함께 바다 건너 동쪽에서 시체를 건진 이야기를 하는데, 그 시체 옷의 소매 길이가 세 길, 즉 사람 키의 여러 배에 달했다 한다.

　　아주 커다란 사람의 이야기일 수도 있고, 그저 소매만 엄청나게 기다란 괴상한 옷을 입은 사람일 수도 있다. 정확한 것은 알 수 없지만 이 이야기는 『삼국지』의 「위서」 '동이전'에도 실렸고 이에 따라 그 뒤의 삼국, 고려, 조선 학자들에게도 알려졌다.

　　조금 더 본격적인 것은 나중에 나온 중국 문헌인 『기문』에 실린 장인국(長人國) 이야기를 꼽을 만하다. 신라 동쪽에 장인국이라는 나라가 있고 거기에 큰 사람 비슷한 괴물이 산다는 기록이다. 당나라 시대 전후에 떠돌던 소문인데, 이것이 중국 역사서 『신당서』에도 실렸고 그에 따라 그 뒤의 삼국, 고려, 조선의 학자들에게도 알려졌다.

이렇게 바다 건너 알 수 없는 곳에 있는 거인 이야기는 하나의 유형이 되어 나타난다. 특히 중국 당나라 때는 바다 건너에서 중국을 찾아오는 사람 중에 신라 사람이 많았다. 그러다 보니 중국의 바다 건너 이상한 곳에 관한 설화가 신라 뱃사람, 신라 사신과 엮이는 경우가 많다. 짧게 소개하면 다음과 같다.

『기문』 – 당나라 사신이 신라를 들러 일본으로 가다가 풍랑을 만나 장인국 같은 곳에 가서 잡혀먹힐 위기에 처했는데 붙잡혀 있던 배 짜는 여인들과 도망쳤다.

『옥당한회』 – 당나라 사신이 신라로 가다가 거인이 사는 섬에 표류했는데, 도망치다가 칼로 잘라 낸 거인의 손가락을 조정에 바쳤다.

『영표록이』 – 당나라 사람이 표류하다가 어떤 섬에 도착하니 같은 배에 탄 신라 사람이 그곳이 구국(狗國, 개의 나라)이라 했고 나중에는 거인이 사는 대인국에도 들렀다.

거인 이야기 외에도 당나라에는 신라와 바다 건너 이상하고 신비한 것에 관한 이야기가 많이 돌았다. 『유양잡조』의 장수국과 용궁 이야기, 『박이지』의 신선들이 사는 섬 이야기, 『소하록』의 '백룡의 가죽' 이야기 등이 그 사례다. 이런 이야기는 나중에 중국 송나라 때 『태평광기』에 실렸고 상당수는 '신라'라는 제목으로 편집되기도 했는데 『태평광기』가 고려와 조선에도 들어와 비교적 널리 유통되었으니 고려, 조선의 몇몇 사람들도 비슷한 이야기를 접할 수 있었을 것이다.

그런 중에서도 거인 이야기는 앞서 장인국 이야기와 합쳐져 바다 건너 먼 곳의 이야기로 특히 자주 돈 듯하다. 조선 시대 문헌인 『어우야담』에도 바다 건너 먼 곳에 있는 커다란 거인 이야기가 나오고 그 뒤의 『지봉유설』에는 직접 거인이 등장하지 않지만 표류해 어떤 섬에 갔는데 커다란 신발이 있는 것을 보고 무서워서 도망쳤다는 이야기도 나온다.

개중 특이한 사례로는 그리스의 『오디세이』에 나오는 '키클롭스' 이야기와 비슷한 것도 꼽을 만하다. 『용주유고』의 「통천해척표풍설」(通川海尺飄風設)에는 어부들이 표류해 거인 섬에 갔는데, 남녀 거인들이 너무 사나워서 거인의 외양간에 숨어 있다가, 가축들을 방목할 때 말과 소 떼에 섞여서 탈출했다는 이야기가 있다. 19세기가 되면 정말 직간접적으로 『오디세이』가 전해진 것인지 거인의 눈을 찌르고 도망치는 비슷한 이야기가 생겨나는데 이런 것이 『해동야서』, 『청구야담』에 실려 있다.

방향은 약간 다르지만 『삼국사기』나 『삼국유사』에 흉한 징조로 거인의 시체가 물에 떠내려왔다는 이야기가 나오는 것도, 넓게 보면 알 수 없는 곳에서 해류를 따라 거인이 떠내려온 것이므로 바다 건너의 거인 이야기와 통한다고 볼 수 있다.

거인 이야기는 바다 건너 먼 곳의 이야기를 제외하면 대체로 두 종류 정도 생각해 볼 수 있다. 첫 번째로 보통 사람의 서너 배에서 네다섯 배 정도 되는 무섭고 잘 싸우는 사람이 나타났다는 형태다. 이것도 바다 건너의 거인 이야기 못지않게 많은 편이다. 사람과는 완전히 다른 괴물이라기보다는 덩치 크고 무서운 악당, 무서운 장수에 관한 이야기가 적당히 과장되었다고 볼 수 있다.

두 번째로 손으로 산을 만들고 발로 강을 만드는 어마어마하게 큰 거인이 나오는 신화를 꼽아 볼 수 있다. 이런 이야기는 과거 기록이 상대적으로 드문 편이며 현대에 수집된 구전에서 더 자주 보인다. '장길손'이라는 것이 산을 만들거나 「창세가」에서 먼 옛날 거인이 손으로 해와 달을 떼어 냈다는 이야기가 이렇게 현대에 수집된 사례에 해당한다. 중국 고전에서는 산과 바다만큼 큰 거인 이야기가 드물지 않은 데 비해 한국계 기록으로 시대가 오래된 것은 많지 않아 18세기 이전의 기록에서 이렇게 산과 바다만큼 큰 거인 설화는 장한철이 쓴 『표해록』에 나오는 선마선파(詵麻仙婆) 이야기 정도다. 선마선파 이야기는 제주도에서 현재 '설문대할망' 이야기로 잘 알려져 있다.

정리해 보면 거인 이야기 중에는 바다를 표류하다가 신비한

섬에서 거인을 만나는 형태가 많고 그런 이야기들은 한국 옛 괴물 이야기의 대표적인 한 유형이라 할 만하다.

조선 말 쇄국 정책과 척화비의 느낌 때문인지 한국 옛날이야기에서는 해외의 먼바다를 탐험하는 것은 어울리지 않는다고 단정하는 경향이 현대에는 없지 않다고 생각한다. 하지만 먼바다에서 이상한 것을 발견하는 옛이야기는 결코 드물지 않다. 『아라비안나이트』나 대항해 시대 유럽 선원들의 모험과 비슷한 신라 선원들을 주인공으로 하는 바다 모험 이야기는 오히려 자연스러울 정도이고, 고려와 조선 시대의 바다 탐험 이야기도 뿌리는 뚜렷하다.

| 거잠(巨蠶) | 태평광기 |
| | 동사강목 |

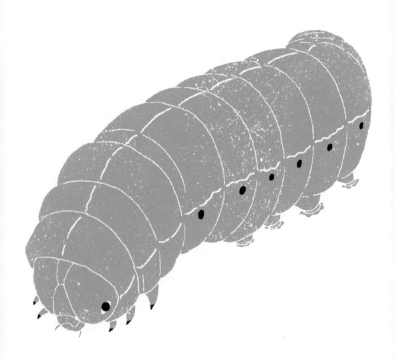

커다란 누에로, 크기는 소나 말만 하고 뽕잎을 많이 먹는다. 이것을
죽이면 세상의 누에들이 대를 잇기 위해 이 누에가 죽은 곳으로
몰려든다. 따라서 이것을 발견했을 때 뽕나무밭으로 끌어들여 죽이면
누에가 모여들어 많은 고치를 손에 넣을 수 있다. 신라 시대에 방이가
발견한 이야기가 『태평광기』 같은 중국 설화집에 실렸고, 이것이 다시
인용되어 조선의 『동사강목』 등에도 나온다.

거잠이 나오는 방이의 이야기는 『태평광기』의 '신라'라는 제목으로
수록된 이야기 가운데 일부다. 그렇다면 신라의 대표적인 괴물
이야기로 같은 시대에 중국에서 받아들였다고 볼 수 있다. 이 이야기의
후반부는 귀신이 몰려와 요술 방망이를 사용하는 내용이다. 이 대목은
흔히 도깨비 이야기의 원류로 언급되기도 한다.

　『태평광기』에는 방이의 성씨가 신라의 명문 김씨라고 되어 있다.
이에 따르면, 방이는 구걸하며 살 정도로 가난했는데 동생은 부유했다.
방이는 우연히 땅이 생겨 먹고살아 보려고 부유한 동생에게 농사
밑천으로 누에 알과 씨앗으로 사용할 곡식을 달라고 했는데, 동생은
사악해서 누에 알과 씨앗을 사용할 수 없도록 쪄서 주었다고 한다.
그런데 그 와중에 누에 알에서 열흘 만에 소의 크기로 자라난 거잠이
탄생했다고 되어 있다. 그렇다면, 거잠은 열을 이용한 특별한 방법으로
만들 수 있는 생물이라거나 열을 좋아하는 생물이라고 생각해 볼 수도
있을 것이다. 한편 동생이 방이에게 준 찐 씨앗 중에서는 단 하나의
곡식만 자라났는데 그 이삭이 매우 거대했으며, 역시 마법적인 힘을
가진 곡식이었다 한다.

　동생은 거잠을 죽이는데 그러자 누에들이 온통 거잠을 추모하듯이
모여들었다고 한다. 그리고 이로 인해 방이가 부자가 되어 성공한
것처럼 서술되어 있다. 즉 신라에서는 누에를 많이 기르는 것이 누에로
비단을 많이 만들 수 있으므로 부유하다는 뜻으로 이해되었다는
이야기다.

　이삭이 거대한 곡식 이야기는 그 이삭을 새가 물고 머나먼 곳의

산속 바위틈으로 들어가 버렸는데 방이가 그곳에 따라갔다가, 소원을 들어주는 금추, 즉 금방망이 내지는 쇠 방망이를 사용하는 신비한 아이들을 만나는 내용으로 이어진다. 아이들은 붉은 옷을 입고 있고 금방망이를 사용한 후 바위틈에 꽂아 두는데, 이것을 방이가 가져가서 큰 부자가 된다는 이야기다.

거치봉발(鋸齒蓬髮)	연려실기술
톱니 이빨에 흐트러진 머리칼	
◉ 갑산	

조선 후기에는 임진왜란과 병자호란이 일어나기 전에 이를 예고하는 홍조에 관한 이야기가 많이 돌았다. 『연려실기술』에서는 1583년 갑산에 이빨이 톱니 같고 머리칼이 흐트러지고 눈을 부릅뜬 채 왼손에는 활을 쥐고 오른손에는 불을 쥔 괴물이 살았다 한다. 이것이 나타나자 군사를 동원해 북을 치거나 활을 쏘거나 기도를 하면서 물리치려 했는데, 그 지역에서 귀양 중이던 선비인 허봉이 귀신을 물리치는 글을 지었다 한다. 한편, 조선 중기의 학자인 박지화는 10년 안에 남쪽에서 큰 난리가 시작된다 했고, 그것이 임진왜란에 대한 예언이었다 한다.

견상여야록(犬狀如野鹿)	삼국사기
개의 모습이 들사슴 같다	
◉ 충청남도 부여	

들사슴과 개의 중간에 해당하는 짐승으로 보인다. 원문의 표현에서는 '개의 모습이 들사슴 같다'고 했는데, 짖었다는 기록이 있으니 개에 조금 더 가까울 것이다. 660년 백제 왕궁에 나타나 짖은 뒤 사라졌다. 멸망을 경고하는 징조로 이해가 지나기 전 백제는 신라와 당나라의 침공으로 멸망했다.

들사슴을 닮은 개라는 점에서 뿔이나 털의 무늬가 사슴과 비슷하지만 크기나 입의 모양, 식성이나 행동은 개와 비슷하리라 상상해 볼 수 있다. 중국 고전에서 '중원축록'(中原逐鹿) 등의 표현을 통해 사슴은 나라, 또는 임금의 자리를 자주 상징하곤 했다. 그렇다면 사슴의 형태라는 점은 나라의 격변, 전쟁, 재해를 미리 알아볼 수 있는 재주와 통한다고 상상해 볼 수 있을 것이다. 개가 사람에게 충성하고 사람을 잘 따르는 점에서는 재해를 사람에게 미리 경고하고 피하게 하거나 사람을 보호하려고 노력한다고 생각해 볼 수 있다. 어디로 갔는지 찾을 수 없다는 점에서 굉장히 빠르게 움직인다고 볼 수도 있을 것이다. 이 이야기 뒤에 백제 도성의 모든 개가 모여 짖고 울어 대다가 흩어졌다는 기록이 이어지는데, 멀리 떨어진 다른 개에 뜻을 전하거나 여러 개를 몰고 여러 개와 통하고 개들을 거느리고 다닌다는 이야기도 떠올려 봄 직하다.

　　실제로 남아 있는 그림이나 조각 중에서 이 괴물과 비슷한 것을 찾아보자면, 백제를 지키려 한 짐승이라는 점에서 무령왕릉에서 발견된 종종 '진묘수'라고도 부르는 돌 짐승을 떠올리게 하기도 한다.

◉ 흑룡강

중국 고전에는 예로부터 구국(狗國)이라는 '개들의 나라'에 대한 이야기가 나오고, 하늘의 별 중에도 구국성(狗國星)이 있었다. 또한 중국에서는 이민족을 욕하거나 조롱할 때 너희 나라는 개들의 나라다, 너희는 구국 사람이라는 식으로 멸칭하기도 했다. 이런 이야기는 한반도로도 전해져서 한국계 문헌에도 언급되었다. 비교적 이른 기록 중에 한반도와 관계있는 기록을 짚어 본다면, 중국 당나라 때 주우라는 사람이 겪은 짤막한 모험담이 실린 『영표록이』를 들 수 있다. 주우는 신라 뱃사람들이 모는 배를 타고 바다에 나왔다가 표류하면서 구국, 모인국(毛人國), 야차국(野叉國), 대인국, 유규국(流虯国), 소인국 등 기괴한 여섯 나라를 떠돌다 겨우 살아 돌아왔다고 한다. 이때 신라 사람들은 구국이 어디인지 알고 있었다고 하며, 유규국 사람과는 의사소통도 어느 정도 할 수 있었다고 언급하고 있다. 이로 보아 항해에 밝은 신라 뱃사람들 사이에는 이들 나라들이 어느 정도 알려져 있었다고 추정해 볼 수 있다.

　　『영표록이』에 실린 구국에 대한 내용은 조선의 책인 『해동역사』에도 그대로 소개되어 있다. 여기서는 구국의 사람, 즉 구국인을 이렇게 묘사한다. "사람과 비슷해 보이는 벌거벗은 형체가 개를 안은 모습으로 나타났다가 배를 보고 놀라서 도망쳤다." 이것으로 보아 구국인들은 개를 중시하거나 아주 좋아하고, 어떻게 보면 사람이라고 보기는 조금 애매한 종족이다. 또한 의복 문화나 기술은 없고, 겁이 많거나 사람을 싫어한다고 생각해 볼 수 있다. 그렇다면 신라 사람들과 구국인들 사이에 어떤 사건이 있었다고 상상해 볼 여지도 있다. 예를 들면, 과거에 신라 뱃사람들이나 신라 해적들이 구국인들이 가진 무엇인가를 얻기 위해 구국인들을 공격한 적이 있다거나 하는 이야기를 생각해 봄 직하다.

　　『영표록이』의 구국 이야기는 짧고 막연한 편인데, 조선 후기의 글인 『앙엽기』에는 구국에 대한 중국의 다른 전설 몇 개가 인용되어 있다. 그중에는 머나먼 어느 나라에 가면 몸은 사람이고 머리는 개인 종족이 있다는 내용도 보인다.

『앙엽기』에 실린 특이한 기록으로는 조선 후기 김육이 쓴 『잠곡필담』에 실려 있다면서 통역관 김희삼이 전한 이야기를 소개해 놓은 것이 있다. 이에 따르면, 어느 먼 섬에 가면 개들을 중시하는 이상한 나라가 있다고 한다. 이 섬에는 아름다운 여성들이 수영을 하고 있는데 옷을 입을 줄 모른다고 한다. 이들에게 가까이 다가가면 원숭이나 개처럼 사람을 물려고 하며, 그 여성을 보호하기 위해 커다란 수캐들이 떼를 지어 몰려온다 한다. 『앙엽기』의 서술을 보면, 전체적으로 남성은 개와 비슷하고 여성은 사람과 비슷한 종족이 있다는 이야기로 들린다. 만약 그 둘이 짝지어 친밀하게 다닌다고 보면 그 내용은 앞서 이야기한 『영표록이』의 구국 이야기와도 통한다.

정리하자면 『영표록이』, 『잠곡필담』 계통의 구국 이야기는 중국에서 전해진 이야기에 영향을 많이 받은 것으로 보이는데, 섬나라에 사는 종족 중에는 남자는 개와 비슷하게, 여자는 보통 사람과 비슷하게 태어나는 종족이 있어 서로 짝을 지어 살며, 기술이 발전한 것 같지는 않고, 사람을 싫어한다는 이야기다.

조금 더 현실적인 개들의 나라에 대한 이야기로는 조선 시대에 소위 '나선정벌'이라고 하여 조선이 청나라 군사와 함께 러시아와 전투를 벌인 기록 중에 『북정록』에 실린 이야기를 꼽아 볼 수도 있다. 여기에는 흑룡강 근처의 머나먼 땅으로 떠난 조선의 신류가 현지에서 견부락(犬部落) 또는 개부락(介部落)이라고 하는 낯선 민족을 접한 이야기가 실려 있다. 견부락은 번역하자면 개들의 마을, 개들의 부족이라는 뜻이다.

이훈의 글 「조선의 나선정벌군이 본 허저족」에 따르면, 이들을 신류가 견부락이라고 부른 것은 이들이 개 썰매를 타고 다니는 습성이 있었기 때문일 거라고 한다. 이렇게 보면, 견부락인들은 특별히 이상한 종족은 아니며 그냥 개를 중시하는 문화를 가진 사람들일 뿐이다. 이들은 현대 러시아의 나나이족 조상과 관련이 깊어 보인다. 참고로 북방 이민족들은 반대로 조선인들을 대두인(大頭人), 즉 머리 큰 사람들이라고 불렀다고 한다.

청나라에서는 지금의 러시아에 가까운 지역의 이민족 중에 어피달자(魚皮㺚子), 대비달자(大鼻㺚子)가 있다고 보았다. 이런 말은 『조선왕조실록』에도 보인다. 이 중에 대비달자는 코가 큰 이민족이라는 뜻으로 지금의 러시아인을 가리키는 말이다. 대비달자가 러시아인이라는 사실은 『숙종실록』을 보면 이미 17세기에 조선인들도 정확히 알고 있었다. 그에 비해 어피달자는 물고기 껍질을 옷감으로 이용하는 이민족이라는 뜻으로, 현대에는 어피달자라는 민족이 바로 견부락인, 나나이족과 가까운 것으로 보고 있다. 그러나 조선 시대에는 이에 대해서 좀 혼동도 있었는지, 『인조실록』을 보면 어피달자를 조선에 복속하기도 하고 충돌하기도 했던 여진족 계통의 사람들인 홀온(忽溫)으로 보기도 했던 것 같다.

정리해 보자면 『북정록』 등에 보이는 비교적 사실적인 견부락인은 전설 속의 종족이라기보다는 실제 역사에 등장하는 민족으로, 북부의 머나먼 땅에 사는 개를 아주 중시하는 사람들로 개 썰매를 타고 다니고 물고기 껍질로 만든 옷을 입고 다니는 풍속을 갖고 있다.

계룡(鷄龍)	삼국사기
◉ 경상북도 경주	

머리는 닭처럼, 몸은 뱀이나 용처럼 생겼다거나 닭과 용이 섞인 모습이었던 듯하다. 사람을 낳을 만큼 커다랗다. 머리나 몸 전체에 흰빛이 돈다. 순식간에 움직이며 아주 빠르게 날아다닌다. 배 속에 사람을 넣은 채로 자라나도록 할 수 있을 것으로 보이는 짐승이다. 이 짐승 안에 있던 사람이 바깥으로 나올 때는 갈비뼈 쪽으로 나온다. 이렇게 나타난 사람은 아름답고 덕이 높으며 지혜롭다. 이렇게 나온 사람은 입이 닭 부리 모양인데, 맑은 물을 많이 접하면서 키우면 머지않아 보통 사람의 모습으로 바뀐다. 기원전 53년에 신라에서 지금의 경주 지역에 있는 아리영 우물에서 나타났다 한다. 이 짐승에서 나온 사람이 알영으로 나중에 박혁거세의 아내가 되어 신라의 왕비가 되었다.

알영은 『삼국사기』와 『삼국유사』에 비슷한 기록이 있는데 나온 부분이 왼쪽 옆구리인지, 오른쪽 옆구리인지는 서로 다르다. 한편, 『삼국유사』에는 죽은 용의 배를 가르니 사람이 있었다는 기록도 있다. 그렇다면 이것이 자연스럽게 사람을 낳는 것이 아니라 사람이 점점 커지면 이것이 견딜 수 없어 옆구리나 배를 가르고 꺼내야 하며 그러는 중에 이것이 죽을 수도 있다고 생각해 볼 수 있다. 닭이나 용과 닮은 기이한 탈것을 타고 나타난 사람이 있었는데, 그 안에 타고 있다가 내리는 모습을 그것이 사람을 낳는 것이라고 옛사람들이 착각했다는 이야기로 연결해 보아도 재미있을 것이다.

고관대면(高冠大面)	용재총화
관이 높고 얼굴이 크다 ◉ 충청남도 임천	

높은 관을 쓰고 얼굴이 커다랗다. 큰 나무에 기대어 있다. 사냥개가 사람보다 먼저 발견하면 맹렬하게 짖는다. 기이한 것을 물리치는 기질을 지닌 사람이 노려보면 점점 사라진다. 조선 시대에 성현의 친척인 안 씨가 지금의 충청남도 부여 임천면 인근에서 보았다. (안 씨는 성현의 친척으로 『용재총화』에 귀신을 잘 보는 사람으로 종종 나오는 인물이다. 이 책에서도 홍난삼, 정여우후, 장화흰요, 도깨비불, 연처위사 등의 항목에서 대체로 이상한 것을 발견하지만 곧 물리치는 인물로 등장한다.)

원전에서부터 '괴물'이라는 표현으로 지칭하고 있는 괴물이다. 그러니 표정이나 모습이 이상하거나 흉측했다고 상상해 볼 수 있다. 또 원전의 기록에는 관리와 술을 마시다가 사냥개가 뜰에 있는 큰 나무를 향해 짖기에 그곳을 보니 있었다 한다. 그렇다면 사람에게는 눈에 잘 띄지 않지만 개에게는 쉽게 발견되거나 개가 특별히 싫어하거나 개를 위협하는 성질이 있다고 상상해 볼 수 있다. 나무에 기대어 있었다는 점에서 몸보다 머리와 관이 커서 제대로 서 있을 수 없고, 쳐다보면 점차 사라졌다는 점에서 허깨비나 떠도는 혼령처럼 흐릿하게 나타났다가 흐릿하게 사라진다고도 상상해 볼 수 있다. 안 씨가 노려보자 사라졌다는 점에서는 사람의 정신을 홀리거나 반대로 용맹한 사람에게 쉽게 겁을 먹는 것으로 생각해 볼 수도 있을 것이다. 머리만 이상하게 큰 괴물은 『연려실기술』의 송희규에 관한 기록 가운데 『유분록』을 인용한 부분에도 비슷한 것이 있다. 연관성이 없는 현상이나 자극에서 일정한 패턴을 가져와 의미를 추출해 내려는 심리 현상인 파레이돌리아(pareidolia) 때문에 어둠 속에서 어렴풋하게 보이는 형체를 사람 얼굴이나 커다란 가면으로 착각한 이야기로 연결해 볼 수도 있을 것이다.

고산나봉(高山螺蜂)	성호사설
높은 산에 있는 소라와 조개	

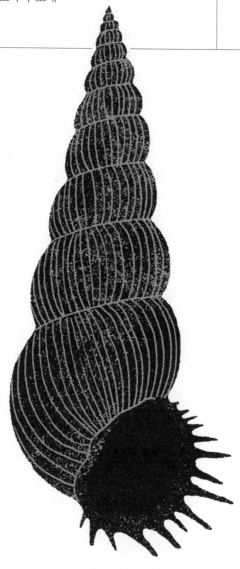

소라나 조개 같은 종류로 강이나 바다와는 거리가 멀어서 이런 동물이 살 수 없을 것 같은 지역인 산에서 발견된다. 나팔 같은 악기로 사용할 수 있을 만한 크기로 짐작된다. 속을 발라낸 뒤 악기를 만들어 불면 듣기에 좋다. 군대에서 악기를 만들 때 재료가 되는 소라 껍데기에 관한 이야기로 『성호사설』에 나온다.

물에 사는 것의 화석에 관한 이야기로 볼 수도 있다. 『성호사설』에서 이익은 산에 살고 악기의 재료가 되는 소라와 비슷한 것은 물에 사는 소라와 겉모습만 닮았지 다른 것으로 보았다. 그렇다면 모양은 소라와 같지만 산짐승이나 나무, 풀을 먹거나 거기에 붙어 다니거나 색깔이 바위나 돌과 잘 구분되지 않는다고 상상해 볼 수 있다. 군대에서 사용하는 악기의 재료가 된다는 점에서 악기로 만들면 특별히 크거나 사기를 높이거나 적을 두렵게 하거나 마음을 움직일 수 있는 소리를 낸다고 상상해 볼 수 있다.

고수여칠(枯痩如漆) / 지하지인(地下之人)	용재총화
말라붙어 검게 칠한 모양 같다 ◉ 서울	

검게 칠한 듯한 까만 뼈다귀만 남은 다리로 걸어 다니며 종이로 된
치마를 두르고 허리 위는 가리거나 보이지 않아 허리 아래만 보인다.
사람 목소리를 내고, 사람의 음식을 빼앗아 먹는다. 사람이 하는
일에 간섭을 하고 음식을 차려 주지 않으면 화를 낸다. 음식을 먹을
때 수저를 사용하는 모습은 보이지 않지만 음식이 저절로 조금씩
사라진다. 주로 머무는 곳은 땅속 깊은 곳이나 저승 세계로 보인다.
조선 시대에 호조정랑인 이두의 집에 나타나 고생한 적이 있다.

원전에는 목소리가 죽은 지 10년이 지난 이두의 고모와 같다고 하면서
"왜 다리가 이 모양이냐?" 하고 묻자 "죽은 지 오래된 지하의 사람이니
그렇지 않을 수 있겠느냐?" 하고 답했다 한다. 죽은 사람의 혼령이
이상한 모습으로 되돌아왔다고 여긴 듯하며 지하는 저승을 상징한다고
보는 것이 맞을 것이다. 죽은 사람이 10년 만에 이상한 모습으로
갑자기 나타난 이야기라는 점은 특이한 면이 있다. 호조정랑의 집에
나타났다는 점에서는 현재의 서울 어딘가에서 있었던 일로 보인다.
이 사건은 『용재총화』 외에 『조선왕조실록』에도 두 차례나 언급되며
서울에서 유행한 이야기로 설명되고 있고, 심지어 당시 성종 임금이
관심을 가져 직접 이두에게 이에 대해 물어봤다는 기록도 있다. 따라서
이 이야기는 기록 시점인 1486년 음력 11월경 조선에서 큰 화제가 되어
대단히 잘 알려진 귀신 소문이었던 듯하다.

공리비사(空裏飛絲)	아정유고
허공에 실이 날다	
◉ 황해도	

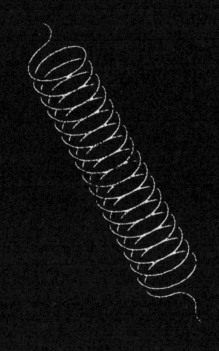

어디서 어떻게 생겨났으며 왜 있는지 정확히 알 수 없고, 가는 실
토막처럼 생긴 것이 바람에 따라 허공을 이리저리 날아다닌다.
날아다니던 것이 사람이나 동물의 눈에 들어가면 파고들어 눈을
상하게 해 시력을 잃게 만든다. 황해도 서부 지방에서 떠도는
이야기였다 한다.

현대에 유행하는 UFO의 일종인 로드(Rod) 이야기와도 비슷한 면이
있다. 눈에 들어가면 아주 따가워지는 씨앗 같은 것이 바람에 날리는
이야기가 와전된 듯하다.

공주산(公州山)	동국여지승람
◉ 전라북도 군산	

걸어 다니는 산으로, 밤에 아무도 보지 않을 때 홀로 움직인다. 만약에 사람이 보고 산이 움직인다는 것을 알게 되면 그대로 주저앉아 굳어서 평범한 산이 된다. 군산 사람들이 공주산에 관한 이야기로 믿은 일이 『동국여지승람』에 나온다.

걸어 다니는 산이나 산봉우리에 관한 전설은 여러 지역에서 다양하게 전해 내려오는데, 공주산은 그 가운데 군산에서 내려오는 전설로 비교적 초기에 기록으로 남은 것이다. 『한국민속문학사전』의 '울산 바위'에 걸어 다니는 산에 관한 이야기가 나오는데, 여기서는 먼 옛날 먼 곳에서 걸어왔다가 멈춰 지금 자리에 있게 되었다 한다. 사람은 이 산이 처음부터 그 자리에 있었다고 여기기 쉽지만, 벌레나 짐승은 과거에 다른 곳에서 그 산이 왔다는 사실을 알고 원래 산이 있던 곳에서부터 찾아온다는 이야기도 전해진다 한다.

　　아무도 관찰하지 않고 누구와도 영향을 주고받지 않아 어디로 어떻게 가는지 알 수 없을 때만 어디론가 움직인다는 점, 그리고 누구라도 관찰하면 움직임이 멈추어 고정된다는 점, 두 가지 특징은 관찰자와 관찰 대상에 관한 현대 양자 이론을 설명하기 위한 예시와도 통하는 데가 있어서 다양한 상상을 하게 만든다.

관비산란(官婢産卵)	고려사
관청의 노비가 알을 낳다 ◉ 함경남도 영흥	

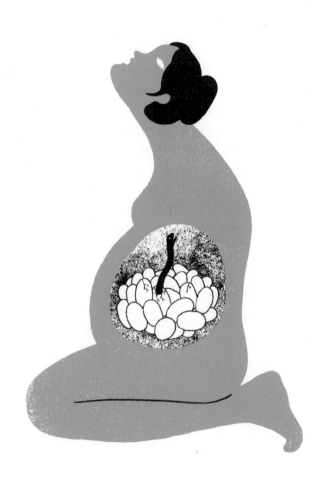

사람이 여러 개의 알을 낳았을 때, 그 알이 특이한 괴물이 될 수 있다. 알의 크기는 손가락 하나에서 그 절반만 하다. 사람의 배가 부를 만큼 여러 개가 한꺼번에 차 있다가 낳으므로 부피로 치면 작은 항아리에 달하는 양을 낳는다. 여기서 수십 마리에서 수백 마리의 새끼가 태어나는데 뱀 같은 동물로, 태어난 직후에는 손가락 한두 마디만큼 작다. 1129년 영흥에서 발견된 이야기가 『고려사』에 나온다.

주몽 이야기와 같이 사람이 알을 낳는 전통적인 한국의 신화와 견주어 보면, 알에서 태어난 작은 뱀과 같이 생긴 짐승들은 그 어머니가 사람이면서, 동시에 알 수 없는 어떤 이상한 것을 아버지로 삼아 태어났다고 생각해 볼 수 있다. 이 뱀과 같은 무리가 그 어머니나 아버지를 잘 따르거나 보호하는 이야기도 상상해 볼 수 있다. 그렇다면 그 아버지에 해당하는 것이 또 다른 특별한 괴물이라고 볼 수도 있겠다. 사람이 알이나 뱀, 벌레 같은 것을 낳는 다른 이야기와 엮어 보면 사람이 먹는 음식이나 물 같은 곳에 씨가 될 만한 것을 심어 놓았는데, 사람이 무심코 먹으면 몸속에서 자라난다는 식의 이야기를 덧붙여 상상해 볼 수도 있을 것이다.

먼바다에 사는 거인으로, 키가 높은 언덕이나 작은 산과 같은 정도다. 섬 근처에 다가오는 배를 뒤집어 버리려 하는 등 난폭하다. 바닷속으로 걸어 다니며 산으로 단숨에 뛰어 올라갈 수도 있다. 무기나 도구를 사용할 줄은 모르는 듯하다. 도끼 등으로 팔다리를 공격하면 멈칫한다. 조선 시대에 이수광이 바다를 표류하다가 살아남은 사람들을 만났는데 빠른 바람으로 조선에서 7일 거리의 섬에서 본 적이 있다 한다.

이 이야기에 나오는 거인은 언덕이나 산으로 비유되어 특별히 큰 편이다. 일반적인 거인 이야기는 '거인' 항목에서 따로 정리했다.

교전지상(交戰之狀)	속잡록
서로 싸우는 모양	
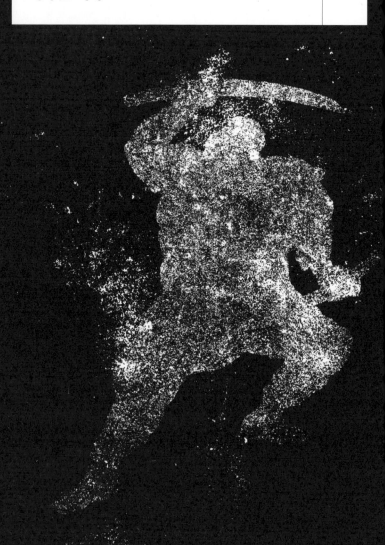 충청남도 홍성	

하늘을 날아다니는 병사나 장군의 형상이다. 개미 같은 벌레 떼가 움직이는데 그 모습이 마치 무예를 익혀서 싸우고 창칼을 휘두르며 활을 쏘는 사람처럼 보인다. 홍성의 월산령에 사는 사람이 본 이야기가 『속잡록』에 나온다.

원전에는 군인이나 병졸처럼 날아다니는 벌레 떼가 움직였다는 것까지만 나온다. 따라서 벌레가 어떤 형태로 싸우는 모습을 보여 줄 수 있었는지에 대한 묘사는 자세하지 않다. 이야기를 꾸며 보자면, 수없이 많은 벌레들이 모인 떼가 날거나 모습을 바꾸거나 여러 조각으로 갈라지면서 그 전체 형상이 병졸 같았다고 상상해 볼 수도 있다. 한데 뭉쳐 하늘을 날아다니는 벌레들이 아주 커다랗게 덩어리를 이룬 것이면서도 칼이나 화살을 맞아도 갈라져 피할 수 있고, 이것이 싸우려고 들어서 짐승이나 사람을 해친다고 상상해 볼 수도 있을 것이다.

업, 또는 업신은 전국 각지에 퍼져 있던 민간 신앙으로, 보통 집 한구석이나 지붕에 사는 구렁이가 그 집안의 재물 운을 관장한다는 믿음이다. 그러므로 업신이 집 바깥으로 나가거나 죽은 채로 발견되면 그 집은 크게 재물을 잃는다는 식으로 생각하곤 했다. 구렁이 외에 두꺼비에 대해 그런 신앙을 가진 사례도 있으며, 업이 깃들어 있는 곳을 '업단지'라고 하여 쌀을 담은 항아리를 마련해 놓는 경우도 흔한 편이다.

업신에 관한 기록으로는 조선 시대 후기의 학자이자 작가인 이덕무의 『이목구심서』에서 구체적인 내용을 찾아볼 수 있다. 여기에서는 업신을 부잣집 풍속으로 소개하면서 그 집의 창고 속에 있는 신으로 설명하고 있다. 이 글에 따르면 업신은 구렁이 또는 족제비의 형상이며, 사람들이 흰죽을 쑤어 바치며 신처럼 대접한다고 나와 있다.

그런데 이 기록에는 특이하게도 망아지와 비슷한 '구업'이라는 형태의 업신도 있다는 설명을 덧붙여 놓았다. 그렇다면 구업이라는 것은 구렁이처럼 숨어 살 수 있는 형태이면서도 망아지를 닮은 이상한 모양일 텐데 그렇다면 크기는 아마 아주 작을 것이고, 상상하기에 따라서는 망아지와 비슷하면서도 구렁이나 족제비와 닮은 점도 있는 괴상한 짐승이라고 짐작해 볼 수도 있을 것이다.

궁중괴수(宮中槐樹) / 명여인곡성(鳴如人哭聲)	삼국사기
궁궐에 있는 회화나무 / 사람이 곡하는 소리처럼 우다 ◉ 충청남도 부여	

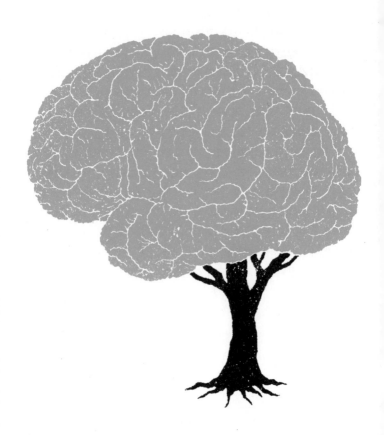

신령스러운 나무로 회화나무와 닮았다. 제 뜻을 사람에게 알리는 방법은 우는 것뿐인데 대낮에 사람의 곡성과 비슷한 소리를 낸다. 밤이 되면 멀리 다른 곳으로 소리만 옮아가 귀신이 곡하는 소리 같은 것이 난다. 백제 멸망의 징조로 659년 지금의 부여 궁궐에서 발견되었다.

세상일을 아는 신령스러운 나무로는 '장화홍련요' 이야기도 있는데, 장화홍련요와 달리 궁중괴수 이야기에서는 요사스럽다기보다 나라의 운명을 걱정하는 쪽에 가까운 나무로 나타난다. 조용히 선 채로 세상이 돌아가는 것을 지켜보지만 어쨌든 나무라 행동이나 말을 하지는 못한다고 생각해 볼 수 있다. 그 밖에 다른 나무와 달랐다는 기록은 없다. 그렇게 소리 내서 우는 것도 평생 몇 차례 못 한 셈이다. 밤에는 우는 소리가 멀리 다른 곳에서 났다는 점에서 이것이 우는 소리가 메아리처럼 흘러 다니며 멀리 떨어진 다른 동네까지 울려 퍼지거나 아무도 보지 않을 때 나무가 스스로 움직여 다른 곳에 잠시 다녀온다고 상상해 볼 수 있다.

한편, 생각과 마음을 가진 사람 같은 것이 있는데, 그것이 나무와 같은 처지가 되어 볼 수도 들을 수도 말할 수도 움직일 수도 없이 그저 한자리에 오랫동안 가만히 있으면서 생각하는 것밖에 할 수 없다는 식의 이야기를 짜 볼 수도 있을 것이다. 회화나무, 즉 괴수(槐樹)는 중국 고전에서도 신령스러운 나무로 여겨져 관련된 기이한 일이나 귀신 이야기가 적지 않다. 이런 고전 속의 '괴수'라는 표기가 현대의 회화나무와 정확하게 일치하지 않는 것으로 보기도 하여, 느티나무 등의 큰 나무를 괴수로 표기하였을 것으로도 해석한다. 그렇다면 한국 각지에서 마을의 수호신처럼 여겨지는 여러 커다란 느티나무, 회화나무와 성격이 통하는 괴물로 볼 만하다.

귀구(鬼狗)	천예록
◉ 서울 필동	

붉은색과 검은색으로 알록달록한 무늬가 있는 개와 닮은 짐승이다. 눈이 빨갛고 밤에 나타난 이야기가 전해 내려온다. 두 마리가 쌍으로 다닌다. 보통 개와 달리 짖거나 움직이는 일에 관한 이야기는 거의 없으며 그저 꼼짝하지 않고 위엄을 보이면서 가만히 지킬 뿐이라는 것이 특징이다. 조정 관리의 의관을 갖춘 듬직한 사람 모습인 신령스러운 사람 같은 것이 이것을 부하로 거느리기도 하는데, 이것이 나타나거나 사라질 때는 갑작스럽게 움직이고 소리를 지른다. 사람에게 달려들거나 싸우는 일에도 신중한 듯해 함부로 날뛰지 않는다.

원전의 기록에서 이 괴물이 함부로 날뛰었다는 이야기가 없는 것으로 보아, 명령을 충실히 따르고 한번 내려진 명령을 절대 어기지 않도록 애쓰는 조금은 답답한 짐승이었던 것 같기도 하다. 앞뒤 정황으로 보아, 이야기 속에서 이 짐승의 주인이 어느 집에 가 보라고 명령했던 것 같은데, 그러자 이 짐승은 밤마다 찾아가 소리 한 번 안 내고 한자리에 꼼짝하지 않고 버텼고 온갖 일이 벌어져도 날마다 꿋꿋이 나타났다. 지금의 서울 필동에 있던 흉가에서 발견된 이야기가 『천예록』에 나온다.

귀봉변괴(鬼棒變怪)	촌담해이
귀신 들린 방망이의 해괴한 일	

모습은 끝이 뭉툭한 나무 방망이 같고 크기는 한 뼘을 넘을 만하다.
도깨비방망이 같지만 정체는 알 수 없다. 평소에는 가만히 있다가
누군가 "무엇에 쓰는 물건인고?" 하고 말하면 갑자기 날듯 움직이면서
달려들어 남녀노소를 막론하고 희롱한다. 힘이 세서 막아내기 어렵다.
이때 당하는 사람은 건장한 더벅머리 청년의 모습을 보게 된다.
그 뒤에는 다시 원래 모습으로 돌아간다. 망치로 내려치거나 불로
태우거나 뜨거운 물로 삶아도 손상을 입지 않는다.

근화초(槿花草)	지봉유설

하루 만에 싹을 틔워 잎이 자란 뒤 줄기를 뻗었다가 꽃을 피우고 다시
씨를 맺은 뒤 죽는 것을 반복한다. 잎이 다섯이고 분홍색이나 흰색으로
아름다운 편이다.

근화초는 한국을 상징하는 꽃인 무궁화를 가리키는 말 가운데 하나다.
여기서는 무궁화의 특징이 와전되어 『산해경』을 비롯한 중국 고전에
괴이한 모양으로 과장된 것이 다시 전해져 기록에 남은 것을 소개했다.
무궁화를 한국의 상징으로 사용하기 시작한 것은 기록으로만 보면
신라 말 무렵이고, '무궁화'라는 말도 고려 시대에 어원을 따진 기록이
있다.

황금 갑옷을 입은 장군 둘로 키가 사람의 두 배만 하다. 선한 것을 지키고 악한 것을 물리친다. 그중 하나는 큰 도끼를 들고 싸운다. 여러 모습으로 나타나지만 주로 중국의 고전『삼국지』의 제갈량이나 중국 당나라 태종 때의 울지공을 묘사한 그림을 닮았다. 다른 하나는 커다란 깃발을 들고 싸우고『삼국지』의 주유나 중국 당나라 태종 때의 진숙보를 묘사한 그림을 닮았다. 설날 서울 대궐 문에 두 장군의 그림을 나란히 붙여 놓았다 한다. 민간에서도 집집이 비슷한 그림 붙이기 풍속이 있었는데, 이를 문배(門排)라고 불렀다.

장군의 그림을 문에 붙여 놓는 것은 중국의 풍습이기도 하다. 울지공과 진숙보를 그려서 붙이는 것이 당나라 태종 이후로 중국에 퍼져 있었다 한다. 중국에서 문에 그려 놓는 그림으로는 도교의 신장을 꼽을 수도 있다. 중국의 문물이 조선에 퍼질 때 다른 그림과 모습이 섞이면서 변한 듯하다. 그래서 서울의 궁궐 문에 그려 놓는 그림은 중국과는 달랐다 한다. 원전에 제갈량, 주유, 울지공, 진숙보가 나오는 점에서 두 장군은 서로 사이가 좋지는 않지만 막상 싸울 때는 힘을 합쳐 활약할 때가 많고, 하나가 조금 더 뛰어나고 다른 하나는 조금 더 못하다는 이야기를 상상해 볼 수 있다.

　　코로나19 유행 이후, 악귀를 쫓기를 바라는 마음으로 서울 광화문에 금갑장군 모습을 붙여 놓는 행사를 2020년대 초에 진행한 적이 있었다. 이때 안동 하회마을 화경당 소장 문배도의 모양을 활용하여 그림을 만들었다. 이 그림의 경우, 얼굴이 검붉고 화려한 갑옷을 입은 우락부락한 장군 모습으로 한 사람은 도끼를 들고 있고 한 사람은 철퇴와 비슷한 무기를 들고 있는 것으로 표현되어 있다.

금섬(金蟾) / 금두꺼비	지봉유설
◉ 평안남도 안주	

바위 속에 사는 두꺼비 같은 것으로, 빛나는 금색을 띤다. 크기는 거북만 하다. 사람에게 행운을 준다고 하는데, 이것으로 행복을 얻은 사람은 이것과 멀어지면 죽는다. 안주의 양덕에서 심눌이 발견한 이야기가 『지봉유설』에 나온다.

바위 속에 있었다는 점에서 바위 속을 녹이고 파고들거나 바위를 갉아먹으며 들어갈 수 있는 재주가 있다고 상상해 볼 수도 있다. 조선 시대에는 선천(先天)이라는 아득한 옛날, 이 세상이 생기기 전 지금과는 다른 세상이 있다가 모두 없어지고 말았다는 전설이 있었고, 이 선천 시대에 만들어졌던 그릇이나 조각품 중에 일부가 희귀하게 지금까지도 남아서 깊은 바위 속이나 물속에서 발견된다는 이야기가 돌기도 했다. 그런 점에서 바위 속에서 나타난 금두꺼비는 이 세상이 생기기 전의 시기에 살다가 바위에 들어간 아주 먼 옛날의 짐승으로 상상해 볼 수도 있다.

　　『응천일록』에도 비슷한 기록이 나온다. 어떤 사람이 꿈에서 금두꺼비를 만났는데, 천녀(天女)들과 함께 나타나 신비한 어린아이를 건네주었고, 이후 이상한 것이 이 사람의 배 속에서 태아로 자라면서 계속 신비로운 말을 한다고 주장했다는 이야기다. 금두꺼비를 '금섬'이라 쓴 사례는 옛 시에서 종종 찾아볼 수 있는데, 『응천일록』도 그 사례다. 『지봉유설』에서는 '금색섬서'로 나온다.

　　중국 고전에서 금두꺼비는 달을 상징하는 짐승으로 자주 언급되었다. 또 값비싼 귀금속으로 두꺼비 모양을 만들어 누군가에게 선물하거나 보관하는 사례도 예로부터 종종 있었다. 때문에 『지봉유설』에서 심눌이 금두꺼비를 발견했다는 이야기는 살아 있는 금두꺼비 괴물을 발견했다는 이야기라기보다는, 누군가 잃어버렸거나 숨겨 둔 귀금속 제품을 발견했다는 내용으로 보는 것이 사실에 좀 더 가까울 것이다. 그렇다 하더라도 역시 저주받은 기이한 물건에 대한 이야기다.

금와(金蛙)	삼국사기
◉ 경상남도 양산 통도사	

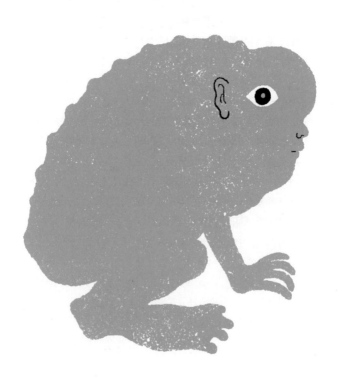

개구리처럼 생긴 사람으로 금빛이 돈다. 어떤 기록에는 달팽이와 닮았다고도 한다. 평소에는 연못가 커다란 바위 아래 숨어 있다. 말 같은 짐승은 눈에 띄지 않아도 이것이 있다는 사실을 알고 눈물을 흘린다. 하늘에서 내려왔다고 믿기도 한다. 사람이 키우면 보통 사람과 크게 다르지 않게 자라나 뛰어난 사람이 된다. 『삼국사기』와 『삼국유사』에 부여의 임금이 된 금와왕에 관한 이야기로 나온다.

금빛 개구리와 닮은 아기라는 것 외에 금빛 달팽이와 닮은 아기라는 것은 『삼국사기』의 주석에 따른 것이다. 자식이 없어 하늘에 기도한 데 따른 감응으로 부루왕이 금와를 찾아냈다는 점에서 하늘에서 내려온 이상한 종족으로 생각해 볼 수 있고, 달팽이를 닮았다는 점에서 껍질과 비슷한 이상한 옷이나 장치를 둘렀다고 상상해 볼 수도 있다. 말이 눈물을 흘렸다는 점에서 짐승들이 두려워하거나, 아무런 소리나 움직임 없이도 멀리 있는 짐승의 마음을 감복시키는 힘이 있다고 생각해 볼 수 있다.

　　통도사에는 이것과 관계없이 전해 내려오는 다른 금개구리 이야기도 있는데, 자장율사가 통도사를 창건할 때부터 바위틈에 사는 금개구리가 수천 년이 지나도 아직도 산다는 것이다. 19세기의 문헌인 『일사집략』에도 나오는데, 현재까지 인기 있는 전설로 요즘도 통도사에 이따금 황금빛이 도는 개구리가 관찰되면 전설 속의 금개구리라는 이야기가 돌기도 한다. '금와보살'로 높여 부르기도 한다.

금완연(金蜿蜒)	해산잡지
◉ 제주도 인근 바다	

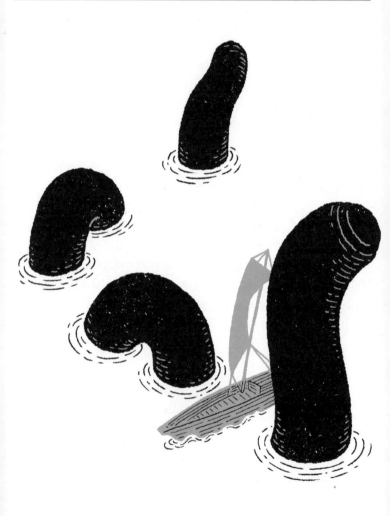

바다에 사는 황금빛의 거대한 뱀 같은 것으로 굵기는 커다란 항아리와 비슷하고 길이는 열댓 명이 타는 배를 괴롭힐 수 있을 정도다. 지렁이나 발 없는 벌레와 비슷한 점이 많다. 황금색인데 황금색 빛도 내뿜는다. 이렇게 내뿜은 빛은 안개나 먼지처럼 빛 덩어리가 주변에 묻어나고 흩어져 퍼져 있는 듯한 모양으로 묘사되어 있다. 방해받는 것을 싫어하는 듯해 배가 가까이 가면 덤벼들지만 실제로 사람을 잡아먹거나 포악한 성질은 아닌 것으로 보인다. 그저 사람을 위협해 물러나게 하고는 다시 깊은 바닷속으로 사라질 뿐이다. 제주도 인근의 뱃사람이 목격했다 한다.

금우(金牛)	석가여래십지수행기

금빛이 도는 아름다운 소 모양의 동물이다. 아름답고 귀엽게 생겨서 이것과 가까이 있는 사람이라면 항상 잘 대해 주고 싶고 기분이 즐거워진다. 사람이 완전히 빠져 배필처럼 여기며 함께 집을 떠날 수도 있다. 보통 말을 하지는 않지만 사람과 같은 수준으로 생각하고 감정을 느낀다. 이것의 간이 아주 귀한 약재라는 소문을 퍼뜨리는 사람도 있다. 평범한 소가 괴상한 것을 먹고 낳은 새끼가 이것이 되는 수가 있으며 이것이 소가죽을 벗고 사람으로 변신한다는 이야기도 있다. 페르시아 등 먼 서쪽에서 고려로 찾아왔다고 전해지기도 한다.

고려 시대에 만들어진 것으로 추정하는 『석가여래십지수행기』에는 불경 속의 이야기로 편집되었다. 그러나 실제 인도나 중국의 불경에는 나오지 않는 이야기라 불경과 별도의 설화가 채록된 것으로 보인다. 이야기 속의 배경으로 고려라는 나라가 등장하는 등 충분히 토착화된 듯한데, 원래의 소재는 중국 송나라나 원나라의 이야기 중 하나를 참고해 뼈대를 가져온 것일 수도 있다. 이후 조선 시대에 불경과 관계없이 별도로 설화화되거나 소설화되어 『금우태자전』, 『금송아지전』, 『금독태자전』 등으로 발전하기도 했으므로, 긴 세월 많은 한국인에게 사랑받은 이야기라고 볼 수 있다. 『금우태자전』 등에서는 페르시아, 지금의 이란 왕궁에서 궁중 암투가 벌어지는 와중에 나쁜 후궁이 갓난아기인 왕자를 몰래 외양간에 버리고, 그러자 갓난아기가 금우로 변했다는 것으로 이야기가 시작된다. 사람들은 금우를 보고 알 수 없는 굉장한 호감을 느끼는데, 그러자 나쁜 후궁은 자신이 금우의 간을 먹어야 낫는 병에 걸렸다며 꾀병을 부려 금우로 변한 왕자를 살해하고자 한다. 이후 금우는 도망쳐서 다른 나라까지 돌아다니며 모험을 하는데, 『석가여래십지수행기』 등에서는 이때 금우가 고려에도 오는 것으로 되어 있다. 결국 모험 끝에 왕자는 사람의 모습을 되찾고 왕위를 이어받는다.

황금색이 도는 돼지 같은 동물이다. 신비한 힘이 있어서 사람을
저주하는 술법 따위를 알고, 사람처럼 생각하고 말을 할 수도 있다.
산속 깊은 곳의 굴 같은 곳에 살지만 사람을 납치해서 배필로 삼기도
한다. 힘과 지혜, 재주가 아주 뛰어나 퇴치하기 어렵고 땅속에 사는
거북이나 그와 비슷한 다른 괴이한 짐승을 부하로 거느리며 다니기도
한다. 사슴 가죽 또는 사슴 가죽으로 된 물건을 어떤 이유 때문인지
무서워한다. 이것과 사람 사이에서 태어난 사람은 역시 특출난 재능을
보인다.

이것은 금저, 즉 금돼지가 최치원의 아버지라는 전설로 널리 알려진
이야기다. 『어우집』의 「회현오수」에 언급된 것도 바로 이 사례다.
이후에 나온 최치원에 대한 다양한 고전 소설 속 묘사를 일부 차용해
합쳐 항목을 편성해 보았다. 『용천담적기』에 실린 것은 최치원과
관계없는 금돼지 이야기인데, 여기서는 금돼지가 땅속에 있는 잡다한
다른 동물을 부하로 부린다 한다. 이렇게 강한 금돼지인데, 그러면서도
몇몇 이야기에서는 사슴 가죽을 너무 무서워하는 습성이 있어서 사슴
가죽으로 된 끈만 들이밀어도 꼼짝 못 한다고 묘사하는 경우가 있다.
도대체 왜 금돼지가 사슴 가죽을 무서워하는지 그 사연을 상상해
보아도 재미있으리라 생각한다.

기이한 세 남자

◉ 평안북도 선천

향태(香台)라는 사람을 어머니, 강가시(姜加屎)라는 사람을 아버지로 삼아 태어난 것이다. 보통 사람보다 덩치가 조금 더 크고 수염을 길렀고 눈이 크다. 삼형제로 첫째가 가장 수염이 길고 셋째가 가장 짧다. 첫째와 둘째는 검은색 모자를, 셋째는 황색 모자를 썼다. 둘째는 빼어난 미남이다. 사람이 하는 말을 알지만 셋 사이에는 말이 없다. 모두 아래위로 붉은빛이 도는 검은색 옷을 입었다. 사람의 음식을 먹고 살 수 있다. 모습이 엄숙해 어지간한 사람은 한 번 보면 기세에 눌린다. 사람이 되다 만 듯한 느낌이라고도 한다. 태어난 지 1년 만에 어른이 된다. 지혜가 뛰어나 사람의 마음을 꿰뚫어 본다. 한 번에 먼 거리를 움직이는 재주도 있다. 하늘에서 내려왔다는 소문이 돌아 마을 사람들이 신령으로 떠받들었다. 1604년 선천에서 김신원이 본 이야기가 『선조실록』에 나온다.

이 세 사람에 대한 사건은 1604년에 상당히 큰 화제가 되어 많은 주변 사람들이 셋을 신령스럽고 성스럽다고 생각해서 얼굴이라도 한번 보려고 모여들었다고 하며, 그 인기가 그 지역을 다스리는 벼슬아치들조차도 혹할 정도였다고 되어 있다. 『선조실록』 외에도 『고대일록』, 『난중잡록』 등의 책에도 같은 사건이 인용되어 있는 것으로 보아 당시 상당히 많은 사람들에게 널리 알려졌던 사건이라 할 수 있겠다. 세 사람을 성인, 신인, 생불로 불렀다고 하므로, 삼형제가 각각 그 역할을 맡았다고 볼 수도 있을 것이고, 삼형제를 함께 요약해 성신불(聖神佛) 등으로 부를 수도 있을 것이다.

　　세 사람은 구름 위 천상 세계를 왕래하며 천상의 여성과 혼인했으며 그래서 지상에 내려올 때에는 선녀라고 할 수 있는 여성들과 함께 나타났다는 소문도 있는데, 막상 천상 세계를 왕래했다는 것 이외에 어떤 대단한 위력을 보여 주었는지에 대해서는 별 이야기가 없다. 『선조실록』에서는 사람 이름을 잘 맞추더라는 정도의 이야기가 언급되어 있다.

남입연중(攬入淵中) / 도근천의 달구(獺狗)	탐라지
끌고 연못으로 들어가다 ◉ 제주도 도근천	

수달이나 족제비와 닮았다. 깊은 물속에서 오래 머물 수 있다. 물속을 돌아다니며 물에 빠진 물건을 모아 놓는다. 보물을 좋아해 사람이 오면 보여 주면서 자랑한다. 다가가면 다시 물속으로 들어가 숨어 버려 사람을 놀린다. 이런 일을 즐기는 듯하다. 제주도의 도근천에 있다는 이야기가 『탐라지』에 나온다.

기록에 따라서는 수달이나 족제비와 비슷한 무엇인가가 물 한가운데 있는데 사람이 보면 꼭 무척 희귀한 것처럼 보이기에 사람을 물속으로 들어오도록 유혹한다는 이야기도 있다. 『동국여지승람』에는 사람의 보물을 보면 연못 속으로 가지고 들어간다고 나온다. 어느 쪽이든 보물을 좋아하고 물속에서 잘 숨는 점에서 물 깊은 곳에 둥지를 만들고 아가미가 있거나 특별히 몸의 모양이 다르다고 상상해 볼 수 있을 것이다.

　수달에 대해 현대에 채록된 전설 중에는 『한국민속문학사전』에 소개된 진해 웅천 천자바위 설화가 있는데, 여기서는 수달이 사람처럼 행동하며 사람을 잡아가서 그 사이에 자식을 낳기도 한다. 힘이 제법 세고 크기는 사람과 비슷하거나 크다고 생각해 볼 수 있다. 바닷속 사람의 손이 닿지 않는 곳에 가서 사람이 할 수 없는 일을 하는 내용도 있다. 직접적인 관련은 없지만 후삼국 시대에 능창(能昌) 같은 해적의 별명이 '수달'이었다는 점에서 수달이 해적에게 붙는 흔한 별명이었거나 보물을 훔치는 해적질에 대한 상징이었다고 생각해 볼 수도 있다.

내투지응(來投之應)	고려사
누가 와 의탁할 징조 ◉ 황해북도 개성	

거대한 지렁이로 길이가 70척으로 사람 키의 10-20배 정도다. 굉장한 크기 이외에 특별한 특징은 없다. 925년 음력 3월에 개성에 나타났다 한다. 당시에는 발해에서 고려로 사람들이 와서 의탁할 징조라는 뜻으로 해석했다 한다.

노구화위남(老嫗化爲男)	삼국사기
늙은 여자가 남자로 변하다	

모습을 남녀노소로 바꿀 수 있다. 사람에게 좋지 못한 흉한 괴물이다. 기원전 6년 백제에서 발견되었다. 늙은 여자가 남자로 변한 이야기가 『삼국사기』에 나온다.

『수신기』 같은 중국 고전에서는 남녀의 모습이 바뀌거나 남녀의 의복 입는 풍습이 서로 바뀌거나 하는 것은 세상에 음양의 조화가 흐트러진 징조로 묘사되었다. 『삼국사기』에서 이 이야기는 호랑이 다섯 마리가 성으로 들어왔다는 기록과 연달아 나온다. 그렇다면 남자로 모습이 바뀌는 이 늙은 여자가 호랑이 다섯 마리와 서로 어울리거나 호랑이를 부하로 부린다는 이야기도 상상해 볼 수 있다. 최광식은 논문 「삼국사기 소재 노구의 성격」에서 늙은 여자는 당시 사람들이 믿고 따르던 무당을 의미하고 본래는 여자 무당이 중심이었다가 남자 무당으로 역할이 옮겨진 시기와 관계가 있는 사건이라는 의견을 발표한 적이 있다. 이 해석을 존중하여 이야기를 만들어 본다면, 기이한 술법을 쓰며 무속 행위를 하는 사람이 있었는데, 그 사람이 어떤 술법이나 저주 때문에 늙은 여자의 몸에서 남자의 몸으로 바뀌는 일을 겪으며 살아가는 것이라고 풀이해 볼 수도 있겠다.

노구화호(老嫗化狐)	삼국사기
늙은 여자가 여우로 변하다 ◉ 충청남도 공주	

늙은 여자가 여우로 변하는 것이다. 변한 뒤에는 어디론가 떠나 버렸다 한다. 요사스럽고 불길한 것이다. 501년 지금의 충청남도 공주인 백제의 도성에서 목격되었다.

『삼국사기』의 이 기록은 무엇인가 여우로 모습을 바꾸거나 사람이 여우로 모습을 바꾸는 것이 나타나는 기록 가운데 거의 최초다. 고려 말 조선 초의 노호정(늙은 여우의 정기) 이야기는 여우의 요사스러운 기운이 사람처럼 생긴 것이 되거나 여우가 사람의 형상을 했다는 이야기인데, 여기서는 사람이 여우로 모습을 바꾸는 점이 특징이다. 『삼국사기』의 온달 열전에는 고구려의 온달이 공주를 만났을 때 현실을 믿지 못하고 공주를 여우로 의심하는 대목이 있다. 이 역시 변신하는 여우를 직접 보았다는 것은 아니지만, 여우가 사람으로 변해 사람을 홀린다는 믿음이 퍼져 있었음이 드러나는 이야기 가운데 오래된 축에 속한다.

중국 고전에는 여우가 백 년, 또는 천 년을 살면 신선이 되거나 하늘로 올라가는 이야기가 정리된 사례도 있다. 하지만 한국 설화로 조선 시대 이전 기록에서 이런 이야기는 발견하기 어렵다. 『삼국사기』의 기록처럼 늙은 것과 관계있는 경우가 많기는 하나 그저 어떤 신기한 여우가 있고 그것이 왜인지 요사스럽고 신비한 일을 한다는 것 정도가 많다.

설화 속에서 이런 이상한 여우들이 보여 주는 신비한 재주로는 단연 사람으로 변신하거나 사람 모습을 만들거나 환각을 보여 주는 일이 가장 많다. 깊은 산에서 아름다운 여자가 남자를 유혹하기에 따라가 보니 산속에 어찌 된 일인지 궁궐 같은 집이 있고 온갖 음식을 먹으며 자신을 좋아하는 미녀들과 하룻밤 거하게 놀았는데, 아침에 깨어 보니 바위 위에서 낙엽을 덮고 누워 손에는 안주랍시고 나무 열매와 죽은 개구리를 들었더라는 것이 전형적인 여우에 홀린 이야기 형태다. 단순히 미녀로만 변하는 것 외에 『고려사』에 실린 태조 왕건의 할머니인 원창왕후의 이야기를 보면 늙은 여우가

치성광여래상(熾盛光如來像)이라는 신령스러운 것으로 모습을 꾸며서 사람을 속이는 장면도 나온다. 요사스러운 여우이면서도 성스럽고 고결한 모습으로 변해 사람을 속인다는 것이다. 모습이 너무 고귀하고 영험해 보여서 정체를 짐작하는 태조 왕건의 할아버지인 작제건조차 망설이는 장면으로 이어진다.

여우가 부리는 재주 중에 특히 다채로운 것으로는 『어우야담』에 실린 현재 남태령이 배경인 여우고개 이야기를 꼽을 만하다. 이 이야기는 게으른 사람에게 소머리 모양의 가면을 씌우니 소로 변해 사람이 고통스럽게 산다는 동화로 알려졌다. 이 이야기에는 여우가 나오는 장면이 드러나지는 않고, 그저 여우고개에 있는 알 수 없는 사람이 나오면서 그것이 신비한 여우의 재주임이 암시되어 있다.

이야기를 조금 더 만들어 보면 여러 모양의 가면을 준비해 두고 가면에 따라 사람을 바꾸는 힘을 가진 여우도 상상해 볼 수 있다. 『어우야담』에서는 여우가 소 가면을 남에게 씌워 소로 바꾸었지만, 생각해 보자면 반대로 재주를 부리기 위해 스스로 박쥐 가면을 쓰고 자신이 박쥐로 변해 날아가거나 위험한 상황에 맞서려 호랑이 가면을 쓰고 호랑이로 변한다고 상상해 볼 수 있다.

노작저(老作猪)	천예록
늙어 돼지가 되다	

사람 같지만 100살 정도 되면 어느 날 갑자기 커다란 돼지로 돌변한다. 사람일 때는 보통 사람과 차이가 없다. 단, 몸이 더 튼튼해 병에 걸리지 않는 듯하다. 돼지로 변하는 순간에는 사람들 눈에 띄지 않는 곳으로 피한다. 돼지로 변한 뒤에는 사람이었을 때의 기억은 사라지고 보통 돼지와 다를 바 없다. 조선 시대에 김류가 친척의 일을 전한 이야기가 『천예록』에 나온다.

사람이 살고 죽는 것이 무엇인지, 사람의 두뇌나 기억이 바뀌면 사람이 어떻게 바뀌는지에 관한 이야기로 해석해 볼 수도 있다. 단순히 사람이 동물의 형체로 모습을 바꾸는 신기한 술법에 관한 이야기와 비슷하기도 하지만, 보통의 변신 술법 이야기에서는 겉모습이 변해도 정신은 그대로 유지되는 이야기가 많은 반면에 이 이야기에서는 뇌를 포함한 육신이 모두 돼지로 변하면서 정신과 생각도 그에 따라 변할 수밖에 없다는 내용을 다루고 있다. 즉 애벌레가 나비가 되듯 전혀 다른 상태로 바뀌는 점에서 흔한 변신 술법 이야기와의 차이는 분명하다. 돼지로 변할 때 눈에 띄지 않는 곳으로 피하는 점에서 변신하는 동안 모습이 흉측하리라 상상해 볼 수 있다. 스스로 그런 변화를 알았다면 원래 그런 변화를 짐작했는데, 그런 본성을 숨기고 살았다고 상상해 볼 수도 있다. 원전에서 이것의 자손은 보통 사람과 다를 바 없었다 한다.

노채충(勞瘵蟲)	광제비급
● 평안도 삼등	

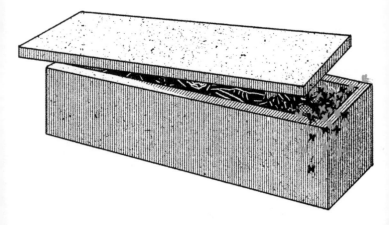

폐병을 일으키는 벌레로 모양은 문드러진 국수 가락, 말 꼬리, 두꺼비, 특히 호랑나비 등을 닮은 이상한 모양이다. 세 사람을 전염시키면 점차 귀신 모양으로 변한다고 했으니, 사람의 모양을 닮기도 했을 것이다. 날갯짓하며 날아갈 수도 있다. 그 입 모양은 검은색, 흰색, 붉은색인데, 검은색이면 사람의 콩팥을 파먹은 것이고, 흰색이면 사람의 기름막을 파먹은 것이고, 붉은색이면 혈맥을 파먹은 것이다. 사람의 코로 드나드는데, 지독한 것은 그렇게 이 사람 저 사람을 돌며 폐병을 옮겨서 온 가족을 죽게 만든다. 그래서 사람들이 천형(天刑), 곧 하늘이 내린 형벌이라고 부른다. 죽은 사람 몸에서 버틸 수 있어 무덤 속의 관 안에 여러 마리가 가득 차기도 한다. 사람이 지나칠 정도로 문란하게 색을 좋아하면 그 자손에게 이것이 나타난다 하며, 풍수지리를 거슬러 묏자리나 집자리를 잘못 쓰면 이것이 나타난다고도 한다. 『광제비급』에 나와 있다.

'노채'란 한의학에서 기력이 쇠하여 죽는 병인데, 묘사하는 바가 폐결핵 말기 증상과 무척 비슷해서 현대에는 대체로 폐결핵을 일컫는 것으로 보고 있다. 옛날 중국의 의학 기록에서도 어떤 벌레가 사람 몸속에 들어가면 노채가 생긴다고 하여 여러 가지 이야기가 있었다. 이것이 우리나라에 일찍부터 전해졌는데, 조선 후기의 의학 서적인 『광제비급』에서는 저자가 그 모양과 특성에 대해서 보고 들은 것도 추가해 정리해 두었다. 『광제비급』에 실린 전설에는 삼등(三登)에 사는 이 씨라는 사람의 이야기가 덧붙여져 있는데, 노채에 걸린 사람들이 죽는 것을 보고 이 씨가 이장한 무덤에 가서 다시 파 봤더니 그 안에 호랑나비 같은 벌레가 가득했고, 그 후에 이 씨의 온 집안 사람들이 다 죽었다 한다. 그렇다면 조선 후기에 퍼진 전설 속에서 노채충의 모습을 짐작해 볼 때, 무덤 속에서 무더기로 몰려다니며 전염병을 옮기는 호랑나비와 닮은 날벌레를 상상해 볼 수 있을 것이다.

노호정(老狐精)	용재총화

다른 사람에게 쉽게 사랑받고 지혜로운 사람의 모습으로 승려의
모습과 비슷하다. 하지만 이는 사람이 아니라 늙은 여우의 기운이
피어오른 것이다. 재주를 유지하기 위해 흰 말을 잘라 먹거나 지렁이를
날것으로 먹는다. 사람과 별 차이가 없어 보이지만 사냥당하는 것을
무서워하는 여우의 습성이 남아 있으므로 누런 개나 흰 매를 보면
두려워한다. 고려 시대에 승려이면서 머리를 기른 신돈이 이것이라는
소문이 있었다.

신돈이 임금을 홀린 괴물이고 권세가 높았을 때 많은 여인을
간음했다는 이야기에서 나온 전설로, 모습은『고려사』의 묘사를
참고했다.『고려사』에서는 신돈이 검은 닭을 구해 먹고 활쏘기와
사냥을 싫어한 것도 여우가 변한 증거라 한다. 신돈이 간신배들의
권한을 빼앗은 점에서 사악하고 요사스러운 점과 의롭고 과감하고
선한 점이 뒤섞인 성격을 지닌 괴물이라고 생각해 볼 수도 있겠다.

녹족부인(鹿足夫人)	광법사사적비명
◉ 황해도, 평안도	여지도서

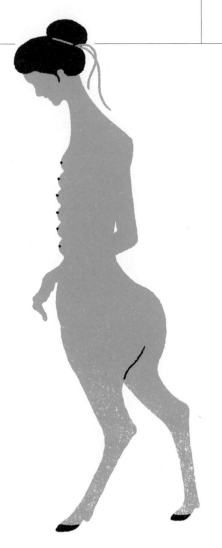

사람의 모습을 했지만 발 부분은 사슴을 닮았다. 산속에 살면서 고귀한 사람과 교유하며 지내기도 한다. 한꺼번에 열두 명에게 젖을 먹일 수 있다. 한 번에 아홉에서 열두 명 정도의 자식을 낳는다. 황해도와 평안도 지역의 전설 속에 등장한다.

『광법사사적비명』에는 녹족부인이 한 번에 아홉 명의 자식을 낳았는데, 불길한 느낌이 들어 버리자 나중에 버린 자식들이 외국에서 장수가 되어 병사를 이끌고 고향으로 쳐들어왔고, 이때 어머니인 녹족부인을 알아보자 싸움을 중지하고 불교에 귀의했다는 이야기가 나온다. 『여지도서』에는 배경이 고려 내지는 고구려로 구체화되었고 녹족부인의 젖이 열둘이라는 묘사가 추가되었다. 이후 채록된 기록에서는 더 구체적인 묘사가 덧붙여졌고 1940년대에 나온 『조선전래동화집』에서는 완연히 동화풍으로 이야기가 꾸며지기도 했다. 『한국민족문화대백과사전』에서는 세심폭포 주변에서 이암대사를 사모하던 암사슴이 낳은 딸이 녹족부인이라는 말이 나오기도 한다.

19세기 송병선이 쓴 『지장수산기』에는 장수산 녹족정의 전설이라면서 특별히 성별을 언급하지 않은 신선으로 녹족선(鹿足仙)이 있었다고 나오기도 한다. 체로키족 등 북아메리카 원주민 전설에 나오는 사슴 여인과 비슷한 점이 있는 것도 눈길을 끈다. 본래 불교계 문헌에 나오는 인도 일대의 '녹녀부인' 설화가 전래되어 변형된 것으로 보인다. 『대방편불보은경』 및 조선 시대의 불교 문헌인 『석보상절』 등에는 '녹모부인'이라고 하여 사슴에게서 태어난 사람이 주인공인 이야기가 실려 있고 이야기의 몇몇 사건이 녹족부인 이야기와 유사함을 살펴볼 수 있다.

원숭이 모양의 짐승으로 사람처럼 말 위에 올라탄 채 싸울 수 있다. 몸뚱이가 큰 고양이를 닮았다고도 한다. 주로 활과 화살로 무장하고 두 마리, 또는 네 마리 정도가 한 무리가 되어 움직이는데, 수백 마리가 한데 어울려 전쟁을 할 수도 있다. 적에게 뛰어들어 날렵하게 공격을 피하며 혼란스럽게 만들고, 적들의 무기와 장비를 풀어 놓는 등 적을 어지럽게 방해하기도 한다. 『난중잡록』을 비롯해 『택리지』, 『성호사설』, 『연려실기술』 등에도 언급되어 있다.

임진왜란 중에 이런 원숭이와 닮은 것이 전쟁에 참여했다는 기록이 여럿 있다. '농원'은 『택리지』에서 사용한 표현이며 『난중잡록』 8월 27일 기록에는 초나라 원숭이라고 하여 초원(楚猿)이라는 말을 쓰고 있다. 『연려실기술』이나 『성호사설』에는 그냥 원숭이라는 뜻으로 미후(獼猴)라고만 언급하고 있다. 『난중잡록』에는 네 마리가 활약했다고 되어 있고, 『성호사설』이나 『연려실기술』에는 두 마리가 활약했다고 한다. 『연려실기술』에는 '일월록'을 인용하여 네 마리가 활약했다는 기록도 같이 실려 있고, 『택리지』에는 수백 마리가 있었다고 나온다. 『풍산김씨세전서화첩』에 실린 「천조장사전별도」에는 '원병삼백'이라고 하여, 300마리의 원숭이 병사라는 뜻의 깃발 그림이 나오기도 한다. 아마도 신기한 이야기가 점차 과장된 것이 아닌가 싶은데, 『성호사설』에서는 이 이야기를 소개하면서도 황당한 헛소문일 뿐으로 치부한다.

　　『난중잡록』을 보면, 수영을 잘하는 흑인 병사에 대해 언급하는 해귀(海鬼)와 덩치가 큰 이민족 병사인 우지개(牛之介)와 함께 농원 이야기를 하고 있다. 그렇다고 보면 농원이라는 것도 모습이 특이하고 이상한 복장을 한 어떤 이민족 병사를 과장한 기록으로 생각할 법도 하다. 즉 이민족은 원숭이와 같다는 식으로 생각한 옛사람들이 아주 날렵하게 싸우는 특이한 복장의 사람을 보고 원숭이처럼 날렵하게 움직인다는 표현과 견주어 이야기하다가 말이 와전되었을 가능성도 있다는 이야기다. 그러나 조선 시대의 다른 일기나 회고록 부류의

기록과 견주어 보면, 조선에 온 명나라 군사가 원숭이 몇 마리를 재미삼아 데려온 일이 있었고 그 원숭이에게 장군 옷을 입혀 놓고 재주를 부리게 한 일이 있었던 것 같은데, 그 모습을 본 사람들의 이야기가 과장되면서 농원 이야기가 탄생했다고 보는 것이 더 그럴듯하다.

단피몽두(單被蒙頭)

얼굴까지 가리는 모자 하나만 썼다

◉ 전라남도 보성, 화순

성종실록

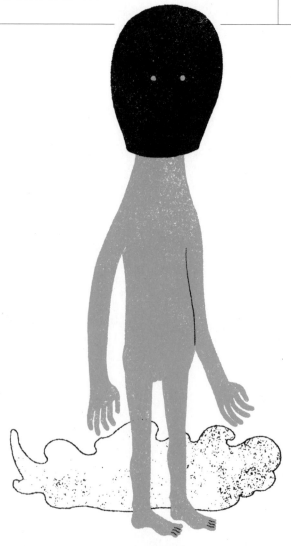

하늘에서 내려온 것으로, 크기는 사람의 두세 배 정도에 사람과 비슷하지만 특별히 옷차림이 없고, 대신에 몽두, 즉 얼굴까지 가리는 둥근 모자 같은 것을 쓴 모양이다. 커다란 재해를 예측하기도 하며 매우 많은 양의 밥을 먹는다. 자기와 비슷한 동료이자 아우가 곧 나타날 예정인데, 그러면 세상에 풍년이 들 것이라 했다 한다. 전남 보성에 나타났다고 하는데, 『성종실록』 1470년 8월 3일 기록에서는 박석로가 퍼뜨린 소문이라 한다.

임효생이 퍼뜨린 삼두일구귀의 소문과 같은 계열의 이야기다. 비슷한 계열로 일두칠계(一頭七髻)라는 것도 있는데, 역시 하늘에서 내려온 것으로 머리 하나에 상투가 일곱이라 한다. 보기에 따라서는 상투가 서넛, 또는 둘이라는 말도 퍼졌다. 역시 매우 많은 양의 밥을 먹는다 한다. 전남 화순이나 보성 등지에 나타났다면서 당시 일반인 여성인 막가이, 과부 무당이던 단정, 역(驛)에서 일하던 망금과 문금, 지방의 하급 관리인 통인(通引)이었던 중남, 백정 이인부, 백정의 딸 고미 등이 이 소문을 퍼뜨렸다 한다. 『성종실록』 1470년 8월 3일 기록에 나온다.

 기록을 조금 더 살펴보면 임효생 계열 소문은 원래 체인 레터(chain letter, 행운의 편지) 형식이라 "이 편지 한 벌을 베껴 전하면 자기 몸의 재앙을 면할 수 있고, 두 벌을 베껴 전하면 집안의 재앙을 면할 수 있고, 세 벌을 베껴 전하면 크게 평안함을 얻을 것이되, 전하지 않으면 피를 볼 것"이라 나와 있었다 한다. 그렇다면 이 사건은 체인 레터를 모르고 걸려든 당시의 순박한 사람들이 편지를 베껴 돌리다가 벌어진 일인 듯하다. 뒤의 기록을 보면 사건의 성격을 조정에서도 어느 정도 이해했는지 일부는 매를 맞고 살던 곳에서 추방당했지만, 상당수는 처벌을 면하기도 했다.

담부(啖父)	앙엽기
아비를 삼키다	

여우와 비슷하지만 다른 짐승으로, 자신의 아비를 잡아먹으려고
해서 아비를 삼킨다는 뜻의 한자를 써서 담부(啖父)라고 부른다. 이와
비슷하게 거미는 자신을 낳아 준 어미를 공격하려고 해서 어머니를
거스른다는 뜻의 한자를 써서 거모(据母)라고 부르게 되었다고 한다.
이덕무의 『앙엽기』에 나와 있다.

『앙엽기』의 내용은 지금 담비라고 부르는 짐승을 옛날 발음으로 '담부'
비슷하게 발음하는 지역이 있었고, 지금 거미라고 부르는 벌레를
옛날에는 '거모'라는 발음으로 부르는 지역이 있었기 때문에 생긴
어원에 대한 소문을 기록해 놓은 것이다. 대단히 악한 행동을 하는
것을 상징할 만한 두 짐승을 소개하는 이야기이기도 하고, 한편으로는
짐승들의 세계는 사람의 도덕이 전혀 통하지 않는 다른 세계라는 것을
나타내는 이야기이기도 하다.

　　담비 가죽은 사치품을 만드는 데 많이 활용되었지만 사실 서울의
선비들은 이 짐승에 대해 무지하여 담비의 모습과 습성에 대해
이상한 이야기가 도는 경우가 제법 있었던 것 같다. 예를 들어 담비가
나무 속에 든 꿀을 잘 찾아내는 재주가 있어서 나무에 구멍을 낸
뒤에 거기에 꼬리를 담가서 꿀을 적신 뒤에 빨아 먹는다는 이야기가
이덕무의 문집 『청장관전서』에 나와 있기도 하다.

　　담비의 모습에 대해서도 엉뚱한 소문이 많이 돌았던 것 같다. 예를
들어 19세기의 기록인 『송남잡지』에는 담부를 춘천 등지의 깊은 산에
사는 개와 비슷한 짐승이라고 설명하면서, 담부(潭夫)라고 표기했다.
특히 『송남잡지』에서는 중국 고전에서 곰, 호랑이와 맞먹는 매우
강한 맹수로 자주 언급되던 비휴(貔貅)라는 전설 속의 짐승이 사실은
담부라고 주장했다. 비휴는 흔히 용맹한 군사들의 행렬을 상징하는
맹수로도 고전에서 많이 언급되던 짐승이며, 현대 중국에서는 부(富)를
상징하는 짐승으로 여겨지기도 한다. 그런데 『송남잡지』에서는 비휴가
바로 조선의 담부라고 하면서, 담부는 개들이 떼 지어 다니듯이 산에서
용맹한 군사처럼 무리를 지어 다니는 짐승이며 그렇게 군대처럼

행렬을 만들어 다니는 습성 때문에 호랑이라고 하더라도 대적하지 못한다는 당시의 속설을 기록해 두고 있다.

실제 담비와는 다른 조선 시대 헛소문 속의 담부는 담비보다는 좀 더 개에 가까운 모습이고, 호랑이와 대적할 정도라니 크기도 좀 더 크고 이빨과 발톱도 강했을 것이며, 군대처럼 행렬을 지어 서로 규율에 따라 합심해서 싸우는 맹수이며, 그러면서도 자신의 아비를 먹는 것을 꺼리지 않고, 꿀을 찾아내어 꼬리로 적셔 먹는 것을 좋아하는 이상한 짐승이라고 할 수 있겠다.

대귀(大鬼) · 소귀(小鬼)	삼국유사

모습은 사람과 비슷하고 큰 것과 작은 것이 있는데, 정황상 큰 것이 마치 두목 노릇을 하는 모양새로 작은 것 여러 마리를 이끌고 돌아다닌다. 작은 것은 싸울 때 철퇴를 휘두른다. 사람에게 병을 옮기고 말을 못 하도록 입을 다물게 하거나 움직이지 못하게 몸을 굳힐 수 있다. 사람의 음식을 맛보는 것을 좋아한다. 제사를 지내거나 굿을 하면 도리어 여럿이서 사람들을 희롱한다. 이것을 없애 버리면 이것 때문에 말을 못 하거나 몸이 굳은 사람도 원래대로 돌아온다. 밀본법사가 쫓아낸 귀신으로 『삼국유사』에 나온다.

원전에는 모습에 대한 확실한 묘사는 없지만 철퇴를 들고 다니는 귀신이라는 점에서 모습이 흉측한 도적이나 왈패 같다고 상상해 볼 수 있다. 『어우야담』의 '이이첨' 이야기에 나오는 괴물도 비슷한데, 여기서는 키가 큰 괴물과 작은 괴물이 짝을 지어 몰려다니고 사람들에게 해를 끼치지는 않지만, 밤에 나타나 말없이 큰 괴물 중심으로 작은 괴물들이 빙빙 돈다 한다. 큰 괴물은 정강이가 길어 사람보다 월등히 크다 한다. 이목구비 등 자세한 모습에 대한 묘사는 없는 데 비해 불길하게 등장하며 다리가 이상하게 긴 귀신이라는 점에서 2010년대 이후 미국을 중심으로 유행한 슬렌더맨 이야기와 유사한 분위기도 풍기는 괴물이다.

붉은 실 모양의 기운이 마치 무지개와 같이 사람의 이마 위에 떠올라 가로로 걸려 있다. 이것이 생긴 사람은 얼굴이 점점 부어올라 머리가 커지는 병에 걸려 죽게 된다. 눈, 코, 입, 귀가 전부 형체를 알아볼 수 없을 정도로 퉁퉁 부어올라 하나의 살덩어리처럼 보이게 되고, 소리 내어 말하거나 숨도 쉬기 어렵게 되어 6, 7일 정도 사람이 버티기가 쉽지 않다. 전쟁터처럼 사람이 많이 죽은 곳에 서린 사나운 기운이 이것으로 변해 그곳을 찾은 사람을 병 걸려 죽게 한다.『침구경험방』에 나와 있다.

얼굴이 부어오르는 증세를 보이는 전염병을 옛날 중국 의학 서적에서는 사람이 두꺼비처럼 변한다고 하여 흔히 하마온 (蝦蟆瘟)이라고 불렀다. 그중에 특별히 머리가 커지는 형태를 '대두온'이라고 해서 비슷한 부류의 병 중에서 무척 위험한 것으로 보았다. 이 대두온을 연구한 조선의 허임이 상세한 묘사와 함께 이상한 것이 이마 위에 생긴다는 신비로운 묘사를 덧붙여 놓았고, 그러면서 주술적인 악한 기운에 대한 생각과 결합된 이야기를 실어 놓았다. 아마도 병으로 인해 얼굴이 변하거나 얼룩덜룩한 점이 생기는 모양이 기이하게 전해진 것으로 보인다.

대망(大蟒) / 홍량거부(鴻梁巨桴) / 이무기	어우야담
커다란 구렁이 같은 뱀 / 큰 기둥	

바다와 육지를 넘나드는 거대한 뱀으로 길이는 사람 키의 수십 배이고 굵기는 큰 기둥만 하다. 뭍에서는 산짐승을 잡아먹고 바다에서는 물고기를 잡아먹는다. 무척 무거워서 움직일 때 온 산이 뒤흔들리는 소리가 나고 지나간 자리에 깊은 도랑이 생긴다. 무척 둔해 함정에 걸리기 쉽다. 몸속에 기이한 보석이 생기는데, 크고 색깔이 영롱해 이것의 배를 가르고 꺼내면 진귀한 보물이 된다. 조선 시대에 한 화포장이 외딴 무인도에 남겨졌다가 발견하고 함정으로 이것을 잡은 뒤 보석을 꺼내 갑부가 되었다 한다.

용이 아니라 뱀인데 보통 뱀보다 훨씬 큰 괴물 이야기는 무척 많다. 최근에 생긴 이야기들 중에도 학교를 지을 때 어떤 사람이 큰 뱀을 죽였더니 소풍 때마다 비가 온다는 전설은 적지 않은 편이다. 여기서는 뱀 같은 모습이지만, 한입에 사람을 삼키고 집이나 배를 부술 만큼 큰 경우를 기준으로 묶었다. 이런 뱀은 흔히 이무기라 하는데, 이무기의 어원이 명확히 알려지지 않아서 정확히 무엇을 지칭하는지 알기 어렵고, 아주 큰 뱀과 비슷하다는 것 말고는 특징을 정하기도 어렵다. 원전에서 이것이 물에서도 잘 지내고 잘 다녔다는데, 물속에 살거나 지느러미 같은 것이 있는 모습을 상상해 볼 수 있다.

　『삼국유사』에는 이목(璃目)이라는 용의 아들이 나오는데, 이것이 이무기를 표현한 한자라는 말이 있다. 비를 내리거나 용과 관련이 있다는 점에서 이목은 현대에 퍼진 이무기 이야기와 통하기도 하지만 작은 연못에 살고 침상 아래 숨기도 했다니 크기는 작은 편이다. 한편, 『용천담적기』에 나오는 커다란 뱀은 또 다른 특징이 있다. 이 뱀도 산을 움직일 만큼 거대한데, 가족이나 무리를 이루어 굴속에 살며 사람을 물어뜯어 혈기를 빨아먹는다. 사람으로 변신할 수도 있는데 정월 첫 해일(亥日, 돼지날)에 만든 콩기름을 끓여 낫자루 구멍에 바른 뒤 울타리에 꽂아 두면 죽는다 한다. 이외에 단순히 크기가 클 뿐만 아니라 영험하고 신비한 뱀으로 숭배받았던 괴물들은 '인어사', '차귀' 항목에서 따로 정리하였다.

대여구릉(大如丘陵)	어우야담
언덕만큼 크다	

깊은 산에 사는 이상한 짐승인데 크기가 대단히 커서 언덕과 같은 정도이다. 한 선비가 산속의 절에서 달밤에 공부하던 도중 갑자기 어디에서인가 소처럼 커다란 호랑이가 아주 빠르게 달려와서 절간 한켠에 숨으려 하기에 크게 놀랐다고 한다. 선비는 이 호랑이를 보고도 놀랐는데, 그 후에는 그보다 훨씬 거대한 짐승이 따라 들어와 한입에 호랑이를 무는 장면을 본다. 호랑이는 이것의 입에 물린 채로 허공에서 바둥거렸다. 이 거대한 짐승은 커다란 호랑이를 마치 고양이가 쥐를 물 듯 잡아먹었는데, 짐승의 거대하고 웅장한 모습은 제대로 표현하기조차 어려웠는 이야기가 『어우야담』에 실려 있다.

『어우야담』에는 호랑이를 간단히 잡아먹을 수 있을 만한 산속에 사는 무서운 짐승에 관한 이야기를 두 가지 들면서 이 이야기와 사자에 관한 이야기를 소개하고 있다. 『어우야담』에서는 이 이야기에 나오는 짐승이 중국 고전에서 표잔(彪戔)이라고 불리는 짐승이 아닌가 추측하는 말이 덧붙어 있다. 흔히 한국에서는 호랑이를 모든 짐승 중에서 가장 강한 것으로 생각했기 때문에 '호랑이보다 더 강한 짐승은 없을까'라는 상상에서 연결된 이야기라고 할 수 있겠다. 크기가 아주 크다는 것 이외에 구체적인 모습에 대한 묘사는 적은 편인데, 『어우야담』에서 이 짐승을 '표잔'이라고 추측했다는 점을 받아들인다면 아마 그 모습도 살쾡이, 사자, 호랑이, 표범 등의 짐승과 비슷한 모습인데 크기가 거대한 형태였다고 생각해 볼 수 있을 것이다.

대영차(大盈車)	삼국사기
수레에 가득 찰 만큼 크다	
◉ 동해	

뿔이 달린 물고기로 바다에 살며 무척 커서 수레에 가득 찬다. 416년 신라 동해에서 잡혔다 한다.

뿔이 달린 물고기에 관한 기록은 보통 머리뼈가 이상하거나 몸에 이상한 돌기가 있는 물고기를 잡은 기록인 경우가 많고, 깊은 바다에 사는 특이한 물고기나 괴상한 복어를 그렇게 기록한 사례도 있다. 특히 도성에서 지방에 파견된 관리가 물고기 잡는 일을 잘 몰라 생전 처음 보는 이상한 물고기 모양에 놀라 괴물로 여겼을 수도 있다. 커다랗다는 점에서 일각돌고래나 그와 비슷한 물고기로 생각해 볼 수 있다. 일각돌고래는 북극권에서 주로 사는 고래인데 발견된 곳이 동해이니 날씨가 이상한 해에 우연히 신라 근방의 바다까지 나타난 것이라는 이야기로 꾸며 볼 수 있다. 어부가 우연히 아주 멀리 북극 지역까지 떠내려갔다가 이것을 잡은 뒤 돌아오거나 때에 따라 일각돌고래의 사체나 뼈 같은 것을 우연히 건져 발견한 것일 수 있다는 짐작도 해 본다. 그런 이야기라면 사람들이 그 뿔이 특별히 귀하고 가치 있다고 보았을 것이다.

눈이 하나밖에 없는 흉포한 거인으로, 이것이 사는 나라를 가리켜
'대인국'으로 불렀다. 네다섯 사람을 한 팔에 매달리게 할 수 있다고
하는데, 그렇다면 크기는 사람의 서너 배 정도로 상상해 볼 수 있다.
사는 곳에 있는 화로를 쇠꼬챙이로 뒤적거리는데 여기에 사람을 구워
먹는다. 사람을 굴 같은 곳에 가두고 무게를 가늠해 무거운 사람부터
잡아먹기를 즐기며 이때 별다른 양념을 하지는 않는 듯하다. 몸이
강해 어지간한 급소는 찔러도 잠을 깨울 수조차 없을 정도다. 눈이
약점이다. 물속에서도 매우 잘 다녀서 이것으로부터 탈출할 때 배를
타거나 헤엄쳐 도망치기도 어렵다. 특이하게도 물건을 제자리에 정리
정돈하는 것을 아주 중요시해 집 안 물건을 훔쳐서 도망치며 여기저기
내던지면 그것을 정리하고 정돈하는 통에 따라오지 못할 지경이 된다.
남자는 보통 사람 여자와 혼인해 지내는 일도 있고 자식을 낳을 수도
있다. 대인국에서는 파수꾼을 한 사람씩 외딴섬에 보내 지키게 하니
이것에 붙잡힌다면 본토로 연락이 가기 전에 도망쳐야 빠져나올 수
있다. 흑산도에서 표류한 사람이 이것이 사는 섬에 갔다가 잡혀서
열두 명의 자식을 낳았던 조선 여자의 도움으로 탈출한 일이 유만주의
『통원고』 중 「기문」에 나온다.

거인에 관한 이야기들과 『어우야담』의 '괴외촉천' 이야기와 비슷한,
바다 바깥의 낯선 섬에서 무서운 거인을 만나는 틀을 그대로 유지하는
이야기다. 조금 더 후대의 『청구야담』에도 먼바다에서 거인을 만나는
이야기가 나오는데, 그 경우는 『오디세이』의 키클롭스 이야기와도
비슷하다. 『청구야담』 쪽 이야기가 『오디세이』와 도망치는 장면까지
비슷한 것과 비교해 보면 『통원고』에 실린 이 이야기는 아직 거기까지
닮지는 않았고, 그냥 눈이 하나라는 묘사 정도만 비슷한 수준이다.
나라를 이루고 파수꾼 조직을 만들어 배치해 둔다는 점에서 거인의
나라에도 문화가 있고 옷, 장신구, 무기 같은 것이 있다고 생각해 볼
수도 있다. 거인이 물에서 아주 잘 다닌다는 점에서 수영을 잘할 뿐 큰
배는 없다고 생각해 볼 수도 있다.

대인국 자체는 커다란 사람이 사는 나라라는 뜻으로, 비교적 오래전부터 사용된 사례가 있다. 『삼국사기』의 「잡지」 '지리'편에도 바다 건너 대인국이 있다는 소문에 대한 언급이 나온다. 『삼국사기』에서는 허황된 소문으로 치부한다.

도깨비

도깨비는 출몰이 분명치 않고 영문을 알 수 없는 괴물이나 귀신을 일컫는 말이다. 현대 한국 동화의 삽화 등에 자주 나타나는 호피 무늬 옷을 입은 뿔 달린 도깨비의 모습이 일본 동화 속의 오니(鬼, おに)를 그대로 가져온 것이라는 사실이 알려진 뒤 그것은 일본 오니의 모습이고, 한국 도깨비의 원래 모습은 그와 다르다는 여러 이야기가 많이 돈다. 여기서는 도깨비에 관한 이야기가 어떻게 전해졌는지 정리하고자 한다.

일본 전설에서 무서운 괴물로 나오는 오니는 많은 일본 고전의 회화나 삽화를 통해 그 모습도 다양하고 선명하게 퍼졌다. 그 모습은 지금까지도 여전히 활발하게 일본 대중문화에서 응용된다. 일제강점기가 되자 이런 일본의 오니에 관한 그림이나 이야기, 문화가 한국으로 넘어왔다. 그러면서 오니에 대한 번역어가 필요해졌고, 1920년대 무렵이 되면 오니를 도깨비로 번역한 사례가 종종 나타난다. 당시 이미 괴상하고 알 수 없는 것을 통칭하는 말로 도깨비가 널리 쓰였으니 이는 있을 만한 일이었다.

오니를 도깨비로 번역하는 것은 1930년대에는 완연히 자리 잡아 굳어진 듯하다. 술래잡기 같은 놀이에서 술래를 일본에서는 오니라 하는데, 일본의 어린이 놀이를 소개하면서 오니를 도깨비로 소개한 사례도 있다. 1932년 1월 28일 『동아일보』 기사의 어린이 놀이 소개가 그것이다.

이와 동시에 우리나라 전설 중에 귀(鬼)가 나오는 여러 이야기도 도깨비로 번역해 소개되었을 것이다. 여기에는 일본의 오니를 도깨비로 번역하던 영향도 있었을 것이다. 이런 방향은 이후에도 꾸준히 이어져 1970년대까지도 많은 전설 속에서 '귀'라는 말로 기록된 괴물이 도깨비로 번역되어 소개되었다.

이야기는 이후 한결 복잡해진다. 1980-1990년대 전후가 되자 한국인들에게 당시 가장 친근한 동화 속 도깨비의 모습이 일본의 오니를 그대로 가져온 것이라는 이야기가 퍼졌고, 역으로 오니와 다른 도깨비의 모습을 찾으려는 노력이 많아진다. 그러다 보니 다시

조선 시대 이전의 한국 옛 전설, 기록, 그림 속의 도깨비를 찾게
되었는데 이때 한국 기록, 그림 속의 '귀'들을 찾아낸 다음 그게 전부
다 도깨비라 부르는 경향이 나타난 듯하다. 오니가 아닌 도깨비를
찾기 위해 '귀' 이야기를 찾다 보니 '귀'에 관한 이야기라면 모두 도깨비
이야기로 여긴 학자들이나 작가들이 있었다는 것이다. 단적인 예로,
한국 고유의 도깨비 얼굴은 귀면와(鬼面瓦) 기왓장에 새겨진 괴물
얼굴 모양에 있다는 말이 있지만 사실 이것은 일본에서 귀와(鬼瓦)를
'오니가와라'(おにがわら)라 읽어 '오니 기와'로 부른다는 점에 착안해
일본의 오니와 도깨비를 대응 관계에 놓았을 때 한국 기왓장의 괴물
얼굴은 도깨비 얼굴이라 추측한 결과에 가깝다.

그러나 '귀'와 도깨비는 일치하지 않는다고 보는 편이 옳다. 조선
초기의 『훈몽자회』에서 최근의 옥편까지 다수의 옥편에서 '귀'라는
말 자체의 뜻을 도깨비로 보지는 않는다. 조선 시대 성리학자들은
'귀'나 귀신을 주제로 사람의 혼령이나 사후 세계에 관한 긴 글을
쓰기도 했는데, 이런 글을 읽어 보면 '귀'가 그대로 도깨비라는 의미로
나타나지 않는다. 게다가 기록 속의 많은 '귀'를 보면 우리가 언뜻
생각하는 도깨비와 닮은 것도 있지만 아주 다른 것도 적지 않다.
들짐승이나 새 모양의 괴물을 '귀'로 지칭한 사례도 많고 불교 설화
속에 나오는 다양한 마귀들을 '귀'로 지칭한 사례도 많다. 이런 것들은
흔히 생각하는 도깨비 이야기 속의 도깨비와 닿지 않는다.

그러니 조금 과장해 보자면 1990년대 무렵의 우리 도깨비
모습을 찾자는 연구는 다음과 같은 식으로 빠질 때가 없지 않았던
듯하다. 대체로 '귀'가 나오는 한국 기록 중에 그냥 왠지 연구자가
보기에 도깨비 같은 느낌이 드는 것을 대강 고른 듯하다. 게다가
선배 학자가 한번 이렇게 딱히 엄밀한 근거 없이 어떤 이야기가 한국
도깨비 이야기라 밝히면 후배 학자는 그것을 치밀히 따지는 대신
그대로 받아들이면서 살을 덧붙이는 듯했다. 그러니 막상 일본 오니가
아닌 한국의 진짜 도깨비의 모습이라며 제시한 형태가 역설적으로
1990년대 몇몇 학자들의 막연한 고정관념에 따라 임의로 꾸민 것에

가까운 느낌을 주는 경우도 있었다고 생각한다.

　　옛 기록에 '도깨비'로 비교적 명확히 남은 도깨비의 모습을
정리하면 다음과 같다. 도깨비에 대한 초기 기록으로 자주 꼽는 것은
조선 초기에 나온『석보상절』제9권에 나오는 '돗가비'다. 이것은
불경의『약사경』줄거리를 써 놓은 부분으로, 사람이 비명횡사하는
아홉 가지 경우에 관해 설명한다. 이때 사람들이 부질없이 돗가비에게
수명이 연장되기를 빈다는 말이 나온다. 그러니까 돗가비가 신령
같은 것처럼 사람들이 소원을 비는 대상이고 수명, 즉 사고나
질병과 관계있는 것이다. 그러면서도 불교를 칭송하는『석보상절』과
『약사경』의 성격상 대단한 신령은 못 되는 부정적인 것이 돗가비라는
어감으로도 볼 수 있다.

　　한편,『석보상절』의 이 부분에서 돗가비에 한문 표현은
망량(魍魎)이다. 망량은 중국 고전에 나오는 귀신 또는 괴물인데,
그렇다면『석보상절』을 쓴 시기에는 망량의 성격이 도깨비와
비슷하다고 보았을 가능성이 크다.

　　비슷한 어감의 도깨비에 대한 기록은『조선왕조실록』에도 나온다.
1745년 2월 13일 기록 등에는 독갑방(獨甲房)에 대한 기록이 나온다. 이
내용은 차섬이라는 무당이 자신의 별명을 독갑방이라 했고, 독갑방이
주술을 써서 궁궐 사람들을 저주하려고 한다는 의혹이 있다는 것이다.

　　여기서 '독갑'은 도깨비라는 발음을 한자로 옮긴 것으로 보인다.
독갑방은 나중에 망량방(魍魎房)이라는 표현으로도 나온다. 여기서
'망량'이라는 한문 어구도 중국 고전의 귀신이나 괴물을 지칭하는
것이다. 그래서 조선 시대 기록 중에 '이매망량'이라는 한문으로
기록된 이야기 가운데 현재 우리가 생각하는 도깨비와 비슷한
것을 지칭한 경우가 더 많을 가능성이 높다. 정도전이 쓴 유명한
「사리매문」(도깨비에게 사과하는 글)에 묘사된 이매망량은 그
묘사가 현대에 퍼진 도깨비에 대한 친숙한 인상과 비슷하기도 하다.
「사리매문」에서는 이매망량을 가리켜 사람도 아니고 귀신도 아니며
흐릿한 것도 아니고 또렷한 것도 아니라 했다.

독갑방에서 '방'은 심방이라는 말처럼 무당이라는 뜻일 테니 독갑방이라는 말은 '도깨비 무당'이라는 뜻일 것이다. 실록의 전후 기록을 보면 차섬은 '독갑방'이라는 별명을 쓰기 전에 '호구방'이라는 별명을 쓰기도 했다. 이때 호구방은 호구, 즉 전염병 내지는 천연두 신에 대한 무당이라는 뜻일 것이다. 천연두의 신과 통한다고 주장한 무당은 당시 무척 유행했다. 그러니 방이 무당, 귀신 부리는 사람이라는 뜻은 들어맞을 것이다. 따라서 독갑방이라는 것이 있었다는 이 기록을 보면, 이 무렵에 도깨비가 소원을 비는 대상이 되 음침한 느낌이 들고 주술과 연결되어 있다는 관점은 옳은 듯하다.

도깨비에 관한 자세한 기록은 『성호사설』의 「기선」(箕仙)에 나온다. 여기서 소개된 기선과 그와 유사한 부류는 오래된 쓰레받기, 빗자루, 절굿공이에 붙은 귀신 같은 것으로 사람이 부르면 오는데, 사람처럼 행동하며 대화도 하고 시도 짓는다.

『성호사설』의 이 기록에서는 당시 조선에서 이런 괴이한 짓을 하는 것을 독각(獨脚)이라 한다고 나온다. 독각은 도깨비의 발음을 한자로 옮긴 것인 듯하다. 도깨비들은 제 성을 김씨라 한다는 말도 덧붙어 있다. 오래된 빗자루, 절굿공이 등이 나무라는 성질과 쇠 금, 김씨라는 것과 관련이 있다고 추측하기도 했다.

모습에 대한 묘사는 거의 없다. 하지만 사람 흉내를 내고 사람처럼 어울리기도 하고 본모습은 절굿공이나 빗자루이고 김씨 성을 쓴다는 것은 현대까지 이어진 도깨비 이야기 중 상당수와 닮았다.

일제강점기 직전인 1908년 일본의 우스다 잔운(薄田斬雲)이 쓴 『암흑의 조선』에도 도깨비가 나온다. 여기서는 조선의 독특한 '요괴 귀신' 중에 이매망량과 독각을 묶어 둘 다 김씨 성을 쓴다 했다. 이매망량은 불덩이로 휩싸인 모습의 사람보다 커다란 악마 같은 것으로 우연히 흘린 사람 피가 변한 괴물로 소위 도깨비 씨름을 한다는 말도 있다고 기록되어 있다. 한편, 독각은 피 묻은 빗자루에서 생긴 괴물로 사람에게 많은 돈을 가져다준다고 나온다.

그러므로 옛 기록 속에 나타나는 도깨비는 나무, 오래된 물건에 붙은 신령스러운 것으로 사람이 부를 수 있고, 사람이 소원을 빌 수 있는데 함께 놀 수 있을 만큼 친근한 면도 있지만 음침하고 주술적이고 왜인지 스스로 자기 성을 김씨라 한다고 요약해 볼 수 있다.

도깨비는 조선 후기가 되면 구체적인 어떤 종족이나 특정한 괴물이라기보다 막연히 알 수 없는 괴상한 일을 하는 것의 통칭으로 쓰이는 느낌이다. 17세기 말의 사전인 『역어유해』에는 버드나무의 정기에서 생긴 괴물(柳樹精)뿐 아니라 불교의 괴물인 야차의 정기에서 생긴 괴물(夜叉精), 여우나 살쾡이의 정기에서 생긴 괴물(狐狸精)도 모두 '독갑이'로 번역했다. 불교의 괴물인 야차의 경우 조선 초기에도 도깨비로 옮긴 사례가 있다. 『월인천강지곡』에는 사리불과 노도차가 서로 요술 대결을 하는 불경의 이야기를 소개할 때 여기서 노도차가 야차로 변신했을 때 '돗가비'라는 것으로 변신했다고 나온다. 이런 맥락에서 전통적인 도깨비의 모습을 옛 기록에서 찾는다면 불교 회화에서 야차를 그린 그림이나 조각이 도깨비와 닮은 점이 있을 것으로 추정하는 것도 의미 있는 시도일 것이다.

1920년대 이후로는 소위 '폴터가이스트' 현상으로 부르는, 누가 저지르는 것인지 알 수 없지만 집 안에서 물건이 날아다니거나 뭔가 깨지는 등의 움직임을 두고 도깨비의 짓으로 부르는 경우가 제법 나타난다.

1924년 11월 14일 『동아일보』 기사에는 황금정에 있는 한 집에 한밤에 정체불명의 것이 문을 쾅쾅 두드리고 벼락 치는 소리를 내는데, 그것이 모습은 보이지 않아 독갑이 짓이라는 소문이 돌았다는 이야기가 나온다. 이런 식으로 누가 하는지 도무지 알 수 없지만 자꾸 집에 해코지를 하는 도깨비 집 이야기는 이후에도 꾸준히 이어지고 사례도 적지 않은 편이다. 심지어 집값을 떨어뜨리려고 부동산 사기꾼들이 몰래 밤마다 돌을 던지고는 도깨비 집이라는 소문을 냈다는 기록도 나타난다.

이런 도깨비 집 이야기에 해당하는 도깨비들은 조선 시대 설화 기록 속에 '귀'로 기록된 이야기 중 일부와는 맞아떨어질 때도 있다.

그러면서도 일본의 오니 이야기와는 어느 정도 구분된다.『어우야담』에 나오는 신막정 집의 '귀'가 여기에 해당한다. 이렇게 보면 원래 일본의 오니보다 더 범위가 넓은 것이 도깨비였고, 그보다 더 넓은 범위를 지칭해 조선 시대 한문 기록에서는 '귀'라는 말을 사용했다고 생각해 볼 만하다.

특별한 형체나 정확한 모습을 염두에 두지 않고 여러 신비로운 것을 일컬어 도깨비로 통칭하는 사례도 흔했다. 1941년에 개봉한 할리우드 영화로『홀드 댓 고스트』(Hold That Ghost)가 있다. 명콤비 코미디언인 애벗과 코스텔로의 영화로, 1949년 한국에 개봉되었을 때 제목이 '도깨비 소동'이었다. 다른 사례로 1947년 7월 25일 『동아일보』에는「공산당 선언」의 유명한 문장이 나오는데 "하나의 유령이 유럽을 배회하고 있다"라는 문장을 "한 독갑이가 구주를 배회하고 있다"라고 옮겼다.

결국 이런 이야기를 돌아보면 도깨비는 원래 뿔이 두 개라거나 하나라거나 없다거나, 한국 도깨비는 방망이가 쇠로 되어 있다거나 나무로 되어 있다거나, 야차와 도깨비는 모습이 완전히 다르다거나 하는 이야기에 큰 의미를 두는 것은 바람직하지 않다는 생각이 든다. 도깨비는 모습이 분명치 않은 알 수 없는 것을 두루 부르는 말에 가까웠으니 본모습을 엄밀하게 따지면서 그게 아니면 한국 도깨비가 아니라는 것은 이상한 일이다.

지금 상상해 볼 만한 도깨비 이야기로는 나무로 된 생활용품에 달라붙는 괴물이라는 옛 기록을 그대로 살리는 것도 해 봄 직하다. 교육청에서 오랫동안 교체해 주지 않아 학교에 어마어마하게 오래된 책상이 있는데, 그 책상에 앉는 운 없는 학생이 도깨비를 부르는 힘이 생긴다는 이야기를 상상해 볼 만하다. 또는 다양한 특징을 가진 도깨비들을 불러서 재주를 부리는 사람이 그런 다양한 재주를 부리기 위해 어쩔 수 없이 손수레나 트럭에 온갖 낡은 빗자루, 당구대, 야구 방망이를 잔뜩 싣고 다닌다는 이야기도 떠올릴 수 있다. 그런 것을 구하기 위해 고물상으로 위장해 사는 도깨비방(독갑방)이나 도깨비를

부리는 사람 이야기도 따라붙을 만하다. 특히 조선 영조 시대에
저주 소동으로 붙잡힌 사람 때문에 남은 기록이기는 하지만, 이렇게
도깨비를 부리는 재주가 있는 사람을 도깨비방이나 독갑방으로 부르는
것은 이야기의 소재로 특기할 만하다.

횃불 같은 것이 서로 부른다

◉ 경기도 파주

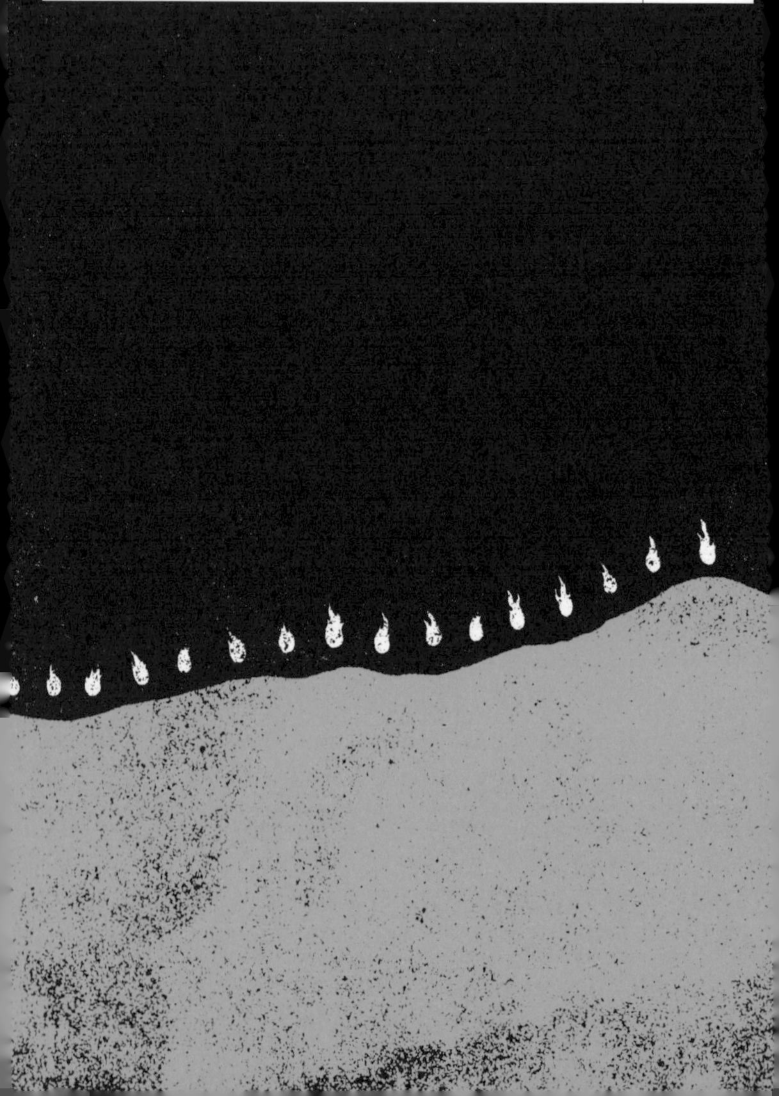

마을과 마을 사이에 걸쳐 길게 줄지은 불빛으로 횃불같이 생긴 불빛이 움직이며 떠들썩하게 소리를 내면서 서로 부르는 것 같기도 하다. 밤에 놀이 삼아 사냥을 나선 사람들과 느낌이 비슷하다. 사람이 말을 타고 돌진하면 흩어지지만 다시 모여 사람을 감싼다. 겹겹이 모여 앞을 막아서거나 사람이 칼을 휘두르면 두려워하며 물러나기도 한다. 사람을 겁에 질리게 하고 혼란스럽게 한다. 조선 시대에 안 씨가 밤중에 지금의 파주인 서원으로 가는 길에 보았다.

원전에서는 안 씨가 도깨비불을 만나 쫓아내려 노력하고 고생하다가 집에 왔는데, 나중에는 그 생각만 하다가 다른 사람이 켜 놓은 불빛이 도깨비불인 줄 알고 칼을 들고 달려들어 사람들이 놀랐다 한다. 한편, 도깨비불을 가까이하면 그에 관한 생각만 해 결국 홀리는 이야기도 상상해 볼 수 있다.

　　원전에 이것을 일컬으면서 사용한 말이 '귀화'(鬼火)인데, 요즘 귀화를 흔히 도깨비불로 번역하기도 하고, 이런 것을 흔히 '도깨비불'이라는 말로 일컫기도 하므로 이 항목의 제목을 도깨비불로 정했다. 18세기 조선의 외국어 사전 계통 문헌인 『동문유해』에서는 귀화를 '독갑의 불'이라고 번역하고 있는데, 이는 도깨비의 불, 도깨비불을 나타낸 것으로 보이므로 조선 시대에도 귀화(鬼火) 등으로 표현된 불꽃 모양의 괴물을 흔히 순우리말로 도깨비불이라고 불렀을 것이다.

　　19세기의 화백 허련의 그림 「채씨효행도」를 보면 '귀화전도'(鬼火前導)라는 제목으로 도깨비불이 길 안내를 해 주는 장면이 나와 있다. 그런데 이 그림에 도깨비불을 든 희미한 안개 같은 아이 형체가 같이 그려져 있다. 도깨비불이 도깨비의 불이라는 의미라고 보면, 이 그림에 등장하는 희미한 아이 형체가 19세기 조선 사람이 생각한 도깨비의 모습이라고 풀이해 볼 수도 있을 것이다.

도전복(倒箭箙)	어우야담
화살통을 뒤엎다 ◉ 금산	

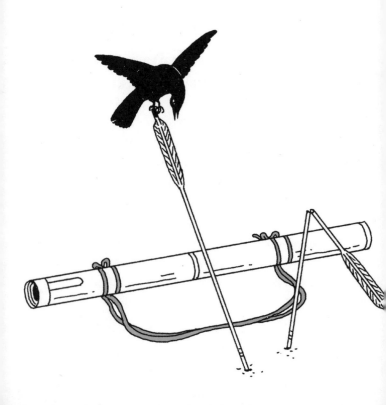

대단찮은 파랑새로 보이지만 화살을 아주 잘 피해서 도저히 맞힐 수가 없다. 크기는 제비보다 조금 작고, 금산에 살았다 한다. 도전복은 이 새의 별명인데, 말뜻 그대로 풀이하면 화살통을 엎는다는 뜻으로 활로 쏘아 잡으려 들면 잡힐 듯 말 듯 놀리듯이 피해 화살만 낭비하게 되는 새이므로 '화살통털이'라는 말이다. 사간공(司諫公)이 아주 품질이 좋은 남읍의 대나무로 만든 화살, 즉 남읍전죽(南邑箭竹)을 이용해서 한 발을 쏘아 이 새가 화살을 피하게 하고 뒤이어 새가 움직일 방향을 예측해서 한 발을 더 쏘아서 결국 맞추었다고 한다. 『어우야담』에 나온다.

사간공은 『어우야담』의 저자 유몽인의 조상인데, 사간공이 남긴 화살을 사용한 사람은 모두 무과에서 좋은 성적을 거두었다는 이야기가 덧붙어 있다. 파랑새 곧, 청조(靑鳥)는 중국 고전에서 신선 서왕모가 황제에게 뜻을 전하는 사자로 날려 보냈다는 이야기가 잘 알려져 있어서 흔히 조선 시대의 시에서도 사신이나 사자를 상징하는 말, 또는 신령스러운 뜻을 전하는 사자의 상징으로 활용되기도 했다. 『삼국유사』에서는 관음보살의 뜻을 전하기 위해 원효에게 나타난 사람의 말을 하는 새로 등장하기도 하고, 『동국여지승람』에도 통청군 바닷가의 금란굴 안에 관음보살이 있는데 청조가 그곳을 드나든다는 전설이 실려 있기도 하다. 한편 고전 소설 「장화홍련전」에서는 귀신의 뜻을 전하는 동물로 청조가 나오기도 한다. 그렇다면 화살을 극히 잘 피하며 화살 쏘는 사람들을 놀리듯이 하는 도전복 이야기에도 이런 식으로 어떤 알 수 없는 신령스러운 것이 보낸 사자라는 느낌이 있어서 사람들이 더 잡으려고 애썼다고 상상해 볼 수도 있을 것이다.

조금 다른 이야기로, 『어우야담』에는 뱀에게 새끼를 잃은 학이 복수를 위해서 불러오는 제비보다는 크고 비둘기보다는 작은 다른 청조 이야기도 실려 있다. 여기서 이 청조는 홀연 나타나 홀연 사라지는데, 뱀의 머리 위에 앉으면 턱이 빠지면서 뱀이 죽어 버린다고 한다.

도피사의(倒被蓑衣)	어우야담
도롱이를 이상하게 두르다	

도롱이를 거꾸로 입은 사람 같은 것이다. 여기서 도롱이란 조선시대 이전에 비옷의 용도로 입던 짚으로 된 옷을 말하는데, 거꾸로 입었다는 말이 아래위를 반대로 입었다는 뜻이라면 머리를 넣어야 할 곳에 허리와 다리를 넣은 모습이었을 것이다. 현대를 배경으로 상상해 본다면 레인코트를 입었는데 팔을 끼울 곳에 다리를 넣고 있는 사람의 모습과 닮은 괴물을 떠올려 봄 직하다. 둘씩 무리를 지어 다니며 사람 말을 한다. 신비로운 힘으로 사람이 열병을 앓게 해 죽게 만든다. 어떤 계획에 따라 한집안의 사람들을 모두 죽게 하기도 한다. 주변이 어두워도 사람을 잘 알아보고 도망친 사람을 찾아내는 재주도 있다. 사람의 미래나 자질을 알아보기도 한다. 조선 시대에 권벽이 열병이 퍼진 마을에서 보았다.

원전에서는 권벽이 열병에 걸린 친구의 집에서 친구가 자다 말고 갑자기 어딘가로 도망친 뒤 이것을 보았다 한다. 알고 보니 이것이 친구의 집안을 몰살시키려 했는데, 친구는 자기 대신 권벽을 죽게 하려고 몰래 자신만 도망쳤다는 것이다. 이것이 숨어 있던 친구를 찾아 죽게 만드는 것이 이야기의 결말이다.

이것은 권벽을 권 정승으로 불렀다. 그러므로 권벽이 미래에 어떤 사람이 될지 알았다고 볼 수 있다. 둘씩 무리를 지어 다니다가 하나가 권벽을 도망친 사람이라 착각했다는 대목이 있으므로 하나는 성격이 급하고 사람 보는 재주가 부족하고 다른 하나는 성격이 치밀하고 사람 보는 재주가 뛰어나다고 상상해 볼 수 있다. 이것이 담을 넘어 나타났다는데, 잘 뛰어다니고 몸을 잘 솟구친다고 볼 수 있다. 사람을 병에 걸리게 해 죽이거나 굳이 찾아내 죽이는 점에서 어떤 계획에 따라 움직이는 저승사자 같은 것으로 생각해 볼 수도 있다.

◉ 서울 종묘 근처

삿갓을 쓰고 도롱이를 입었다. 다리가 하나이고 두 눈을 희번덕거린다. 비가 조금씩 내리는 어둑한 날씨에 다리 하나로 콩콩 뛰어다닌다. 한 번에 지붕에 올라갈 만큼 뛰는 힘이 좋다. 힘차게 뛰어오르면 멀리 도망칠 수 있다. 체질이 특정한 사람을 이유 없이 앓게 하는데, 이것과 멀리 떨어지면 바로 낫는다. 명함이나 문패, 이름 쓴 종이를 무서워한다. 심한 악취를 풍긴다. 서울 종묘 근처에서 이유가 본 이야기가 『학산한언』에 나온다.

『학산한언』에서 신돈복은 이것이 '도피사의' 이야기, 즉 『용재총화』의 한 이야기와 비슷한 것으로 보고, 한편으로는 이것이 중국 고전의 산정(山精)이라는 괴물과 비슷한 것으로 추측한다.

이규경이 쓴 『오주연문장전산고』의 '귀신설'(鬼神說)에서는 중국 고전의 소(魈)라는 괴물을 산정과 견주어 이야기하면서 독족귀(獨足鬼)라며 발이 하나뿐인 귀신으로 언급하는데, 산정이나 소 모두 조선 시대의 다른 여러 시나 글에서 종종 언급되는 중국 고전 속 소재다. 산정, 소 내지는 운율을 맞추기 위해 '소'와 비슷한 뜻으로 쓴 소리(魈魈), 산소(山魈) 등의 말 또한 사람과 떨어진 깊은 산, 또는 숲속에 사는 신비롭고 이상한 괴물이라는 뜻으로 조선 시대의 글에서 사용되었다. 정약용, 이덕무 같은 학자들의 시에서도 이런 말이 보인다. 예컨대 굉장히 깊은 산속에 사람의 흔적이라고는 찾을 수 없는 우거진 곳을 묘사할 때 "꼭 산정의 울음소리가 들릴 것 같다"라는 말을 썼다.

이렇게 시에서 종종 언급된 산정과 소 모두 발이 하나뿐이라는 것이 특징이므로 자연스럽게 다리가 하나뿐인 귀신 이야기도 같이 돌았던 듯하다. 이때 다리가 하나뿐이라는 귀신의 특징을 일컬을 때는 '독각'이라는 말을 종종 사용했다. '독각'이라는 말을 쓴 예는 서거정의 시에도 보인다. 중국계 기록에도 다리가 하나뿐인 이상한 것을 말할 때 독각귀(獨脚鬼)라는 말을 쓴 기록이 있으므로 이에 영향을 받아 쓰인 사례도 있었을 것이다.

이익이 쓴 『성호사설』에서는 이 독각에 대해 어느 정도 상세히

설명하면서 중국의 기선(箕仙)과 비슷한 조선의 괴상한 것이라는
뜻으로 사용했다. 그런데 정작 『성호사설』에 언급된 독각 이야기에서
다리가 하나뿐이라는 뜻을 밝히고 있지 않다. 그보다는 내용으로 보아
독각과 말소리가 비슷한 '도깨비'를 한자로 옮겨서 쓴 것에 가깝다.
그러나 도깨비라는 말은 특정한 형체를 가진 괴물이라기보다 이상하고
괴상한 알 수 없는 것이라는 의미로 널리 쓰이기도 하므로 도깨비라는
말에 다리 하나인 괴물 또한 포함된다고 보아도 크게 어긋나지는
않는다.

　　여기서도 독각이라는 말을 써서 『학산한언』에 나오는 괴물을
지칭하는 것에 큰 오류는 없을 것으로 보고 '독각'을 제목으로
사용했다. 다시 말해 이 항목은 도깨비의 다양한 형태 중에 중국 고전의
산정에 가까워 깊은 산이나 깊은 숲속에서 보통 사람과는 떨어진 알
수 없는 세상에서 살아가는 다리가 하나인 것만을 한정하여 특별히
일컫은 것이다.

독흑리(禿黑狸)	해동고승전
● 경상북도 경주 삼기산	

살쾡이 같은 것으로, 온몸이 새까맣고 머리에는 털이 없다. 혹은 온몸에 털이 없는 것일 수도 있다. 모양은 여우를 닮은 점도 있다. 3,000년 이상 장수하며 사람보다 지혜로워 앞일을 내다본다. 모습을 숨긴 채 사람에게 말을 할 수 있다. 신령스러운 것으로 사람에게 환상을 보여 줄 수 있으며 다른 신비로운 재주도 많은 것으로 보인다. 예를 들어 동산을 무너뜨려 사람과 집을 흙에 파묻히게 만들기도 한다. 삶에 대한 깨달음을 간절히 원하기도 한다. 깨달음을 얻으면 기력이 다해 죽는다.

『해동고승전』에는 '독흑리'로 나오는데 같은 이야기를 옮긴 『삼국유사』에는 '칠한 것처럼 까만 여우'로만 나온다. 독흑리라는 이름에서 '리'(狸)라는 글자는 살쾡이라는 뜻을 갖고 있지만 너구리 등의 뜻으로 쓰이기도 한다. 그러므로 여우와 닮았다는 기록에 무게를 실으면 너구리와 여우가 같은 개과 동물로 유사하므로 여우, 너구리를 두루 닮았지만 이상하게 매끈한 느낌의 짐승이라고 생각해 볼 수도 있을 것이다. 삼기산을 배경으로 원광법사에게 불교에 대한 지식을 구할 것을 추천하고 지시하며 자신도 깨달음을 얻기를 원하는 것으로 등장한다. 참고로『해동고승전』의 원광법사 이야기 대목의 「독흑리」에서 독흑리가 자기 모습을 보여 달라 했을 때 원광법사에게 보여 준 모습은 매우 거대한 사람의 팔 모양이었다 한다. 크기가 아주 커 하늘 위 구름을 뚫을 정도다. 팔 부분만 보이기 때문에 다른 부위의 모습이 있는지 없는지는 명확지 않다. 이렇게 보면 본래 정체는 하잘것없는 작은 여우의 모습이지만 다른 사람에게는 엄청난 크기의 거인 모습으로 자신을 보여 주고 싶어 했던 굉장히 자의식이 강한 괴물이라고 풀이해 볼 수도 있을 것이고, 혹은 거대한 팔뚝이 하늘을 향해 뻗쳐 서 있는 환상적인 모습의 괴물이 본모습이라고 풀이해 볼 수도 있을 것이다.

두생일각(頭生一角) / 요계(妖鷄)	숙종실록
머리에 뿔이 하나 돋아났다 ◉ 충청남도 논산	

닭과 닮은 흉조다. 머리에 단단하고 날카로운 검은 뿔이 하나 돋아나 있다. 뿔은 엄지보다 조금 작다. 발견된 것은 암컷뿐이다. 1684년 논산 은진에서 발견된 이야기가 『숙종실록』에 나온다.

『조선왕조실록』에 실린 조선 시대의 이상한 닭에 관한 기록은 다양하다. 그중에서도 암탉이 수탉처럼 변한 기록을 꼽아 볼 만하다. 당시 조정 사람들은 이것이 여자의 어떤 행동이 문제임을 나타내는 불길한 징조로 여겼다. 그래서 임금의 부인이나 어머니의 권세가 강해지는 것을 비판하기 위해 자주 이야기를 꺼내곤 했다. 더러 다리가 셋인 닭이 나타나거나 행동이 이상한 것에 관한 기록도 있다. 조선 숙종 시대에 뿔이 난 닭에 관한 이야기는 이런 사례 가운데 독특한 것으로 이것이 뿔로 다른 것과 싸울 수 있다는 이야기를 상상해 볼 수도 있을 것이다. '요계'라는 이름은 요사스러운 닭이라는 뜻으로 이상한 닭이 불길한 징조를 나타내는 현상에 대해 『성종실록』, 『용천담적기』 등의 조선 시대 문헌에서 사용하던 용어를 가져다 쓴 명칭이다. 실록의 다른 기록들과 견주어 본다면, 이 뿔 난 닭 이야기는 숙종 시대의 장희빈에 얽힌 이야기나 그와 관련된 주술 이야기, 또는 그에 영향을 받은 당시 사회 분위기와 연관되어 주목을 받았다고 생각해 볼 수도 있다. 그렇다면 이 괴물은 장희빈과 성격과 성향이 비슷한 괴물로 볼 수 있으며, 한편으로는 궁중 여성들이 받았던 조선 사회의 편견과 악습에 대한 괴물이라고도 볼 수 있을 것이다. 그 밖에 『해동죽지』 등 20세기 초 문헌에는 음력 1월 16일이면 귀신 닭, 즉 귀계신(鬼鷄神)이 돌아다니는데, 이것에게 쪼이면 병이 생긴다는 이야기가 실려 있다. 이런 닭에 관한 이야기와 연결시켜 본다면, 요계가 사람을 쪼아서 병에 걸리게 하는 마력을 갖고 있다는 생각도 자연스럽다.

크기가 세상을 가득 채울 정도이고 머리통이 많이 달렸다. 박쥐 같은
날개로 날아다닐 수 있다. 땅속의 거대한 감옥이나 궁전에 산다.
수많은 악한 괴물과 귀신을 다스린다. 성품이 악하고 사람을 유혹해
타락시키려 노력하며 흉악한 일을 자주 꾸민다. 천신과 잘 다툰다.

원전의 기록은 천주교의 영향으로 유럽 기독교 문화의 악마에 관한
생각이 조선에 전해져 퍼져 있던 것을 소개한 것이다. 여기서는
유럽 기독교 문화의 사탄이나 루시퍼 이야기가 불교의 마귀에 관한
이야기와 섞인 모습을 띤다.

마면졸속(馬面卒屬)	연려실기술
◉ 서울	증의림도인효능엄경

얼굴은 말이고 몸은 사람이다. 사람과 말 사이에서 태어난 것일 수 있다. 악한 일의 결과를 상징한다. 수명은 길지 않다. 『증의림도인효능엄경』에 소개되어 있으며, 1547년 서울에서 비슷한 것이 발견된 이야기가 『연려실기술』에도 실려 있다.

마면졸속은 유몽인이 『증의림도인효능엄경』(贈義林道人效楞嚴經)에서 쓴 말로 저승에서 일하는 말의 얼굴을 한 병졸을 가리킨다. 소의 머리를 한 우두나찰(牛頭羅刹)과 대응하는 것으로, 불교의 저승에 사는 괴물이라 한다. 유몽인은 저승, 특히 지옥에서 명령을 받들며 죽은 사람들을 괴롭히는 병졸의 대표로 우두나찰과 마면졸속을 이야기한다. 불교에서는 『지장경』이나 『시왕경』 등에서 지옥의 모습을 다양하고 상세하게 묘사한다. 유몽인은 불교 문헌에 묘사된 지옥의 풍경을 바탕으로 하여 두 가지 말을 만들어 불교계 지옥의 상징으로 언급했던 것 같은데, 그것이 바로 마면졸속, 우두나찰이라는 용어다. 『연려실기술』의 이야기는 지옥과 상관이 있다는 특별한 언급 없이 그저 말의 얼굴을 한 사람이 서울에 나타났다는 것인데, 그렇다면 당시 사람들에게 지옥을 상징하는 무서운 것이 현실에 나타난 느낌을 주었으리라 상상해 볼 수 있다.

마명조(馬明鳥)	성호사설

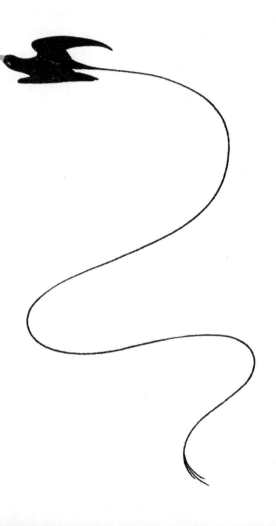

제비와 비슷하다. 등은 검고 배는 희며 작은 무늬가 하나 있다. 꼬리가 무척 가늘고 길어 몸통보다 열 배 이상이다. 거센 바람에 약해 잘 날지 못한다. '마명'으로 알려졌지만 유래나 뜻은 알 수 없다. 들판과 산 사이에서 드물게 목격된다.

스스로 움직이는 작은 기계인형들이 모여 복잡하게 움직이는 장치다. 사람 키의 반만 한 크기로 꾸며 놓은 산 모양 속에 깎고 빚어 만들어 놓은 집과 나무의 모형이 있는데, 그 안에 수십 명에서 수백 명의 아주 작은 사람 같은 자동으로 움직이는 기계인형이 있다. 엄지보다 작지만 모습은 사람과 똑같고, 정교하게 움직이며 사람처럼 울고 웃고 떠들고 걷고 달리고 앉고 눕는다. 날아다니는 벌과 나비, 제비와 참새도 있고 금과 옥으로 만들어 놓은 궁전과 절도 있다. 종이 울리면 인형이 절을 하고 불경을 외는데 소리가 은은하게 들린다. 종을 치는 소리가 나는 것을 중심으로 이 모든 장치가 움직인다. 완성된 것을 놓아두고 사람들이 구경하게 하니 모두가 크게 감탄했다. 신라 경덕왕 시대에 만들었다 한다.

만불산의 기계인형들은 깨달음을 얻으려는 승려 등 불교와 관련된 모양이 많다. 그렇다면 이 기계인형들이 깨달음을 얻으려 하고 여러 모양으로 움직이지만, 결국 자신은 어떤 사람이 만든 기계일 뿐이고, 그 사람이 만들어 놓은 기계 장치대로 움직이는 것이며 자신이 사는 세상이라 생각한 산도 사람이 구경거리로 빚어 놓은 것일 뿐임을 깨닫는 이야기도 상상해 볼 수 있다. 비슷하게 우리가 사는 땅이 누군가 만들어 놓은 만불산 같은 것이고, 커다란 거인 같은 것이 우리가 사는 땅 밖에서 우리가 사는 모습을 만불산 구경하듯이 이따금 구경할 것이라는 이야기도 생각해 봄 직하다. 사람 모양의 정교한 기계를 만들어 움직이는 신라의 여러 장인에 관한 이야기도 이어질 수 있을 것이다. 날아다니거나 말소리를 내는 인형도 있다는 점에서 날아다니는 작은 기계인형이나 말하는 작은 기계인형이 신라 시대에 개발되어서 이것이 소동을 일으킨다거나 이것을 활용해서 사건을 꾸미는 등의 이야기도 상상해 볼 만하다.

만인혈석(萬人血石)	세종실록
아주 많은 사람의 피로 생겨난 돌	

함경도 방향의 북방 먼 곳에 수없이 사람을 잡아먹은 뱀인
만인사(萬人蛇)가 있다. 이것을 물뱀의 일종으로 사람들이 짐작하기도
하는데, 뱀이 사람을 잡아먹는 경우 특히 눈과 창자를 뜯어먹는다 한다.
만인사의 몸에 사람의 피 기운이 응축되어 작은 돌 같은 것이 생기는데
만인사가 1만 명을 잡아먹고 몸속에 돌이 커진 것이 만인혈석이다.
크기는 밤톨만 하고 검푸른 빛깔은 자석과 비슷하다 한다. 한편, 이와
다르게 전쟁터에서 사람이 매우 많이 죽은 자리에서 여러 사람의 피가
땅속에 스민 뒤 응결된 것을 만인혈석으로 불렀다고도 한다. 이것을
갈아 마시면 몸에 매우 좋은 약이 되어 어려운 병도 고칠 수 있다.
만인사를 잡는 것은 매우 어려운 일이므로 만인혈석도 찾기 어려운
보물이며 그 지역 말로는 모수월화(毛水月下)라 한다. 1437년 11월
22일에 세종이 외국인이 바친 만인혈석을 보고 그 생각한 바를 말한
이야기가 『세종실록』에 나온다.

『세종실록』에는 누군가 괴물 몸속에 있던 돌을 세종 임금에게 바치기에
세종이 직접 그에 대해 말한 것이 기록으로 남아 있다. 커다란 뱀의
몸속에 돌이나 구슬이 있다는 '홍량거부' 이야기 등에 소개된 이무기
이야기와도 비슷하다. 여기서는 뱀의 모양에 관한 특이한 묘사는
없지만, 물뱀과 비슷하다는 말이나 몸속의 만인혈석에 대해서는
신기한 묘사가 충분해 별도로 편성했다. 물뱀인지 아닌지 모르겠다는
점에서 겉모습은 대강 물뱀을 닮았지만, 그러면서도 육지 뱀이고 아주
엄청나게 크지는 않지만 꽤 큰 뱀 정도로 떠올려 보면 적당할 것이다.
　　세종이 이런 이상한 것이 있다는 이야기를 의심스럽다는 듯
김종서에게 물어보자 김종서는 함경도 지방의 소문을 알려 주면서
사실 그 뱀 몸속의 돌이라는 것이 그렇게 대단한 약은 아니고 몇 가지
병에 듣는 약재라 답했다는 기록이 이어진다.

사람의 그림자 내지는 사람이 어디인가에 비친 모습 주변에 숨어 있는 이상한 형체를 말한다. 그림자가 있는 곳에 항상 한 발짝 먼저 가 있어 가장자리 말고는 보이지 않는다. 사람보다 귀와 눈이 크다. 한낮의 햇빛 속에서 유리 거울로 살펴보면 갑자기 거울 속에 나타난다.

면괘어리(面掛於籬) / 귀매면(鬼魅面)	해동잡록
얼굴이 울타리에 걸리다 ◉ 서울	

높이나 너비가 사람의 두세 배를 넘는 사람의 머리통이다.
꾸물꾸물하며 움직인다. 사람의 말을 하고 장난을 치거나 농담도
주고받는다. 손이나 다리가 없지만 나무나 울타리를 잘 기어 올라간다.
특별히 악독하지는 않아 내쫓으면 물러간다. 서울에 살았던 송희규가
본 이야기가 『해동잡록』에 나온다.

원전에서는 할머니의 머리로 나타났다 한다. 손이나 다리 없이 나무나
울타리를 잘 올라갔다는 점에서 달팽이나 지네처럼 빨판이나 작은
다리가 있다고 상상해 볼 수도 있을 것이다. 꽤 유명한 이야기였는지
송희규에 얽힌 같은 이야기가 『갈암집』의 「통정대부 행 대구 부사
야계 송공 묘갈명」에도 실려 있다. 이 이야기에는 송희규가 어렸을 때
스승에게 배우고 오는 길에 장난스럽게 그를 부르는 괴물이 있었는데,
송희규가 겁먹지 않고 때리려고 하자 서서히 사라졌다고 되어 있다.
이 글에서 등장한 괴물을 설명하는 말 중에 '귀매면'이라는 표현이
등장한다.

명주단원(明珠團圓)	필원잡기

밝은 구슬이 동글동글하다

👁 경상북도 경주

크기가 달걀만 한 구슬로 밝은 빛을 낸다. 밤에 갑자기 큰 벼락이 치는데 비는 오지 않고 바로 갠 뒤 이것이 떨어진 것을 알게 된다. 어디에 두든 주변을 대낮처럼 환하게 밝힌다. 사람에게 운을 주는데 이익이나 장사에 대한 행운을 주는지 건강이나 성격을 바꾸는 힘을 내뿜는지는 뚜렷하지 않다. 어쨌든 이것을 곁에 두면 그 사람은 점차 돈을 벌고 부자가 된다 한다. 이것을 어떻게 활용하면 부자가 되는지는 알려지지 않았다. 막연히 행운을 주는 것인지도 모른다. 경상북도 경주에 나타난 이야기가 『필원잡기』에 나온다.

이것을 어떻게 이용해 부자가 되는지는 알려지지 않았으니, 알리면 안 된다는 규칙이 있거나 알리기 곤란한 방식으로 활용하거나 도저히 알 수 없는 이상한 방식으로 재물을 얻게 해 준다고 상상해 보아도 좋겠다. 『필원잡기』의 이 이야기와 무척 비슷한 『세조실록』 1463년 6월 28일 경주에 관한 기록에는 크기가 거위 알만 하고 보라색을 띤다고 나온다. 밤에 빛을 낸다는 점은 '목야유광' 항목에서 설명한 야명주와 비슷한 점도 있다.

털가죽이 밝게 빛나는 거대한 호랑이 같은 짐승으로 꼬리는 없다.
크기는 사람의 두세 배만 하다. 105년 고구려에 온 부여의 사신이
선물로 바쳤다.

원전에는 특이한 호랑이로 나오는데, 호랑이의 특징인 줄무늬는
그대로지만 몸에서 빛이 나거나 밝아 보인다고 볼 수 있다. 몸집이
거대한 점에서 힘도 일반 호랑이보다 세다고 생각해 볼 수 있다. 꼬리가
없는 점에서 두 발로 걷거나 사람 흉내를 내는 호랑이와 연결지어
볼 수도 있을 것이다. 호랑이가 사람을 흉내 내는 모습이 구전되다가
현대에 채록된 것으로『한국민속문학사전』에 나오는 '춤추는 호랑이'
이야기를 꼽아 볼 수 있다.『한국민족문화대백과사전』에는 이 이야기가
'무당 호랑이 설화'로 소개되어 있기도 한데, 이야기의 핵심은 호랑이가
사람을 잡아먹으려 하는 결정적인 순간에 음악 소리를 듣자 흥을 참지
못해 춤을 추다가 실패한다는 것이다.

　　원래 꼬리가 있었는데 꼬리가 없는 상태가 되었다면, 꼬리에 어떤
특징이 있거나 꼬리가 잘리면서 무엇인가 바뀌었다는 이야기를 상상해
볼 수도 있을 것이다.

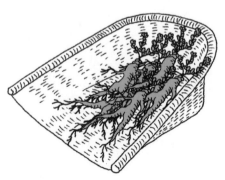

『순오지』에는 온몸이 털로 뒤덮여 있으며 깊은 산속을 빠르게 이동하는 사람 비슷한 이상한 것을 목격했다는 이야기가 나와 있다. 이 이야기는 '편신모' 항목에서 소개했는데,『순오지』의 저자 홍만종은 이 이야기가 중국 고전에 나오는 목객(木客)이라는 것과 비슷해 보인다고 덧붙여 두었다.

목객은 중국 고전에서 깊은 산중에 사는 희귀한 원숭이 비슷한 것으로 종종 언급된다.『남강기』에는 형체는 완연히 사람이고 높은 나무에 살며 다만 발은 새의 발톱을 가진 모양이라고 되어 있다. 중국 시인들이 깊은 산속 외딴곳의 풍경을 읊을 때 "목객이 살 것 같다"라고 쓰는 경우가 있었으므로 이에 영향을 받아, 고려와 조선의 작가들도 목객을 산 깊은 곳에 사는 요정 비슷한 짐승으로 종종 시에서 언급할 때가 있었다.

그런데 19세기 기록인『북관기사』에는 조선에서 충분히 토속화된 구체적인 목객 전설이 실려 있다. 여기에 따르면 조선 북쪽 지역의 목객은 백두산 깊은 곳에 산다고 하는데 모양은 완연히 7, 8세 정도의 어린이 모습과 닮았다고 하며 나무를 타고 다니는데 날아가는 듯이 잽싸다고 한다. 사람이 목격한 적도 있다고 되어 있는데, 묘사로 봐서는 작은 원숭이와 사람 어린이의 중간 형태의 모습이 아니었나 싶다.

중국 고전에 나오는 원숭이 비슷한 이상한 짐승으로는 '산도'(山都)라는 것도 있는데,『고운당필기』에는 저자 유득공이 산도 이야기라고 보아야 한다고 기록해 둔 괴상한 이야기가 하나 실려 있기도 하다.

금산에 사는 농부가 아침에 일어나서 외양간을 보니 네댓 살 아이만 한 귀신 같은 것이 벌거벗은 채로 소를 타고 앉아서 털을 뽑고 있었다고 한다. 소는 압도되었는지 덜덜 떨면서 감히 움직이지 못했다고 하며, 몽둥이를 휘둘러 이것을 공격하자 몽둥이만 빼앗겼을 뿐 이것은 태연히 소털을 계속 뽑았다고 한다. 농부는 소를 괴롭히지 말라고 부탁하면서 소털을 뭉텅이로 삼태기에 담아 놓은 것을 던져 주었더니 그것을 들고 산속으로 들어가 버렸다고 한다. 그런데 다음

날 울타리 옆에 그 삼태기가 놓여 있길래 농부가 열어 보니, 소털 대신 산삼이 가득 있어서 큰 부자가 되었다고 한다.

이 이야기 속에 등장한 귀신은 조선의 목객 이야기와 닮은 점이 많아 보인다. 유득공이 이 이야기를 산도 이야기라고 했다는 점에서도 목객 이야기와 비슷한 점을 생각해 볼 수 있다. 한편으로 이상한 괴물을 잘 대해 주었더니 갑자기 그 괴물 덕분에 부자가 되었다는 형태의 줄거리는 전형적인 도깨비 이야기와도 통하는 느낌이다.

두 이야기를 합해 보자면, 산속에 사는 작은 어린아이 같은 짐승이면서 몸은 털로 뒤덮여 있고 빠르게 움직일 수 있고 몽둥이로 공격하면 겁내기는커녕 날쌔게 피하면서 오히려 몽둥이를 빼앗을 수 있고 소 위에 앉으면 소를 압도하며 소털 뽑는 것을 좋아하고 산삼을 많이 가진 괴물로 요약해 볼 만하다.

수염이나 머리칼이 자라는 나무 인형으로 남자는 수염이 자라 '목노개생염', 여자는 머리칼이 자라 '목비개생발'이라 묘사했다. 기괴한 일을 일으키는 힘이 있다. 조선 시대에 박응순이 조상의 무덤을 쓰다가 그 안에서 보았다 한다.

| 목랑(木郞) / 두두리(豆豆里) | 고려사 |
| | 동국여지승람 |

나무토막 모양으로, 사람과 비슷한 면도 있어 말을 타고 무기를 사용할 수도 있다. 사람과 말을 주고받을 수도 있다. 사람이 섬기고 떠받들면 그 사람을 신령스러운 힘으로 돕기도 한다. 여럿이서 몰려다니며 행동하는 일도 많고 건물을 짓거나 공사하는 일에도 뛰어나다. 경주에서 믿는 사람이 많은 편이었으며 말과 무기를 주면 몽골군을 몰아내 주겠다고 말했다 한다. 신라의 비형랑과 관계가 있다고 보기도 하고 고려의 이의민이 이 괴물을 수호신처럼 여기며 섬겼는데 이의민이 패망하기 직전에 괴물이 예상하고 한탄했다 한다.

목랑은『고려사』에 나오는데『동국여지승람』은 두두리로 이것을 지칭하며 신라의 비형랑 이야기와 이의민의 두두을(豆豆乙) 이야기도 모두 두두리로 소개했다.『고려사』에는 이것이 목매(木魅, 나무 귀신)라는 설명은 있으나 구체적인 모습에 대한 묘사는 부족한데, 이의민이 집에 두고 모셨다는 설명이나 두두리라는 발음에 착안해 전체적으로 몽둥이 비슷한 모양으로 추측하는 현대의 연구도 있다. 그렇다면 나무를 깎아 원통형으로 만든 사람 조각상 비슷한 것인 듯하다. 여기서는 무기와 말을 달라고 했다는 이야기를 참고하고, 비슷한 성격의 주술적인 대상으로 추측되는 경주 왕룡사에 있는 목조문무인상의 모습을 참고해 모습을 묘사했다.

　　비형랑 이야기가 도깨비 이야기와 닮은 점, 목랑이 나무의 귀신이라는 점에서 현재 우리가 도깨비로 부르는 형태가 과거에는 목랑이나 두두리였다고 추측하는 현대의 연구도 제법 알려진 편이다.

눈이 밤에 빛을 낸다
◉ 동해안

바닷속에 사는 커다란 짐승으로 고래의 일종으로 보인다. 어두운 곳에서는 눈에서 빛을 낸다. 사람에게 잡혀 목숨을 잃은 뒤에도 눈은 빛을 내게 할 수 있어서 도려내면 등불로 사용할 수 있다. 47년 고구려의 동해안에서 고주리가 조정에 한 마리를 바쳤다 한다.

이런 짐승이 실제로 있다면 빛나는 눈으로 밤바다를 환하게 비추고, 그 빛으로 사람을 끌어들이거나 물고기를 불러 모아 그 속임수로 사냥을 하며 살아간다고 상상해 볼 수 있다. 이것의 눈을 뽑아 만든 등불이 있다면 뜨겁지도 않고 땔감도 필요 없고, 바람에 흔들리지도 않으며 밤에 빛을 내는 신비한 물건이 된다는 이야기와도 이어진다. 이것과 비슷한 고대의 신비한 보물로 불타지 않으면서도 빛을 내는 구슬인 '야명주'(夜明珠)라는 것이 있었다는 이야기도 여기저기 나오는데, 『삼국사기』에 나오는 왜국에서 백제로 선물을 보낸 사례나『고려사』에 나오는 제주도에서 발견된 일이 여기에 해당한다. '명주단원' 이야기도 야명주와 비슷한 점이 있다. 야명주는 신비롭고 값비싼 보물이라 하므로 밤에 빛을 내는 고래의 눈이 있다면 그와 비교해 볼 수 있을 것이다. 다만 야명주와 달리 이것은 짐승의 눈이므로 썩어 없어지거나 찌그러지거나 터져 망가질 수 있어 조심스럽게 다루어야 한다고 생각해 볼 수도 있다. '명월주'라는 말도 있는데, 이 말은 불교 문헌이나 중국 고전에서 흔히 바다의 귀한 보물의 대표로 사용하던 단어다. 그런데 조선 후기의 문헌인『전어지』에서는 신비로운 고래와 닮은 전설을 소개하고 있다. 이에 따르면 가끔 특별한 상황에 놓인 고래는 스스로 목숨을 끊는데, 이럴 때는 눈이 몸에서 빠진다며 죽은 고래의 눈이 명월주가 된다 했다. 스스로 죽음을 선택한 고래는 그 눈이 밤에 달빛처럼 빛나는 구슬이나 달빛을 받으면 빛나는 구슬이 된다는 것이다. 그렇다면 명월주 이야기에 등장하는 기이한 고래는 깊은 슬픔이나 한을 상징하는 짐승으로 볼 만도 하다.

목여거(目如炬)	용재총화
눈이 횃불 같다 ◉ 경상남도 남강	

사람 몇 배는 되는 큰 키에 삿갓을 썼다. 얼굴이 둥글고 커다란 형태로 눈은 횃불처럼 빛난다. 주위에 뜨거운 기운을 내뿜으며 하늘로 날아올라 멀리까지 움직일 수 있다. 날아오를 때는 하늘을 본다. 이것 주변에서는 말이 거품을 물고 앞으로 나가지 못하고 사람은 취한 듯한 느낌을 받으면서 견디기 어렵다. 정신이 올곧은 사람이 한참 똑똑히 쳐다보면 도망친다. 조선 시대에 성현이 지금의 경상남도에 있는 남강에 다녀오는 길에 보았다.

삿갓을 쓰고 눈에 특징이 있는 괴물에 관한 기록은 몇 가지 더 찾아볼 수 있다. 삿갓 대신 우산으로 생각해 보면 일본의 가라카사오바케(からかさ小僧)와 비슷한 점도 있다. 혹은 삿갓이나 우산을 씌운 물체를 사람으로 착각한 데서 유래한 괴물로 추측해 볼 수 있다. 예컨대 누군가 삿갓이나 우산을 등불 위에 씌워 놓았는데 멀리서 삿갓이나 우산을 쓴 사람으로 생각했다가 그 아래를 보면 사람이 아니라 당황하고 놀라는 것이다. 그런 이상한 모양의 괴물이나 외계인이 한국과 일본 일대를 돌아다녔다고 상상해 보는 것도 재미있다.

　　눈이 횃불 같다는 것은 눈이 불을 뿜거나 빛난다는 뜻으로 볼 수도 있지만 화난 표정, 눈을 부릅뜬 표정을 과장할 때 쓰는 표현이기도 해 단순히 눈이 크고 부릅뜬 모습이었다고 볼 여지도 있다. 『용재총화』에는 성현이 이것을 만났을 때 가만히 있다가는 꾀에 빠질 듯해 정신을 차렸다 한다. 그런 점에서 사람을 끌어들여 나쁜 짓을 하거나 정신없는 사람 곁에 다가와 해친다고 생각해 볼 수 있다.

목요(木妖)	성호사설
◉ 전라북도 전주	

커다란 썩은 나무 안에 사는 털 없는 작은 짐승으로 고양이와 말을 섞은 듯하다. 눈은 하나인데 꿈틀거리며 움직인다. 사람들은 이것을 만나면 불길한 일이 생기거나 이것에게 죽을 수도 있다고 여겼다. 전주에서 완성군 이만이 발견한 이야기가 『성호사설』에 나온다.

원전에 이것이 나오자마자 곧 죽었다는 것이 가장 먼저 소개된 점에서 어린 시절에는 나무 속에서 수액이나 벌레를 먹으며 산다고 보면 자연스럽다. 자라나면 훨씬 더 커지고 강해져 날뛸 수도 있으나 어린 상태일 때는 나무 밖으로 나오면 비실비실하다가 맥을 못 추고 그냥 죽는다고 생각해 볼 수 있다. 이것을 만나면 저주를 받는다는 점에서 이것이 나무 속에서 자라나 튀어나오면 사람이나 동물을 끝까지 쫓아다니며 집요하게 괴롭힌다고도 생각해 볼 수 있다.

목우사자(木偶師子)	삼국사기
◉ 경상북도 울릉도	

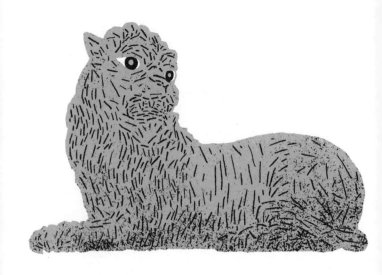

사자 같은 짐승 모양으로, 나무로 만들어진 것이다. 이것을 본 사람들은 창칼로 공격해도 당할 수가 없어 여럿이 사람들에게 덤벼든다면 군사들이 몰려간다고 해도 막을 수 없다고 믿기도 했다. 배에 가두고 몰고 다니다가 풀어놓아 다른 사람을 괴롭힐 수 있는 것으로 생각하기도 했다. 우산국 사람들이 이것을 보았을 때 무척 사납고 무서운 괴물로 생각하고 바다 건너에서 이것이 와 사람을 다 죽일 수 있다고 믿었으며 특히 밟혀 죽는 것을 두려워했다는 기록이 있다. 이 기록에 따르면 512년 아찬 이사부가 신라 하슬라주, 즉 현재의 강릉 일대를 다스리는 제후가 되었을 때 나무로 이런 모양의 괴물을 생동감 있게 만들어 울릉도에 가서 괴물을 풀어놓고 밟아 죽이겠다고 위협했다. 이때 우산국 사람들은 크게 겁을 먹고 항복하며 충성을 맹세했다.

사람을 밟아 죽이겠다고 겁을 주었다는 점에서 발이 위험하고 강하거나 발 부분이 특히 무겁거나 몸이 튼튼하고 무겁거나 아주 커다랗다고 생각해 볼 수 있다.

사자는 불교와 함께 문화 속에 깊숙이 자리 잡은 동물이다. 따라서 이사부가 만든 사자는 불교 유물의 사자 석상, 석등과 닮은 점이 있을 것이다. 그런데 512년은 신라에서 불교를 공인해 신봉하기 전으로 불교의 영향력이 특별히 강한 시기는 아니다. 따라서 6세기 초에 우산국 사람들이 두려워한 사자 모양의 괴물은 불교의 사자와는 다른 점이 있거나 어렴풋이 전해진 사자의 모습을 과장해서 이사부가 꾸며 냈다고 상상해 볼 수 있다. 나아가 사자에 대한 두려움은 불교 전래 초기의 오해와 신기함이나 토착 신앙을 믿던 사람들이 불교 내지는 인도 문화에 대해 느낀 이상함이나 거부감 때문으로 생각해 볼 수도 있다. 우산국 사람들이 나무로 만든 사자 모양만 보고 겁을 먹었을 이유는 없으니 나무로 교묘하게 만든 기계 장치가 어느 정도 움직이기도 해서 실제로 사람을 잡아먹는 기계 괴물이라며 속임수를 쓰는 이야기도 상상해 봄 직하다.

수좌는 가장 높은 자리를 말하니 묘수좌라는 말은 '높은 고양이 선생님'이라는 뜻인데, 조선 시대 표현으로는 '고양이 스님'이라는 의미로 보아야 한다. 그래서 묘수좌는 머리카락을 삭발하고 고고하게 도 닦는 사람처럼 꾸미고 있는 고양이를 말한다. 이것은 16세기 초반 기묘사화 이후 조선에서 돌던 우스갯소리 비슷한 우화 속에 등장하는 말로 1530년대 중반의 유행어다.

이야기 속에서 주인공인 늙은 고양이가 기력이 쇠하고 발톱, 이빨도 상해 쥐를 못 잡게 되자 귓속의 털 없는 부분을 머리 가죽 쪽으로 뒤집어 삭발한 머리 모양처럼 만들고 자신은 이제 스님이 되어 고기는 먹지 않는다고 했다고 한다. 그리고 쥐들을 제자로 거두어 두고는 종교 행사를 한다면서 몰래 한 마리씩 잡아먹는다. 이 고양이를 일컫는 말이 묘수좌다.

영리하면서도 겉 다르고 속 다르고 위선적이고 속임수에 능한 스님 모습의 고양이라고 할 수 있을 텐데, 『조선왕조실록』 1534년 음력 7월 22일 기록에 당시 김안로를 비판하기 위한 이야기로 유행했다고 한다.

묘아두(猫兒頭)	송도기이
고양이 새끼 머리 ◉ 경기도 장단	

바위 구멍에 사는 뱀과 비슷한 생물인데, 머리 쪽은 고양이 새끼처럼 생겼다. 푸른색 연기를 내뿜고 다니는데 특히 비가 올 무렵에 내뿜는다. 새들이 이 뱀을 따르거나 겁내서 한번 구멍 밖으로 나오면 까마귀가 짖어 대고 새들이 모여들어 그 주위를 맴돈다. 사람들은 이것이 내뿜는 푸른 연기가 병을 퇴치하고 몸에 힘을 준다고 믿어, 병에 걸린 사람이 이것이 사는 바위를 찾아내 그 연기를 쐬려 했다 한다. 사람이 주는 음식도 잘 받아먹고 사람들이 신성하게 여겨서 섬기는 것을 즐긴다. 사람들이 너무 심하게 이것을 숭상해 폐해가 큰 것을 보고 박만호가 화살로 쏴 없애 버렸다 한다. 장단의 진서에 있는 화장사에서 발견된 이야기가 『송도기이』에 나온다.

무고경주(無故驚走)	삼국사기
이유 없이 놀라 뛴다	

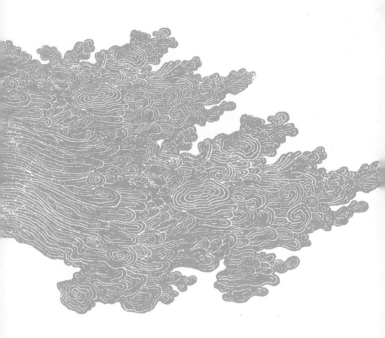

형태와 소리와 빛깔이 없지만 나타나면 공포를 불러일으킨다. 그 공포는 주변 사람들에게 삽시간에 퍼져 사람이 많이 모인 곳이라면 수백 명에서 수천 명이 미친 듯이 도망치고 몸을 다치는 소란이 일어난다. 660년 백제에서 시장에 나타나 큰 혼란을 일으켰다. 이때 밟히고 넘어져 죽은 사람만 100명을 넘어섰다.

사람들 가운데 일어나는 공황이나 한꺼번에 많은 사람이 쇄도하며 일어나는 압사 사고의 극단적인 모습으로 볼 수 있다. 『삼국사기』에는 백제의 멸망을 암시하는 내용 사이에 배치되어 있다. 큰 사고나 급격한 변동에 따라 나타나는 현대의 공황 상태나 시장의 폭락, 뱅크런처럼 경제적인 격변이 심리 효과와 엮여 더 큰 문제를 일으키는 일에 빗대 볼 수도 있을 것이다.

무두귀(無頭鬼)	묵재일기

머리가 없는 사람 모양의 귀신으로 목이 잘려 죽은 사람이 귀신이 된 것으로 짐작된다. 근처에 있는 사람을 병들어 죽게 만드는 힘도 있다. 남을 저주하는 주술을 거는 사람들이 이것을 이용하기도 한다.

다쳐서 죽은 사람이 죽을 때의 모습 그대로 귀신으로 나타난다는 이야기는 한국과 중국 옛이야기에서 자주 나오는 편이다. 특히 소설화된 이야기에 그런 사례가 많은데, 조선 시대 글 중에서는 『달천몽유록』이나 『강도몽유록』 같은 사례가 대표적이다. 『달천몽유록』에는 임진왜란 중에 죽은 남자 병사들의 귀신이 어느 날 밤 나타나는 장면이 나오고 『강도몽유록』에는 병자호란 중에 죽은 여자들의 귀신이 어느 날 밤 나타나는 장면이 나온다. 이런 사례에 따르면 목이 잘려 사형을 당하거나 전쟁 때 목이 잘려 죽은 사람이 귀신이 되면 머리 없는 귀신이 될 것이다.

　머리 없는 귀신은 그중에서도 특히 무두귀로 언급될 때가 있다. 『묵재일기』, 『인조실록』이나 『연려실기술』에도 나오는 신숙녀와 이해에 관한 사건이 대표적이다. 상세한 자초지종이 정확하게 밝혀진 사건은 아니지만 집안에서 누군가 저주하려는 목적으로 머리 없는 아이의 시체를 구해 와 어딘가에 놓아 두고 주술을 걸었다는 이야기와 그에 얽힌 사연에 대한 것이다. 이때 이 집안사람들이 이상한 병으로 줄줄이 죽어 나가자 머리 없는 시체를 이용한 저주의 결과로 생각했다는 것이다. 이 사건을 두고 긴 논쟁과 수사가 이어졌지만 남아 있는 기록에서 확실한 진상이나 사건의 결론을 찾아내기는 여전히 어렵다.

　비슷한 다른 이야기로는 『기묘록속집』에 소개된 1528년 성운이 겪은 일도 있다. 성운이 기묘사화 때 사람을 죽였는데, 그 후 어느 날 눈, 코, 입, 머리카락, 이마가 없는 형체에 팔과 다리도 없는 귀신 모양을 보고 이후로 계속 그 모습이 보여 겁에 질린 채 발광해 10여 일 동안 괴로워하다가 죽었다는 이야기다.

호랑이 종류인데, 얼룩무늬가 특이해서 '얼룩이'라는 뜻의 '반동'이라는 이름이 붙었다. 사람에 대해서 잘 알고 사람을 따르지만, 돌변하여 사람을 잘 잡아먹게 된 짐승이다. 간단한 사람 말을 흉내 낼 수 있어서, 소리로 사람을 꾀어 습격해 잡아먹는다. 특히 조선 시대의 직위 명칭 중 하나인 권농(勸農)이라는 말을 둔덕리라는 곳에서 배워서, 둔덕리의 권농을 부르는 것처럼 '둔덕리 권농 권농' 하고 말소리를 내어 사람을 꾀어냈다고 한다. 예전에 칼로 공격당해서 발뒤축이 조금 잘려 나간 모습이다. 많은 사람을 잡아먹어 일대에 큰 화가 되었다고 한다. 『어우야담』에서 김제의 한 승려가 우연히 기르게 된 새끼 호랑이가 도망친 후에 사람을 공격하게 되었고, 둔덕리는 남원에 있었다는 이야기가 실려 있다.

반회반흑(半灰半黑)

반은 회색, 반은 검은색

◉ 평안북도 벽동

곰과 비슷하지만 더 크다. 반은 회색이고 반은 검은색인데 대체로 배쪽은 회색, 등 쪽은 검은색이거나 그 반대인 듯하다. 붉은색과 흰색의 줄무늬나 점박이 무늬 같은 것도 있다. 무척 흉포해 사람을 죽일 수 있다. 1671년 벽동에서 발견된 이야기가 『현종실록』에 나온다.

흰콩과 검은콩을 은그릇에 넣고 주술적인 방법을 이용해 만드는 콩처럼 작은 병사들이다. 흰콩으로 만들어 낸 병사는 흰 갑옷을 입어 '백갑신병'으로, 검은콩으로 만들어 낸 병사들은 검은색 갑옷을 입어 '흑갑신병'으로 부른다. 매우 작은데 주로 사람의 몸속에서 싸움을 벌인다. 그렇게 해서 사람의 몸을 괴롭히는 악한 것과 싸워 물리치려 한다.

원전에서는 승려 혜통이 당나라 공주의 몸속에 용과 비슷한 괴물이 들어가 병이 나자 그것을 쫓으려고 만들어 사용했다고 한다. 백갑신병이 조금 더 위험하지 않고 만들기 쉬우므로 자주 사용되지만 그것만으로 힘이 부족하면 더욱 강한 흑갑신병을 함께 보내 힘을 모아 싸운다는 식으로 활용의 순서를 정해 볼 수도 있을 만한 이야기다.

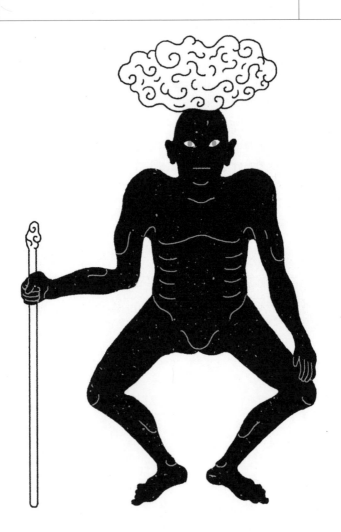

『조선왕조실록』1468년 음력 8월 18일 기록을 보면, 세조의 장난으로 궁전 뒤뜰에 일부러 무서운 귀신으로 꾸민 사람을 보내 두고, 안효례, 최호원 두 신하를 놀래 주었다는 내용이 있는데, 이때 그 형상은 사람이 위아래 옷을 벗고 머리를 풀어 헤치고 머리에 흰 것을 이고 있으며 몽둥이 내지는 막대기를 들고 있었다고 되어 있다. 그러니, 이 무렵 조선 시대 사람들은 전형적인 무서운 귀신 형상으로 몽둥이를 들고 풀어 헤친 머리카락에 머리에 뭔가 허연 것이 있는 헐벗은 사람 모습을 떠올렸다는 뜻이 아닌가 싶다. 머리에 흰 것을 이고 있다는 묘사가 흰 모자를 묘사한 것인지 아니면 흰 머리카락을 묘사하려고 한 것인지는 명확하지 않다.

이와 통하는 기록으로 조선 후기 허목이 쓴 『척주기사』를 보면 태백산 신령을 백두옹(白頭翁)이라고 하여 머리가 하얀 할아버지라는 이름으로 부르고 있는데, 사람들이 먼 곳에서 와서 복을 빌기도 하고, 백두옹의 저주를 받으면 관청의 사또가 줄줄이 죽어 나간다는 소문도 있었다. 또한 꿈에 백두옹을 보면 죽는다는 말도 있었다고 한다.

19세기의 기록인 『임하필기』에도 이와 통하는 기록이 있다. 조현명이 경상도 관찰사가 되었을 때 사당 앞에 있는 오래된 나무 위에서 갑자기 흰 기운이 일어나더니 형체가 변해 꼭 장삼을 걸친 승려의 모습처럼 되었다고 한다. 조현명의 부인은 그것을 보았으나 조현명은 보지 못했다는데, 사람들이 말하기를 그것은 백귀인데 그것을 본 사람은 오래 살지 못한다는 말이 있었다고 한다. 이 항목의 제목을 여기에서 따와서, '백귀'로 붙였다.

또한 이와 비슷한 것으로 흰옷 입은 산도깨비, '소의산매'도 언급해 볼 만하다. 이것은 이익이 쓴 「우부승지이공행장」에 짧게 언급되는 것으로 산속 수풀 사이를 들락날락하는 흰옷을 입은 괴상한 것인데, 사람을 귀신 들리게 하여 괴롭히기도 한다. 이익의 이야기에서는 용감한 사람이 쳐다보면 겁내면서 도망가는 것으로 묘사되어 있다.

강에 사는 흰 용으로 강 밖에서 움직일 때는 사방에 비바람을 일으키고 번개와 천둥, 구름과 안개를 가득하게 한다. 요란하게 다닐 때는 흰 비늘이 떨어져 나와 아름답게 반짝이며 사방에 흩날린다. 바람을 일으키는 힘이 강해 사람과 물건을 이웃 마을까지 날려 보낸다. 익산의 여산에서 1596년에 일어난 이야기가 『연려실기술』에 나온다.

당시 사람들이 회오리바람을 이것으로 착각한 듯하다. 여러 색의 용에 관한 상세한 이야기나 색이 다른 용이 대립하는 이야기는 '황룡'과 '흑룡' 항목에서 다루었다. 토네이도, 회오리바람을 지칭하는 순우리말로 '용오름'이라는 단어가 있는 만큼, 조선 시대에 사람들이 회오리바람을 보고 착각해서 목격담이 생긴 생생한 용 이야기의 상당수에는 백룡이 등장한다. 그러므로 조선 시대 용의 대표 격이라고 할 수도 있겠다.

백사(白蛇)	동국여지승람
◉ 경기도 죽산	

흰 뱀으로 돌에 구멍을 파고 들어가 산다. 물을 타고 헤엄치는데 홍수가 나면 그때를 틈타 세상 각지를 돌아다니며 사람과 가축에게 해를 끼친다. 사람이 이것을 약으로 삼아 먹으면 산삼 같은 효능을 보인다. 경기도 죽산의 정배산에서 당시 사람들이 이것이 산다고 생각한 곳이 『동국여지승람』에 나온다.

백사가 약이 된다는 소문 때문에 현대까지 흰색 물감으로 칠한 뱀을 속여 파는 사기꾼들이 있었다. 이런 가짜 백사와 진짜 백사의 차이나 다툼에 관한 이야기도 생각해 볼 수 있다.

백악산야차(白岳山夜叉)	송천필담

사람 크기의 3분의 1 정도보다 작고, 그 모습이 매우 추해 똑바로 쳐다볼 수가 없다. 얼굴이 아주 크고 둥글고 넓적하며 입이 유난히 빨갛고 크다. 옷은 새의 깃털로 짠 옷과 비슷하지만 매우 더럽고 남루하다. 머리에는 찌그러진 삿갓 같은 것을 쓰고 구멍 난 까만 신을 신었다. 비린내가 심해 가까이 가기 어렵다. 성격이 급하기 때문인지 마음에 안 드는 일을 보면 매우 답답해한다. 야차라는 이름만 보면 나쁜 장난을 칠 것처럼 보이지만 사람에게 친근한 면도 있어 인간이 큰 재앙을 당할 듯하면 밤에 몰래 나타나 알려 주기도 한다. 이항복이 임진왜란을 경고하는 말을 하러 온 것을 만났다 한다.

야차로 나오지만 묘사와 성향이 불교에서 말하는 야차와는 다르고 이야기의 주제도 불교와 관계가 없다. 산도깨비나 사나운 모습의 산신령 같은 것인데 옮길 한자가 마땅히 없어 흔히 무서운 모습의 괴물로 통용된 야차를 끌어다 쓴 듯하다. 새의 깃털로 짠 듯한 옷을 입었다는 말을 보면 흔히 중국 도교 계통의 신선 이야기와 비슷하기도 한데, 그것이 깨끗하고 신비한 옷이 아니라 매우 더러웠다는 점은 독특하게 다르다.

백어(白魚) 　　　　　　　　　　　　　　　어우야담

◉ 경상남도 진주

피부가 눈과 얼음 같은 크고 흰 물고기로 사람이 먹으면 온몸이 흰 아기를 임신한다. 아기의 눈동자는 옅은 노란색이고 두 발이 하얗고 온몸이 옥처럼 영롱하다. 머리카락까지 흰 사람도 있다. 이 사람은 항상 땅만 바라보는데 밝은 것에 약하지만 어두운 곳에서는 눈이 밝아 작은 글자도 잘 쓴다. 지혜로운 편이다. 조선 시대에 이현배가 진주에서 어부가 이것을 잡아 진상한 것을 보았다.

이것을 먹으면 물고기에 있는 뭔가가 몸으로 들어와 임신을 하거나 자신을 잡아먹은 것에 저주를 내리는 듯 행동해 잡아먹은 사람의 자식으로 다시 태어나려 한다고 상상해 볼 수 있다. 멜라닌 색소가 부족한 체질로 태어난 사람에 관한 이야기가 과장되고 왜곡되어 전설로 자리 잡은 듯한데 이 사람이 나타나는 것은 음양오행에 따라 전쟁이나 난리의 징조로 생각해 근심거리로 여겼다 한다. 이 사람이 자신을 불길한 징조, 전쟁의 징조로 여기는 사람들 때문에 갈등을 겪는 이야기도 생각해 볼 수 있을 것이다.

백운거사(白雲居士) / 녹정(鹿精) · 청오거사(靑烏居士) / 웅정(熊精)	정조실록

백운거사 또는 녹정은 깨달음을 얻은 사슴이 지혜와 장수하는 법을 얻은 뒤에 사람과 비슷한 형체로 변한 것이다. 얼굴이 길고 머리털이 희다. 수백 년, 수천 년 동안 살아갈 수 있다. 다른 이름으로 자신을 청경노수(淸鏡老壽)라고도 부른다. 신라 말 최치원이 가야산에 들어가서 공부할 때 사슴 한 마리가 자주 찾아와 책상 밑에 엎드려 있길래 최치원이 말하기를, "능히 도를 흠모할 줄을 아니, 나이를 연장하는 방법을 얻도록 해야겠다"고 한 뒤에, 마침내 깨달음을 얻게 되었다고 한다. 항상 세상의 여러 일과 나라의 형세, 미래에 벌어질 일과, 정치, 싸움, 전쟁의 이기고 짐에 대해서 내다보며 그에 대한 생각을 말하곤 한다.

이와 비슷하게 청오거사 또는 웅정은 깨달음을 얻은 곰이 지혜와 장수하는 법을 얻은 뒤에 사람과 비슷한 형체로 변한 것이다. 얼굴이 흐리고 머리털이 까맣다. 수백 년, 수천 년 동안 살아갈 수 있다. 나타난 것은 스스로 나이를 400살이라고 밝혔다. 『정조실록』에 실려 있다.

『정조실록』의 1785년 3월 12일 기록을 보면 문양해라는 사람과 그 주변 사람들이 이상한 예언과 기이한 술법을 내세우면서 반란을 꾀한 죄로 붙잡혀 조사를 받는 내용이 나오는데, 그 가운데 어떤 사람이 곰이 사람 모양으로 변한 것과 함께 사슴이 사람 모양으로 변한 것, 즉 웅정과 녹정을 만났다는 이야기가 나온다. 기록의 요점은 문양해 주변 사람들이 허황된 이야기로 사람들을 속이면서 세상을 어지럽히고 반란을 일으킬 궁리를 했다는 것이다. 그 무렵 신선이나 짐승이 변한 신령스러운 존재에 대해서 어떤 소문이 퍼졌는지, 당시 사람들에게 어떤 이야기라면 그럴듯하다고 여겨졌을지 짐작해 볼 만한 단서가 되는 내용이다.

원전에서 백운거사는 스스로 500살이라고 밝혔다는데, 깨달음을 얻어 모습이 바뀐 뒤에 500년이 지난 것일 수도 있고, 사슴의 상태로 500년을 살다가 그 후에 깨달음을 얻었고 이후로는 나이를 먹지 않았다는 이야기로 생각해 볼 수도 있을 것이다.

한편, 17세기 말의 사전인 『역어유해』를 보면 버드나무의 정기에서 생긴 괴물(柳樹精), 불교의 괴물인 야차(夜叉)의 정기에서 생긴 괴물(夜叉精), 여우나 살쾡이의 정기에서 생긴 괴물(狐狸精)을 모두 '독갑이', 즉 도깨비라고 번역하고 있는데, 이 관습을 따른다면 녹정을 '사슴 도깨비'로 번역해도 큰 무리가 없을 것이다.

백작(白鵲)	삼국사기
흰 까치	
👁 전국 각지	

까치의 일종으로 볼 수 있는 새로, 색깔이 흰색이다. 드문 동물이지만 그래도 여러 건 나타난 예가 있다. 이것이 나타나면 좋은 징조로 여겨 사람들이 기뻐하며 축하한다. 662년, 720년에 걸쳐 각지에 나타난 이야기가 『삼국사기』에 나온다.

까치는 수가 많고 흔해 이따금 흰 돌연변이가 나타난다. 예로부터 진귀한 것으로 생각해 『조선왕조실록』의 1445년 5월 28일 기록에는 예로부터 중국에서도 흰 까치가 나타나면 축하했다는 이야기를 알았다 한다. 하지만 당시 임금이었던 세종은 흰 까치가 그 정도로 길조는 아니니 중요하게 여길 필요는 없다고 말한 내용이 나온다. 1464년 6월 7일에는 이때 붙잡은 흰 까치가 무척 순해 길들이기 쉬웠다는 기록도 있다.

　『해동야언』에서는 집현전 건물에 흰 까치가 둥지를 틀고 흰 까치 새끼를 기르는 것이 좋은 징조이며 집현전에서 뛰어난 인재가 많이 나타나는 것과 관련이 있다 했는데, 그렇다면 흰 까치는 지식, 지혜, 성실하거나 충직한 성품과 관련되었다고 생각해 볼 수 있다. 조선 초의 인물인 김종직의 시 「금중백작」(禁中白鵲)에서는 흰 까치를 고결하고 뛰어난 생각을 품었지만, 할 수 있는 것이 적으며 비루한 미물이라 설명하면서 불쌍한 처지라 하기도 한다. 여기에 따르면 흰 까치는 사상은 고결하지만 재주나 처지는 비루한 사람, 선비, 공무원, 정치인, 혹은 그러한 상황을 상징하는 셈이다.

백장(白獐) · 자장(紫獐)	삼국사기
◉ 전국 각지	

흰 노루로, 사람들이 귀한 보물로 여기지만 특별히 신령스러운 점은 없다. 기원전 98년, 18년 무렵부터 799년까지 삼국 각지에 나타난 기록이 있다. 임금의 덕이 있을 때 잡히는 편이다. 107년에는 임금이 자장(紫獐, 보라색 노루)을 잡았다.

흰 노루가 임금의 덕이 높을 때 잡히는 짐승이라는 것은 『조선왕조실록』1445년 8월 8일 기록에 나오는 세종의 말을 예로 꼽을 만하다. 세상이 살기 좋으면 사람 사는 곳으로 오고 싶어 하거나 사람을 덜 경계해 쉽게 잡힌다고 상상해 볼 수 있다. 조선 시대 이후에는 보라색 노루는 신비한 모습과 귀한 가치와 달리 특별히 큰 도움이 되지 않아 그럴듯한 징조처럼 보이기만 하지 실제로는 아무 쓸모가 없는 것으로 보기도 했다. 권근은 『동국사략론』에서 보라색 노루와 주표(朱豹, 붉은 표범)를 묶어 '자장주표'(紫獐朱豹)라 칭하며 그럴듯해 보이고 귀하고 좋아 보이지만 실제로는 무의미하고 사람의 삶이나 나라에 현실적으로 아무 도움이 되지 않는 쓸데없는 것으로 비판한다.

흰 대나무 모자
◉ 서울 낙산

머리에는 대나무로 만든 흰 모자를 쓰고, 얼굴이 검고 수염이 매우 많이 난 귀신의 일종이다. 흰 모자에는 새끼줄로 만든 끈이 있어서 턱에 걸쳐 쓰게 되어 있다. '사장'이라고 부르는 자신의 우두머리를 떠받들면서 수십 명의 다른 귀신 무리를 이끄는 앞잡이 같은 역할을 한다. 사장이라고 하는 귀신은 전설 속에서는 여자인데, 역시 흰 모자를 쓰고 있으며 모자는 원정(圓頂)이라는 둥근 모자 형태이고 옷차림은 백납(白衲) 차림이라고 하여 스님들이 입는 것과 비슷한 형태의 흰옷을 입은 듯하다. 이들 귀신 무리는 숫자가 많은데 머리를 마구 풀어 헤치고 누더기를 입은 남녀의 모습으로 매우 시끌벅적하게 움직인다.

사장과 함께 이들 귀신 무리가 집에 찾아오면, 밥과 고기를 내어놓으라고 난리를 치며 밤새 집 안을 헤집어 놓는다. 그러는 중에 가구를 부수고 온통 집을 어지럽히며 사람들을 괴롭히기도 한다. 사람을 때리기도 한다. 사람이 다른 집으로 도망치면 죽을 때까지 따라가는 수도 있다. 무리의 우두머리인 사장은 두견화 꽃으로 부친 전을 비롯해서 떡, 각종 진귀한 음식을 달라고 하고는 단숨에 먹어 치우는 대식가인데, 만약 음식을 주지 않으면 사람을 괴롭힌다. 가끔 마지막으로 한 번만 음식을 화려하게 차려 주면 영영 떠날 거라고 하기도 하는데, 그래 보았자 거짓말이었다는 전설도 있다. 서울 낙산 아래 소용동에 살던 과부 안 씨가 세상을 뜬 뒤에 사장으로 변해서 나타나 사람들을 괴롭혔다는 이야기가 『어우야담』에 나온다.

『어우야담』에는 안 씨가 생전에 둥근 갓을 만들면서 항상 불교의 가르침을 따라 채식하고 염불을 외면서 금욕적으로 살았다고 이야기하고는 그 뒤에 위와 같은 귀신이 나타났다는 이야기를 하고 있다. 즉 이 이야기는 욕구를 참는 것을 중시하거나 채식을 하는 것이 좋다는 불교 풍습을 비판하려는 의도가 담긴 조선 시대의 전설이다. 못 먹어서 먹을 것을 달라는 귀신 떼거리가 몰려든다는 이야기이므로 '걸신' 이야기, '걸신들리는 이야기'의 한 형태로도 볼 수 있다.

백치(白雉) / 장미백치(長尾白雉)   삼국사기

꼬리가 긴 흰 꿩
◉ 전국 각지

흰 꿩으로, 꼬리 길이가 사람 키에 가까울 정도로 긴 것도 있다. 비교적 자주 나타나는 편인데 무척 아름다운 생물로 여겨서 나라 간에 선물로 주고받곤 했다. 496년, 793년에 걸쳐 주로 신라 일대에 나타났다는 이야기가 『삼국사기』에 나온다.

꼬리가 특히 긴 흰 꿩은 496년 가야에서 신라에 선물로 보낸 기록에 나타난다. 흰 꿩은 아주 드문 것은 아니므로 백치는 요즘도 발견되지만 과거에는 단순히 신기하다는 것 이상으로 신비로운 것이고 나라의 좋은 징조로 특히 나라 간에 주고받는 선물이었던 듯하다. 조선 시대 문헌 중에는 흰 꿩을 언급할 때 중국 주나라의 주공(周公)이 다른 나라에서 흰 꿩을 선물로 받은 일에 빗대는 사례도 있다.

흰 두건
◉ 서울

늙은 승려 같지만 실은 사람인 체하는 호랑이다. 흰 두건을 쓰고
낡은 옷을 입었다. 본모습을 숨길 때는 사람과 구분하기가 어려워
호랑이라는 것을 믿기 어렵다. 사람의 말을 알아듣고 말을 할 줄 알며
글도 읽고 쓸 줄 안다. 호랑이들의 두목으로 새벽에는 바위에 앉아 있고
호랑이의 모습으로 뛰어다닐 때는 크게 소리를 지르는데 무척 커서
몇 리 바깥까지 울리며 보통 사람들은 넋을 잃고 땅바닥에 엎드린다.
강을 건너는 재주도 있다. 고려 시대에 강감찬이 지금의 서울에서
이것과 이야기한 뒤 호랑이들을 몰아냈다는 전설이 있다. 어떤 증표가
있는 사람에게 복종하는 습성이 있어서 강감찬이 부첩(府貼)을 만들어
보이자 순순히 말을 따랐다.

『삼국유사』의 「김현감호」와 비슷하지만 흰 베로 만든 두건을 쓴 점에서
원래 모습을 옷가지로 가린 채 사람인 체한다고 상상해 볼 수 있다.
원전에서는 서울을 다스리는 사람이 호랑이가 많이 나타나 고민했을
때 벌어진 일로 소개되어 있다. 그 부하인 강감찬이 호랑이에게 부첩을
보내면서 자기 앞에 오라 하니 이것이 나타났다 한다. 강감찬이 꾸짖자
돌아갔는데 이튿날 호랑이 수십 마리가 줄지어 강물을 건너 떠났다. 이
전설에서 강감찬은 호랑이를 유령지물(有靈之物, 짐승이지만 사람처럼
신령스러움이 있는 것)로 불렀다 한다.
　'감호'라는 이름은 『삼국유사』에 실린 사람 모습으로 변신할 수
있는 호랑이 이야기의 제목이 '김현감호'이므로 여기에서 따온 것인데,
이때 감호(感虎)라는 말은 김현이 호랑이를 감동시켰다는 뜻이므로,
감호라는 말은 보기에 따라 사람에게 감정을 품게 된 호랑이, 사람에게
감동한 호랑이라는 뜻이 된다.

백호(白狐)	삼국사기
흰 여우 ◉ 충청남도 부여	

사람인 체하는 흰 여우다. 백제의 멸망이 가까워지던 659년 백제의 궁궐에 나타났다. 정승인 상좌평의 책상에 걸터앉아 있었다 한다.

정승의 책상에 걸터앉아 있었다는 점에서 여러 술법을 익혀 사람의 일을 이해하고 사람의 말을 할 줄 아는 것으로 생각해 볼 수 있다. 그러므로 사람처럼 행세하며 걸어 다니고 집에 들어와 말을 하며 일을 저지르는 등 여러 일을 한다고 상상해 볼 수 있다. 움직임이 날쌔고 묘한 술법을 잘 알아 날렵하게 사람 사이를 뚫고 다녀서 관청이나 궁궐 속으로라도 침입할 수 있다고 생각해 볼 수도 있다. 백제 멸망의 징조였다는 점을 중시한다면, 보통은 사람을 두렵게 여기고 자신이 사람보다 못하다고 생각하는데, 우연히 사람들의 꼴이 비웃음을 살 만하다고 생각하면 그때 사람을 업신여기고 농락하기 시작한다는 이야기를 떠올려 볼 만하다. 그렇게 보면 흰 여우가 관청에까지 나타난다면 나라의 꼴이 비웃을 만하다는 뜻이고 나라가 망할 징조라고 볼 수 있다.

한편, 흰 여우와 현대에 널리 알려진 구미호 이야기를 비교해 보면 의외로 구미호가 한국의 전설에 자리 잡은 시기는 상대적으로 최근으로 보인다. 전통적인 한국의 괴물로 흔히 구미호를 꼽지만 사실 18세기 이전에 기록된 한국의 설화, 전설 중에 구미호에 대해 제대로 남은 기록을 찾기는 어렵다. 적어도 이 사전에서 다루는 기록 가운데 줄거리가 있는 이야기의 형태로 나타난 구미호는 없었다.

조선 시대에 구미호가 아예 알려지지 않았던 것은 아니다. 구미호는 본래 중국 고전에서 신비로운 술수를 부리는 괴물로 여러 전설이나 설화에 나타난다. 이런 고전을 익힌 조선 시대 사람들도 구미호가 무엇인지는 잘 알았다. 요사스러운 것을 비유하는 표현으로 "구미호 같은 짓이다"라는 말을 썼던 사례는 제법 있다.『조선왕조실록』 등에도 이런 기록이 있다.

하지만 막상 꼬리 아홉 달린 여우가 나오는 설화나 전설은 18세기 말까지도 한국에 나타나지 않는 듯하며 심지어 19세기 전설 중에도 찾기는 어렵다. 16-17세기의 『잠곡유고』에 실린 「늙은 여우」라는 시를 보면 전설로 들은 변신하는 여우에 관한 이야기와 중국 고전에 나오는 구미호를 아예 분리했다. 범위를 넓혀 조선 시대 말에 나온 소설 속 괴물 묘사 중에 구미호가 나오는 경우까지 포함해야 구미호 이야기는 명확히 드러난다.

그런데도 현대에 이르러 구미호 이야기가 이처럼 많이 퍼진 이유를 생각해 보면 19세기 이후 출판문화의 발달과, 중국 소설이 유입된 영향, 특히 일제강점기의 일본 설화 영향, 현대 대중매체의 영향이 있지 않을까 짐작해 본다.

중국과 일본에서는 우리나라보다는 구미호 이야기가 많았고 널리 퍼져 있었다. 그런데 이런 이야기가 중국과의 교류가 더 많아지고 일제강점기에 일본 문화가 침투하면서 점차 한국으로 퍼지면서 소설 등을 통해 19세기에서 20세기에 걸쳐 널리 퍼졌을 것이다. 그러면서 다른 신비한 여우 이야기들을 대체하지 않았나 싶다. 구미호는 꼬리가 아홉 개가 있다는 시각적인 심상이 강렬해 더 인기가 있었던 것일 수도 있고, 출판이 발달하면서 인쇄된 이야기가 널리 퍼지는 상황이 되자 여우보다 '구미호'라는 특별한 이름을 붙여 말하는 것이 이야기하기도 더 쉬웠을 것이다.

게다가 현대 대중 서적, 라디오, TV, 영화에서 구미호를 계속 반복해 이야기로 만들어 퍼뜨리면서 현대에는 더욱더 익숙한 모습으로 사람들에게 구미호 이야기가 퍼졌다. 따라서 현대의 자료인 『한국구비문학대계』 등에 실린 구전 자료를 보면 신비한 여우에 관한 구미호 이야기가 무척 많아졌다. 옛 기록으로 남은 이야기에서 원래 구미호라는 말이 없이 그냥 여우를 다룬 이야기였던 것도 슬그머니 구미호 이야기로 나타나는 사례도 보인다.

물론 위의 흰 여우, 노구화위남, 노호정 이야기처럼 18세기 이전 기록에도 요사스러운 여우에 관한 이야기는 적지 않다. 이런 이야기에서는 꼬리가 몇 개라는 특별한 특징 없이 보통 여우인 경우가 가장 흔하다. 그냥 여우 말고 겉모습이 특별한 여우를 한번 찾아보면 그나마 자주 보이는 사례가 흰 여우다.

『삼국사기』의 흰 여우 이야기 외에 조선 후기의 문헌인 『한죽당섭필』에는 술 취한 흰 여우에게 겁을 주어 전우치가 신비한 술법을 배웠다는 이야기가 나온다. 그 외에도 현대에 채록된 옛 전설 속 여우 이야기에도 흰 여우가 나오니 꾸준히 이어진 오래된 느낌이 도는 여우 이야기로는 흰 여우가 구미호보다 조금 더 어울린다고 본다. 구미호 이야기는 19세기 말 이후에 좀 더 광범위하게 퍼진 것으로 추측되는 만큼 먼 옛날부터 내려오는 괴물이라기보다 조금 더 현대적인 성격이 있고 최근에 사람들 사이에 자리 잡아 친숙해진 소재로 보는 것이 더 옳다고 생각한다.

『한죽당섭필』의 전우치 이야기에는 여우가 사람들을 속이고 환상을 보여 주는 술법을 써 둔 책이 있다고 나온다. 그렇다면 흰 여우가 가진 요술, 술법에 관한 비밀 책이 어딘가에 있다고 상상해 볼 수 있다. 현대에 채록된 여우 이야기, 구미호 이야기에 자주 나오는 여우 구슬 이야기나 사람 간을 100개 먹는 이야기 등이 기록으로 나타나는 것은 18세기 이전에는 찾기 어렵다. 이런 이야기가 들어와 정착한 것 역시 비교적 최근의 일일 것이다.

흰 여우가 요사스럽다고 묘사된 기록 중에 가장 오래된 축에 속하는 것은 『삼국사기』의 고구려 차대왕 시대의 일이다. 서기 148년에 고구려 임금이 사냥을 할 때 흰 여우가 임금을 따라오자 임금은 고대에 지위가 높았던 무당이라 할 수 있는 사무(師巫)에게 이것이 무슨 일이냐고 묻는다. 사무는 흰 여우는 불길한 것이지만, 이것은 하늘이 징조를 미리 보여 준다고 볼 수 있으니 지금이라도 성실히 살면 오히려 좋은 일이 생긴다고 말한다. 나쁜 이야기지만 듣는 높은 사람이 화나지 않도록 고심해 돌려 말한 것이다. 하지만 고구려 임금은 흉하면 흉한 것이고 길하면 길한 것이지 이랬다저랬다 한다며 사무에게 죄를 물어 처형했다.

범어(梵魚)

동국여지승람

◉ 부산

허공을 자유롭게 날아다니며 하늘에 사는 물고기로 색깔은 금빛이며 크기는 잉어만 하다. 땅으로 내려올 때는 다섯 색깔의 신비로운 구름을 탄다. 산꼭대기나 높다랗게 솟은 커다란 바위에 고인 물속에서 잠시 노닐다가 날아간다. 이것이 내려온 산을 금정산(金井山), 이 물고기를 기려서 678년에 세운 절을 범어사(梵魚寺)라 했다. 부산의 금정산에 내려왔다고 믿은 이야기가 『동국여지승람』에 나온다.

하늘의 구름 사이를 물속에서처럼 헤엄치는 물고기로, 범어라는 이름이 붙은 것을 고려해 보면 삶에 대한 깊은 깨달음을 얻은 물고기였다거나 무척 지혜로웠다고 생각해 볼 만하다.

별여동전(鼈如銅錢)	송와잡설
자라가 작아서 동전 같다 ◉ 서울 종로	

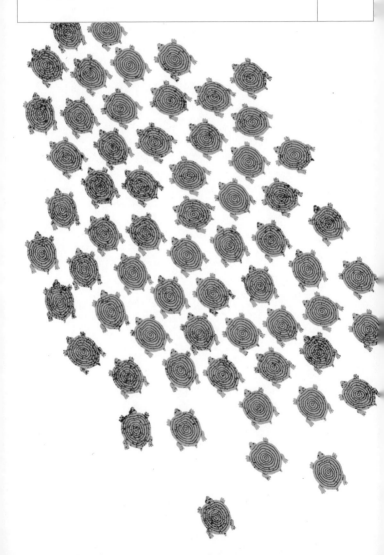

동전 하나만 한 아주 작은 자라나 거북 같은 것이다. 물에서 산다. 개미처럼 수백에서 수천 마리가 몰려다닌다. 사람이 사는 곳에 나타나면 흉조로 여기고, 일일이 없앨 수 없어서 빗자루로 쓸어야 한다. 원한 같은 것을 기억하는지 자라를 자주 잡아먹는 사람에게 복수하려고 나타나기도 한다. 서울의 종로에서 발견된 이야기가 『송와잡설』에 나온다.

자라인 듯하나 아주 크다
◉ 전라남도 장흥

생김새는 자라와 비슷하지만 자라보다 훨씬 크다. 사람의 힘으로 들어 올리려 하면 수십 명이 필요할 만큼 무겁다. 이마 한복판에 구슬이 박혀 있는데, 밤이 되면 아름답게 빛이 난다. 머리를 쪼개 구슬을 뽑으면 비싸게 팔 수 있다. 껍데기도 빛깔이 곱고 광택이 있고 재질도 강해 보물이 된다. 물에서 멀어지면 겁을 먹어 머리를 땅에 처박고 눈물을 흘리며 운다. 어느 정도는 지혜가 있어 해코지를 하면 관련된 사람들이 몰살당한다며 오히려 조심하기도 했다. 장흥 근처의 바다에서 발견된 이야기가 『지봉유설』에 나온다.

쉽게 붙잡을 수도 있고 팔면 값어치도 나가지만 붙잡으면 큰 화를 당한다는 것은 함정 같은 면이 있다. 겁이 많지만 막상 잘못 대하면 상대방을 몰살한다는 점에서 만만하고 우습게 본 상대에게 큰 화를 입히는 등의 일에 대한 상징으로 생각해 볼 수도 있다.

병화어(病化魚)	천예록
병이 나더니 물고기로 변하다 ◉ 평안남도 용강	

모습은 사람 같은데 80-90세쯤 되면 서서히 물고기로 변한다. 변할 때 물이 필요해 물가로 가거나 대야나 항아리에 물을 담아 몸을 담가야 한다. 우선 피부가 미끈미끈해지고 털이 없어지고 비늘이 생기며 지느러미가 돋아나는 등 어느 정도 시간을 두고 서서히 몸 끝에서부터 물고기로 변해 간다. 정황상 하체가 먼저 변하는 것인 듯하다. 농어나 홍어, 가오리로 변한다고도 한다. 때에 따라서는 사람이 시체가 되어 죽은 줄 알았다가 물이 닿자 서서히 물고기로 변한 뒤 물속으로 들어가는 사례도 있다. 농어나 홍어로 변신하는 아버지의 정체를 안 자손들이 효심 때문에 아버지가 잡혀 올라갔을까 봐 잔칫상에서도 농어나 홍어는 절대 먹지 않는다는 이야기도 있다. 용강에서 목격된 이야기가 『천예록』에 나온다.

물고기로 변하는 중간 과정이 하체는 농어이고 상체는 사람이거나 하체는 홍어이고 상체는 사람으로 보일 수 있다고 상상해 볼 수도 있겠다.

복기(腹飢)

배가 고프다

◉ 함경남도 갑산 별해

모습은 나무 뭉치 같고 검은 보자기 같은 것을 옷이나 모자인 듯 덮었다. 세 마리가 한 무리로 날쌔게 움직인다. 항상 배고파하며 사람을 보면 배가 고프다 한다. 사람을 죽이는 데 거리낌이 없지만 사람을 보자마자 흉포하게 날뛰기보다 서서히 다가온 뒤 세 마리가 동시에 밀어붙여 누른다. 아마도 사람은 이것에게 이렇게 눌려 다치고 죽게 되는 듯하다. 하지만 겁이 많아 소리를 치며 무섭게 대하면 함부로 덤비지 않는다. 별해에서 이만기가 본 이야기가 『천예록』에 나온다.

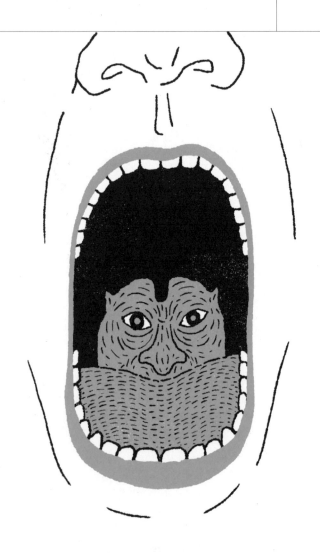

사람 몸에 들어가 점점 자라면서 커지는 것인데 사람 배 속에 들어갈 정도로 작지만 무서운 모습이다. 처음에는 벌레가 날아다니는 것 같은 작은 소리만 내면서 갈비뼈 근처를 움직이는 것 같다가 점점 자라나면 그보다 더 커지고 나중에는 작은 짐승이나 아기 같은 소리를 내기도 한다. 자라면서 커지면 점점 위쪽으로 올라오는데, 다 자라나면 마침내 사람의 목구멍을 통해 그 얼굴을 볼 수 있다. 그 모습은 흉측한 사람 모습이다. 보이는 부분은 목구멍으로 언뜻 비치는 얼굴뿐이지만 이것이 작았을 때 내는 소리로 짐작해 보면 몸이 벌레와 닮은 형태이거나 날개가 있을지도 모른다. 몸 주인인 사람에게 말을 거는 일이 많은데 겁을 주면서 사람을 괴롭히며 목소리도 사악하다. 일종의 귀신과 비슷한 것이라 자신을 제압하는 사람의 이름을 대며 위협하면 사라진다. 신돈복이 자신의 친구가 겪은 일을 소개한 것이 『학산한언』에 나온다.

『학산한언』에서 몇 가지 귀신 이야기를 소개한 뒤 자기 주변에서도 한 가지 이상한 일이 있었다며 이 이야기를 언급하는데, 자기 친구가 이 귀신 때문에 고생하다가 이상하게도 신돈복의 이름을 대며 그 사람이 친구라 했더니 도망갔다는 것이 결말이다. 직접 연결되는 이야기는 아니지만, 사람 목구멍에 들어가 있는 형태의 귀신 이야기로는 후대인 19세기 문헌인 『한거잡록』에 조광조에 관한 일화로 나오는 이야기도 있다. 흉측한 작은 사람이라는 점은 비슷하지만 여기서는 가뭄을 일으키는 귀신이라 한다. 가뭄의 귀신이라 비, 천둥, 번개의 귀신에게 쫓기다가 조광조가 입을 벌려 주어 그 목구멍 속에 숨어 피할 수 있었고, 그 뒤 조광조가 탄 배가 물에 빠지는 것을 막아 은혜를 갚았다 한다. 조금 다른 이야기로는 '금섬', 즉 두꺼비 이야기를 소개한 『응천일록』의 기록이 있는데, 이상한 것이 임신한 사람의 배 속에 태아 형태로 자라고, 그것이 배 속에서 계속 신비로운 말을 한다는 내용이다. '복중능언'이라는 제목은 바로 이 『응천일록』의 기록에서 따온 것이다.

풀어 헤친 머리나 쑥대머리를 한 사람과 비슷한 형상으로 비가 내리는 밤에 혼자 있는 사람에게 슬며시 말없이 나타나 겁을 먹게 한다. 멀리 있을 때는 불꽃처럼 빛을 내서 멀리서도 보이고, 천천히 사람을 찾아 다가오는데, 가까이서 쳐다봐도 사람이 겁을 먹지 않으면 조용히 물러난다. 송시열의 고모가 보고 쫓아냈다 한다.

『송자대전』에 송시열의 고모가 귀신을 만나고도 태연했다는 일과 쑥대머리 귀신과 도깨비불 같은 것을 만나는 소문을 들은 일이 함께 나온다. 여기서는 두 이야기를 혼합해 묘사했다. 쑥대머리 귀신 대목은 현대의 전형적인 긴 머리 귀신 이야기가 주는 느낌과 거의 같다. 현대 한국 공포물에 자주 등장하는 귀신의 전형과 같은 것으로 현대에는 흔히 '처녀 귀신'이라고 부르거나 또는 여성이라는 특징에 집중해 '여귀'라고 부르는 경우가 많으나, 조선 시대 기록 속에서는 처녀 귀신이라야만 이런 모습으로 나오는 것도 아니고, 또 반대로 여성 귀신이라고 꼭 이런 모습을 택하는 것도 아니다. 그러므로 조선 시대식 표현을 살린다면 처녀 귀신, 여귀보다는 '봉두귀물'이라는 단어가 전형적인 현대 한국 공포물의 귀신 모습을 명확히 지칭하는 이름일 것이다.

사람 키의 20-30배 정도의 커다란 바위로 모습은 거북이나 용과 비슷하다. 공중을 살짝 떠다니고 물살을 가르며 물 위를 빠르게 떠갈 수도 있다. 착하거나 학식이 높은 사람을 흠모한다. 다른 이야기에서 흔히 용이나 고래 같은 것이 풍랑을 일으키거나 비를 내린다고 묘사되는 것과 달리 이것은 물속에서 배를 떠받쳐 안전하고 빠르게 이동할 수 있도록 돕는다. 신라 시대에 '선묘'라는 용이 의상법사를 흠모해 따라다녔다 한다. 부석사에 그 조각이 남아 이름이 되었다.

배를 타고 먼바다를 오간 신라 사람들을 용이 보호해 주었다는 이야기가 몇몇 있는데, 이 역시 계통이 비슷해 보인다. 여기서는 배를 보호해 주던 것이 공중에 뜬 돌로 남았다는 점이 특징이다. 배를 떠받쳐 움직일 때는 용에 가까운 모습이고, 멈춰 있을 때는 바위에 가까운 모습으로 상상해 볼 수도 있을 것이다. 공중에 떠오른다는 점에서 싸워야 할 때는 몸으로 부딪고 찧거나 하늘로 떠올랐다가 땅에 있는 상대를 깔아뭉갠다고 상상해 볼 만하다.

부유면(復有面)	지봉유설
얼굴이 하나 더 있다 ◉ 함경남도 인근 옥저	

목 부분에 얼굴이 하나 더 있는 사람이다. 이마나 정수리 부분에 얼굴이
하나가 더 있는 수도 있다. 동해 방향으로 멀리 떨어진 이상한 바다
건너 나라에 사는 족속이다. 배를 타고 다니는 것을 잘하며 말을 할 줄
알고 사납지 않은 족속으로 짐작된다. 그러나 고구려와 옥저 사람들과
말이 통하지는 않는다. 음식에 대해 특이한 예의를 갖추는 습속이 있기
때문인지, 보통 사람들이 잘 먹지 않는 음식만 먹고 살기 때문인지는
알 수 없으나 보통 사람들이 주는 음식은 아무리 노력하더라도 먹을 수
없다. 따라서 보통 사람들이 먹는 음식만 있는 곳에서는 굶어 죽는다.
3세기 무렵에 옥저 지역에서 목격된 이야기가 『지봉유설』 나온다.

옥저에서 신기한 것이 목격되었다는 이야기는 본래 『삼국지』에
가장 먼저 나온다. 서기 245년 무렵 고구려는 조조, 조비, 조예 등의
부하였던 위나라 관구검의 침입을 받는데, 이 무리는 당시 고구려의
세력이 미치던 지역의 동쪽 끝이라 할 수 있는 옥저까지 온다. 이들은
동쪽 세상 끝까지 왔다고 생각한 것인지 그곳에서 사람들에게 동쪽
바다 건너에는 무엇이 있는지 물어보는데, 그때 옥저의 한 노인이
여인들만 사는 나라, 거인들의 나라, 매년 7월 여자를 제물로 물에
빠뜨리는 나라 등이 있다 말한다. 그리고 마지막으로 난파되어 해안에
밀려온 배 한 척이 있었는데, 그것을 탄 사람의 목 부분에 얼굴이
하나 더 달렸다는 말을 하고 말이 통하지 않았고 음식을 먹지 않다가
죽었다고 이야기해 준다. 이후 이 중국 기록 속의 이야기는 제법 알려져
『지봉유설』이나 『연려실기술』 같은 한국계 기록에도 실렸다.
　　다만 본래 『삼국지』에서는 '목'이라는 뜻의 항(項) 자를 써서
목에 얼굴이 하나 더 있다 했는데 이것이 글자가 잘못 읽힌 탓인지
『후한서』 등 이후 문헌에서는 흔히 이마나 정수리라는 뜻의 정(頂)
자를 써서 이마 또는 정수리에 얼굴이 하나 더 있다고 쓴 경우가 있다.
『지봉유설』의 경우에도 이마 또는 정수리에 얼굴이 하나 더 있다는
글을 옮겨 놓았다.
　　괴상한 모양의 이상한 종족에 관한 이야기인데, 특이한 형태라

얼굴 모양처럼 보이는 투구나 장신구를 목이나 이마에 두른 사람이나 이마나 목에 정교한 문신 같은 것을 새긴 사람을 보고 착각한 것이 아닐까 싶다.

어지럽게 귀신과 다투다

크기가 사람의 절반만 하고 뽀얀 얼굴에 화장품 같은 가루가
피어오른다. 보자기 같은 것 위에 앉아 있다. 몸을 잘 숨겨서 등 뒤나
근처에 있어도 눈치채기 어렵다. 사람이 모르는 사이에 다가와 가슴을
눌러 기절시키고 서서히 죽인다. 사람의 몸에서 어떤 이득을 얻는
듯하다. 눈치를 채고 재빨리 내쫓으면 목숨을 건질 수 있다. 눈이
밝거나 용맹한 사람 앞에서는 모습을 드러낸다. 남이가 아내와 만나던
날의 이야기로『연려실기술』에 나온다.『명엽지해』에서 같은 이야기를
'분귀취처'(紛鬼娶妻)라는 제목으로 설명했기에 여기서 제목을 따왔다.

비모척(臂毛尺)	오산설림초고
팔에 한 자가 넘는 털이 나다	

신선의 술법을 깨달은 사람으로 그 모습은 30세가 좀 넘는 모습인데 깃털로 만든 듯한 신비로운 옷을 입고 팔에는 두 뼘이 넘는 긴 털이 나 있다. 이상한 술법을 쓸 수 있어서 공중에 떠 있는 듯이 나타날 수 있고, 그 모습을 다른 사람에게 보이지 않고 한 사람에게만 보일 수도 있으며, 한 팔을 쳐들면 갑자기 번개처럼 사라져 잠깐 사이에 다른 곳으로 이동할 수도 있다. 연기이신(鍊氣頤神) 즉, 기를 가다듬고 정신을 기르는 방법으로 기이한 술법의 경지를 쌓을 수 있는데, 첫째 가장 높은 경지는 백일충천(白日沖天)으로 대낮에 하늘 높이 떠올라 하늘 바깥의 세상으로 건너가는 것이고, 둘째 중간 경지는 휘척팔극(揮斥八極)으로 온 세상을 마음껏 휘두르는 힘을 얻는 것이고, 셋째 낮은 경지는 정좌천춘(靜坐千春)으로 천년을 무병장수하며 죽지 않는 것이다. 지리산 꼭대기에서 서경덕이 만난 기이한 사람으로, 이 사람이 서경덕에게 술법을 알려 줄 테니 같이 놀자고 했으나, 자신은 유학자로서 세상사를 공부하는 사람이라 말하며 거절했다는 이야기가 『오산설림초고』에 실려 있다.

원전의 이야기는 조선 초기 신선술에 관한 여러 가지 전설을 남긴 인물인 화담 서경덕에 대한 내용이다. 서경덕은 전우치 전설에서 온갖 기이한 술법에 능한 전우치를 제압하는 인물이면서 동시에 학문이 깊은 유학자라는 점에서, 즉 신비하고 기이한 술법을 지닌 동시에 그것을 물리치는 현실적이고 학구적인 인물이라는 재미난 특성을 갖고 있다.

　　『오산설림초고』에는 서경덕이 지닌 신기한 술법에 대한 이야기가 이외에도 더 나오는데, 점술에 해박했다든가, 아주 높은 높이를 한 번에 뛰어오를 수 있었다든가, 종이에 주문을 써서 물에 던졌더니 물고기가 저절로 물 밖으로 튀어 올랐다든가 하는 이야기가 있다. 사소한 것으로는 항상 등이 시린 증세가 있어서 여름에도 솜옷을 입고 다니다가 지리산에서 땀을 많이 흘린 후에 체질이 바뀌었다는 이야기도 실려 있다.

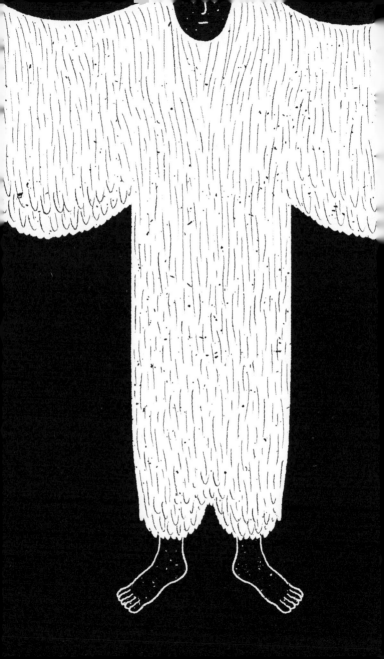

이 이야기는 '우부마', '서천객' 항목 등에서도 언급했던 중국에서도 널리 퍼져 있었던 깃털이 있는 사람 또는 털이 난 사람이 신선과 관련이 있다는 식의 이야기가 약간 다른 형태로 나타난 사례다. 그런데 다른 여러 이야기에서 털이 난 모습으로 변한 신선은 무엇인가 사람과는 다른 생물이라는 듯이 설명되어 있는 것과 달리 이 이야기에서는 묘한 모습이지만 사람과 말이 잘 통하고 사람다운 모습으로 묘사된다. 원전에는 팔에 난 털의 길이가 한 자, 약 30센티미터가 넘는다고 되어 있다.

비유설백(肥腴雪白)	어우야담
살이 눈처럼 희다	
◉ 전라남도 영광	

머리칼을 풀어 헤친 사람 모습을 한 물고기로 피부가 무척 희다.
바닷가에 있는 커다란 호수 깊은 곳에 산다. 신비한 힘을 지닌 듯하다.
이것이 있는 곳 근처의 쓴맛이 나는 나무 열매에 독이 있는데, 열매를
물에 비비면 독이 나와 색이 변하고 물속 생물이 죽는다. 조선 시대에
김회천이 지금의 영광에서 보았다. 김회천은 독을 풀어 연못에 사는
물고기를 한 번에 모두 잡으려 했는데, 그때 이것의 시체를 발견했다.
그러자 호수 위로 구름이 일고 비바람과 번개가 몰아치더니 캄캄해져
수십 일 동안 걷히지 않았고 김회천은 곧 죽었다 한다.

마지막까지 독약에 버틴 점에서 무척 강했고 죽은 뒤에는 호수에 온통
비바람이 몰아쳤다는 점에서 호수를 지키거나 다스리는 신령 같은
것이었다고 상상해 볼 수 있다. 호수에 구름을 드리우고 비바람을
몰아치게 하거나 호수의 물고기를 죽인 사람을 죽게 만드는 힘이
있다고 상상해 볼 수도 있다.

빙탁지성(氷坼之聲)	연려실기술
얼음 깨지는 소리 ◉ 함경북도 온성	

하늘을 날아다니면서 화살을 쏘는 듯한 모습을 드러내는 것이다. 온몸은 불덩어리처럼 밝은 빛을 낸다. 날아다니며 움직일 수 있다. 얼음이 깨지는 소리를 내고 속도를 낼 때는 파도 치는 소리나 물살을 가르는 듯한 소리가 난다. 천둥이나 번개와도 관련이 있다. 전쟁을 다스리는 것이나 전쟁의 상징으로 생각하기도 했다. 1588년 온성에 나타난 이야기가 『연려실기술』에 나온다.

활과 화살에 관한 자세한 묘사는 원전에 없지만, 활과 화살이 동시에 같이 어울려 나타났다거나 활과 화살을 쏘는 사람 모양의 형체가 날아다닌다고 상상해 볼 수 있다. 이것이 화살을 쏘면 천둥 번개가 쏟아진다고 생각해 볼 수 있다.

사각승선(四角承宣)	고려사절요

뿔이 넷 달린 양으로 희귀한 짐승이다. 또는 뿔이 넷 달린 벼슬아치를 뜻하는 말이다.『고려사절요』1169년 기록에 보면 금나라에서 고려에 양 2,000마리를 선물로 주었는데 그중 한 마리가 뿔 넷 달린 양이었다고 한다. 그런데 이것을 두고 대단히 좋은 징조라고 하여 신하 이공승이 엄청나게 화려한 글을 지어 임금에게 바치며 칭송했다고 하는데, 사람들에게 이것이 조롱거리가 되어 이공승을 '사각승선' 즉, 뿔 넷 달린 승선 벼슬을 사는 사람이라는 별명으로 부르는 것이 유행했다고 한다.

이렇게 보면, 사각승선은 뿔이 넷 달린 양을 칭송하는 사람을 일컫기 위해 탄생한 말이다. 사각승선은 보통 사람은 별것 아니라고 생각하고 실용적으로 별 쓸모도 없는 짐승이지만, 가치를 따지는 사람들은 한없이 높게 치는 짐승이라고 풀이해 볼 수도 있겠다. 또 한편으로는 심하게 윗사람에게 아부하는 것을 상징하는 짐승인 셈이다.

이공승은 임금에게 아부를 잘하고 임금과 어울려 놀다가 술에 취해 거꾸로 수레에 실려 왔다는 기록도 있을 정도인 인물이다. 그러나 한편으로는 글 쓰는 재주가 뛰어나고 또한 젊은 시절 딱히 비리를 저지르지 않아 칭찬받을 점도 있는 사람이다. 이렇게 보면, 사각승선은 그저 모든 부정부패 전반을 말한다기보다는 지나친 칭송, 과도한 칭찬, 별것 아닌 것을 높게 평가해서 거품이 끼는 것, 아첨, 아부를 상징한다고 보는 것이 좋겠다.

사기중인(邪氣中人)	용천담적기
사람 사이에 사악한 기운이 있다	

공중에서 비추는 등불처럼 환한 흰빛이 수레바퀴 모양으로 빙빙 돌면서 오색찬란한 빛도 내뿜는 것이다. 크기는 방문을 드나드는 정도다. 약한 사람을 노리고 침입하는데, 사람이 있는 방에 들어왔을 때 이것에 취약한 사람이 있다면 놀라 일어나 뛰면서 아픔을 느끼고 결국 입과 코에서 피를 흘리며 죽는다. 저녁이나 밤에 행동하고 돌 따위를 사람에게 던지거나 불을 붙일 수도 있다. 사람을 희롱하고 임신하게 만들 수도 있다.

도깨비불 이야기의 일종으로, 모습에 대한 묘사가 독특하며 사람을 임신시킬 수 있다는 이야기와도 연결되어 별도로 편성했다.

뱀 머리가 노루 같다

사람 키의 세 배보다도 더 긴 길이의 큰 뱀 모양의 짐승으로, 머리는 노루와 비슷하다. 굵기는 비교적 가는 편이다. 특히 아주 작은 구멍도 통과할 수 있어 동전만 한 크기의 구멍이라도 드나들 수 있다. 주로 밤에 활동하며 돌 밑에 둥지를 틀고 사는데, 이 경우 땅 아래로 아주 깊게 들어가는 긴 굴을 파고 산다. 송인이 살던 집에 이 괴물이 나타난 것을 보고 불길해 집을 팔고 떠난 일을 들었다 한다.

사린(似麟)	정조실록
기린을 닮았다 ◉ 강원도 원주	

작은 망아지만 한 짐승으로, 잿빛이 돌고 반질반질하게 윤이 난다. 이마에 반 뼘이 되는 정도의 털이 보송보송 높게 나 있다. 온순하고 명랑해 사람에게 친근하게 군다. 이마에 있는 털을 헤쳐 보면 뿔 하나가 조그맣게 숨겨져 있다. 머리와 꼬리는 말 같고 눈은 소처럼 순하며 발굽이 둥글다고 한다. 걸어 다닐 때는 풀을 밟지 않고 사뿐사뿐 걸어 다닌다. 사람을 만나면 처음 보는데도 꼬리를 흔들며 반가워한다. 중국 고전의 기린과 비슷해 보인다 한다. 원주에서 원우손이 두 번 보았고 조덕윤을 통해 조정에까지 알려졌다. 1793년에 나타났다는 이야기가 『정조실록』에 나온다.

나쁜 것과 괴롭히는 것에 대해 전혀 알지 못해 처음 보는 사람 앞에서도 길들인 동물처럼 행동하는 사랑스러운 동물로 생각해 볼 수 있다. 실록에서 기린과 닮았다고 한 점에서는 평화와 좋은 정치의 상징으로 생각해 볼 수 있다.

사비하대어(泗沘河大魚)

사비하의 큰 물고기

◉ 충청남도 부여

강에 사는 거대한 물고기로 길이는 사람 키의 수십 배에 이른다. 이것이 죽는 것은 흉조다. 백제 멸망을 앞두고 659년 지금의 부여 백마강인 당시 사비하에서 발견되었다.

죽으면 모습이 드러나는 점에서 물속 깊숙이 숨어 있어 사람의 눈에 띄지 않으며 거대한 몸집과 달리 모습을 보기는 어렵다고 상상해 볼 수 있다. 백제 멸망의 징조였다는 점에서 나라의 운수와 세상의 덕을 감지하는 신비한 물고기로 세상사가 괴로워지면 그만큼 물고기도 괴로워하거나 늙어 가고, 자신이 사는 강 근처의 사람들이 위험에 빠지면 먼저 병 들고 죽는다고 생각해 볼 수도 있을 것이다. 이런 이야기는 보통 바다에서 이상하게 큰 고래를 발견하거나 강을 거슬러 올라와 죽은 돌고래 등을 발견하는 경우를 과장한 것이 많다. 하지만 백마강 같은 내륙 지역의 강에서 발견되는 예에 대한 기록은 많지 않아 이렇게 고래를 착각하는 이야기와 구분된다. 물고기가 떼죽음을 당하는 것도 대표적인 흉조로, 물이 더러워지거나 날씨가 이상해지는 이야기와 겹치는 것이 흔한 편이다. 그렇다면 그렇게 물고기들이 떼죽음을 당할 때 평소에 모습을 드러내지 않는 기이한 물고기도 함께 죽어 나오는 경우가 여기에 해당한다고 볼 수도 있다.

사십팔용선(四十八龍船)	안락국태자경

잘 길들여진 용의 떼거리가 배의 바닥이 되어 하늘을 날아다니는 것이다. 마흔여덟 마리의 용이 떼를 이루어 움직이며 하늘 위의 신비로운 사람, 하늘 위의 괴이한 군대 등이 이것을 이용해 이동하며 하늘에서 땅으로 내려오거나 땅의 사람을 데려간다.

「안락국태자경」은 조선에서 불경 속 이야기처럼 편집된 이야기다. 그러나 실제 인도나 중국의 불경에는 나오지 않아 불경과 별도의 설화가 채록된 듯하다. 이 이야기는 조선 전기에 이미 널리 알려져 『석보상절』에 수록되었고 이후에도 꾸준히 퍼져 불경과 관계없이 토착화되어 자리 잡아 「안락국태자전」, 「안락국전」, 「악양국왕자전」 같은 고전 소설로 발전했다. 현대에는 제주도 무속의 「이공본풀이」에 나오는 '한락궁이' 이야기처럼 오히려 무속 신화의 일부로 자리 잡은 사례도 있다. 용을 배처럼 타고 다닌다는 묘사 역시 불교의 설화나 불교계 회화에서 종종 나오는데, 다만 「안락국태자경」의 하늘에서 내려오는 장면은 독특한 데가 있어 별도로 편성했다.

산발지지(散髮至地)

풀어 헤친 머리가 바닥에 닿다

◉ 서울 백악산

귀신의 일종으로 발뒤꿈치까지 닿는 긴 감색 옷을 입고 산발한
머리가 매우 길어 바닥에 닿을 정도인데 그 머리카락 사이의 두 눈이
고리처럼 번쩍번쩍 빛나는 모습이다. 아무 말도 하지 않는데, 당당하게
사라져 달라고 말하면 큰 바람을 일으키며 온데간데없이 사라진다.
가까이에서는 노린내가 아주 강하게 난다.

조선 전기 성수침이 황혼 무렵 서울 백악산의 청송당에 홀로
있을 때, 이것이 갑자기 나타나 우두커니 서 있었다고 한다. 누구냐고
물었지만 답이 없었고 가까이 오라고 하자 가까이 왔다고 한다.
도적이라면 가져갈 만한 물건이 없고, 귀신이라면 사람과 귀신의 길이
다른 법이니 빨리 가라고 하자 사라졌다고 한다. 『어우야담』에 나온다.

긴 머리를 풀어 헤친 전형적인 옛 귀신 이야기에 속한다고 할 만한데,
얼굴을 가리고 있으며 늘어뜨린 머리카락 사이로 이상한 눈빛이
보이는 모습은 최근 영화 속에서 특히 유행한 형태에 가까워 재미있다.
동시에 입고 있는 옷이 흰색이 아니라 감색이라는 점도 짚어 볼 만하다.
특별히 말을 하지 않고 문득 홀로 있는 사람을 겁주며 나타났다가
당당한 태도를 취하면 또 말없이 사라진다는 점도 특징이다.

산예(狻猊)	삼국사기

사자와 닮은 사나운 짐승으로 사막 건너 먼 지역에 산다. 낙타처럼
사막을 헤매고 돌아다니면 털과 가죽은 상하고 몸은 모래 먼지로
뽀얗게 뒤덮여 희뿌옇게 지저분한 모습이 된다. 머리와 꼬리를 흔드는
모습은 너그러운 듯해 인덕이 있어 보이나 위엄은 어떤 사나운 짐승도
제압할 만하다. 신라 후기에 신라 사람들이 이 동물에 관한 이야기를
듣고 이를 표현하는 탈춤이 있었으니 『삼국사기』의 「악지」(樂志)에
이것을 묘사한 최치원의 시와 함께 나온다.

산예는 사자를 가리키는 말이지만 여기서는 사자라기보다 한국
사자춤에 나오는 사자의 특징을 보인다. 고려 시대 이규보의 시
「외부」(畏賦)에서는 호랑이나 표범도 산예를 만나면 도망친다고
나온다. 모습은 현재 전해지는 사자춤의 사자와 닮았다고 보는
것이 어울릴 것이다. 현대에 북청사자놀음, 봉산탈춤, 강령탈춤,
슈영야유, 통영오광대, 하회별신굿 등에 사자춤이 나오는데,
『한국민속예술사전』에서는 하회별신굿에서 암컷 사자와 수컷 사자가
격렬히 싸우거나 교미하는 것이 그 기세를 두려워하는 주위의 사악한
것을 물리치는 행동으로 암컷 사자가 이기는 것이 풍년을 상징한다
한다. 북청사자놀음에는 어린아이를 잡아먹었다가 체한 사자를
의원들이 살려 주는 장면이 있다. 봉산탈춤에는 흰 사자가 타락한
승려에게 벌을 내리려 하는데, 용서를 빌면 살려 주고 함께 춤을 추기도
한다.

　　2010년대 이후 부산 지역의 무서운 소문 때문에 자리 잡은 현대의
괴물 이야기 중에 흔히 '장산범'이라고 부르는 것이 있는데, 우연히
'범'이라는 이름이 붙으며 소문이 생기기는 했으나 흰색 털이나, 털의
길이가 길다는 것이나, 초능력에 가까운 신비로운 힘을 발휘한다는 점
등은 호랑이에 가까운 특징보다는 오히려 옛 한국 전설 속의 산예, 즉
사자 전설과 닮은 점이 많다.

삼각록(三角鹿)	삼국사기

뿔이 셋 달린 사슴 모양의 짐승으로 77년 고구려에 온 부여의 사신이
바쳤다. 고구려 조정에서는 삼각록을 얻자 고문을 멈추고 죄수들을
풀어 주었다.

좋은 징조가 있는 짐승을 얻었다고 생각했다는 점에서 이 짐승이 있는
곳이나 이 짐승을 데리고 있는 사람에게 항상 복을 가져다준다고
생각해 볼 수 있다. 많은 죄수를 방면했다는 점에서 사람이 고통받는
소리를 지르고 울음소리를 내거나 괴로워하는 것을 느낄 수 있고,
그러면 놀라거나 멀리서도 그것을 알 수 있었다고 상상해 볼 수 있다.
그런저런 이유로 이 짐승을 얻은 사람은 계속 복을 받기 위해 죄수를
풀어 주었다는 이야기를 꾸며 볼 수 있을 것이다.

삼각우(三角牛)	유청량산록
◉ 경상북도 봉화 청량산	

뿔이 셋 달린 소를 말한다. 사납고 사람 말을 잘 듣지 않아 보통
길들이기 어렵고 사람이 가까이하기 어렵다. 하지만 영리하고 영특해
왜 일을 해야 하는지 자신이 이해하면 스스로 열심히 일을 하고
사람을 따르며 이때는 지혜롭게 움직인다. 특별히 기운이 센 짐승은
아니지만 자신이 필요할 때는 온몸의 힘을 끌어다 쓰는 듯하다.
그러므로 일을 마치고 나서는 기운이 다해 곧 죽기도 한다. 청량산의
연대사(蓮臺寺)를 창건할 때 이것이 나타나 일을 해 주었고 그 그림을
그려 두었다는 이야기가 주세붕이 쓴 『유청량산록』 나온다.

삼각우가 사납고 말을 듣지 않다가 갑자기 일을 도와준 후 단번에
죽었다는 이야기는 현대에 청량산 일대에서 채록된 이야기를 참고한
것이다. 『유청량산록』에는 사찰 창건에 관여한 승려가 죽어 삼각우로
환생했다는 소문을 언급하면서, 한편으로 금씨 성을 가진 사람이
삼각우의 그림을 절의 문에 그렸다는 이야기도 나와 있다.

　　삼각우의 무덤에 관한 이야기도 있다. 삼각우가 죽자 고이 묻어
주었지만 현재에는 무덤이 사라지고 그 부근에 세 가닥으로 뻗치듯이
자란 소나무가 무덤의 흔적을 나타낸다는 전설이다. 자기가 내키면
어려운 일을 해낼 수 있지만, 그 대신 생명이나 수명을 다한다는 점도
인상적이다. 굉장히 어려운 일을 해낼 수 있으면서도 그 대가로 수명을
소모해야 하는 짐승으로, 굳이 절을 짓는 데 협력해 준 점에서 겉모습은
소의 모습이지만 삶에 대한 번민이나 세상의 의미에 대해 깊이
고민한다고 생각해 볼 수도 있다.

삼구일두귀(三口一頭鬼)

◉ 전라남도 화순

하늘에서 내려온 괴물로, 머리 하나에 입이 셋이며 사람과 비슷하게 밥을 먹고 말을 할 수 있다. 날씨와 풍년, 흉년을 예측하거나 커다란 재해를 내다보기도 한다. 아주 많은 양의 밥을 먹으며 밥과 두붓국을 잘 먹는다. 나이는 100-150세 정도에 이를 듯하다. 전라남도 화순에 나타났다. 『성종실록』에 1470년 5월 26일 기록에 임효생이 함평의 김내은만(金內隱萬)의 아내에게 들었다 한다.

나이가 150세에 이를 듯하다는 부분은 임효생이 퍼뜨린 다른 재해에 관한 소문에서 149세인 사람이 예언을 했다는 부분과 합쳐 본 것이다. 이 예언에는 "금년과 내년에는 열 명의 여자가 한 명의 남자를 공유하고 열 집에서 한 마리의 소와 말을 공유하게 될 것이며 군사가 일어난다"라는 말이 있다. 임효생이 퍼뜨린 소문이 유행한 이야기는 '단피몽두'에서 조금 더 자세히 설명했다.

땅속 돌 밑에 사는 커다란 벌이다. 주먹만 한 크기로 세 마리가 짝지어 다닌다. 침 한 방으로 사람을 죽일 수 있다. 조선 시대에 소세양이 보았다.

삼목인(三目人)	해인사팔만대장경사적기

눈이 셋 달린 사람으로, 옷은 매우 호화롭고 위엄이 있어 임금이나 권세 높은 신하와 같은 모습이다. 신령스러운 기운이 있으며 사람의 생명이나 혼령을 관장하는 힘도 있다. 저주를 받으면 눈이 셋 달린 강아지의 모습이 되기도 하며 그때도 영특하고 신비로운 점은 있다. 저승 세계의 높은 사람으로, 팔만대장경을 만들어 달라 요청했다 한다.

『해인사팔만대장경사적기』에 실린 전설은 실제 팔만대장경이 만들어진 고려 시대의 실상과는 아무런 상관이 없는 이야기로 눈이 세 개인 이상한 버려진 개를 잘 키워 주었더니 그 주인이 죽어 저승에 갔을 때 눈 세 개인 저승의 높은 사람이 나타나 은혜를 갚는다며 주인을 되살려 주었다는 것이다. 불교에서는 대자재천이나 관음보살 등이 눈이 여러 개인 모습으로 묘사될 때가 있는데 여기서 영향을 받아 만들어진 설화일 것이다. 눈이 여럿인 개의 그림이 악귀를 쫓는다는 믿음이 담긴 민속화가 현대까지 몇 점 전해지는데, 그런 그림과 삼목인 이야기의 연관 관계는 명확하지 않다. 이와 조금 다른 것으로, 구전된 현대의 전설에서 다리가 셋인 개가 악귀를 쫓는 힘이 있거나 요사스러운 여우를 쫓는 힘이 있다고 언급되는 사례도 있다. 이 역시 18세기 이전 한국 기록으로는 잘 확인되지 않아서 그 유래가 분명치 않다. 『해인사팔만대장경사적기』에서 삼목인의 다른 모습인 버려진 개의 모습이었을 시절에 개가 다리를 절면서 다녔다는 언급이 있기는 하다. 그렇다면 그 이야기가 발전해서 개가 다리가 셋밖에 없었다는 이야기로 변했으며, 나중에는 다리가 셋밖에 없는 개, 즉 삼족구가 저승에서 높은 벼슬을 사는 사람으로 귀신, 혼령 따위를 호령할 수 있다는 식으로 연결된 것인지도 모른다.

머나먼 서천불국세계의 바닷속에 사는 김수앙의 딸 검물덕에게는 『조선국인명총록책』(朝鮮國人名摠錄冊)이 있는데, 이 책에는 조선 사람들의 수명과 목숨에 관한 내용이 모두 나온다. 검물덕은 가끔 아이를 낳는데 그 아이가 생사귀다. 모습은 까맣고 머리에는 다섯 갈래로 나뉜 뿔이 달렸다. 생사귀는 저승으로 갈 사람을 골라 데려가는 역할을 한다. 생사귀가 찾아오면 죽는 사람이 생긴다는 뜻인데, 만약 어떤 장소에 특별한 물건을 구해 사방에 묻어 놓으면 생사귀가 들어 오지 못한다 한다. 그 특별한 물건이란 팔지녹각(八枝鹿角, 뿔이 여덟 가지를 친 사슴뿔), 흑두호(黑頭狐, 검은 여우 머리), 대저아(大豬牙, 큰 멧돼지 이빨)이다. 검물덕이 생사귀를 낳을 때 피를 너무 많이 흘리면 그해에는 흉년이 들고 피를 흘리는 것이 멈추면 풍년이 든다 한다. 1471년 4월 27일에 배에서 일하는 이결이 꿈에 수양대군이 나타나 이런 이야기를 했다는 기록이 『성종실록』에 나온다.

완연한 하나의 무속 신화 형태를 갖춘 이야기로, 지금은 거의 전해지지 않는 조선 전기 민간 신앙의 내세관, 신화, 수명과 귀신, 저주에 관한 이야기를 추측해 볼 수 있다. 저승을 관장하는 곳이 지하 세계나 천상이 아니라 바닷속에 있다고 본 점, 저승사자 역할을 하는 독특한 모습의 생사귀가 있다는 점, 사람들의 운명을 써 놓은 책이 있고 그 책을 관리하는 저승의 왕과 같은 역할을 검물덕이라는 여성이 하고 있다는 점 등은 개성적인 특징이다. 기록 자체는 의금부에서 허황한 이야기를 임금에게 전하려 한 사람을 죽여야 한다고 보고하는 내용으로, 성종은 사형은 면해 준다.

　　이 이야기가 조선 시대 사람들의 저승에 대한 보편적인 생각을 반영하고 있다고 보기는 어렵겠지만 신분이 낮은 이결의 꿈에서 출발한 이야기가 임금에게까지 전달되었다는 점에서 당시 조선 사람들이 그럴듯하다고 받아들이고 화젯거리가 될 만한 영향력이 있는 이야기였다고 볼 여지는 충분하다고 본다.

서도신(鼠島神)	동국여지승람
◉ 황해도 서흥	

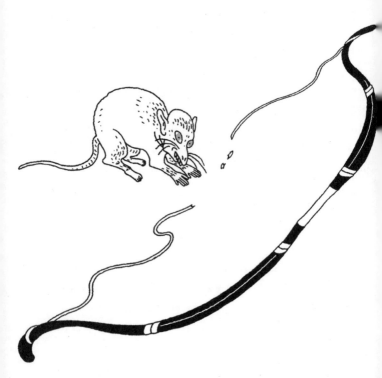

황해도 서흥의 서도(鼠島), 즉 쥐 섬의 신이라고 하여 조선 초 주민들의 섬김을 받은 신령이다. 형상은 하얀 쥐와 비슷하며 날쌔고 빠르다. 전해지는 바에 따르면 사람과도 닮은 지점이 있다.

『동국여지승람』에 따르면 옛날 서흥 근처에 적군이 침입했는데, 한 사람이 흰 쥐로 변해서 적진으로 들어갔다고 한다. 고작 쥐 한 마리가 적군을 물리치는 데 무슨 공을 세울 수 있을까 싶지만, 그 흰 쥐가 적의 화살 시위를 몰래 다 갉아 끊어 놓는 방법으로 적의 무기를 망쳐 놓아 마을을 지켰다고 한다. 재미난 것은 왜인지 그러고 나서 영웅 대접을 받은 것이 아니라 나장산의 바위 구멍으로 들어가 나오지 않았다고 한다. 그렇게 1년 동안 있다가 신령으로 변해 이후 서도신으로 섬김을 받았다고 한다. 하필 바위 구멍으로 들어간 것을 보면 사람이었을 때에도 쥐와 비슷한 구석, 쥐와 닮은 점이 있지 않았나 싶다.

　　말하자면 서도신은 흰 쥐와 비슷한 모습으로 수많은 적을 물리치고도 표표히 사라진 영웅 용사라고 할 수 있는데, 기록에서는 서도신을 모시는 곳을 서도신사(鼠島神祠)라고 불렀다고 한다. 주민들이 제사를 지내며 가뭄이 들 때 비를 내려 달라고 빌면 문득 소원을 들어주기도 했다고 한다.

흉포한 쥐로, 다른 쥐를 공격해 먹기 좋아한다. 쥐를 잡는 솜씨가 뛰어나 고양이보다 쥐를 잘 잡는다. '쥐 중에서 고양이 같은 것'이라는 뜻이다. 이것을 만드는 방법은 쥐를 붙잡아 먹을 것을 주지 않고 가둬 놓으면 결국 쥐들끼리 잡아먹기 시작하는데, 그렇게 살아남은 쥐에게 비슷한 방식으로 계속 쥐만 잡아먹게 하면 결국 자신이 쥐임에도 다른 쥐를 잘 잡는다. 조선 후기에 같은 동족에 속한 다른 이들을 못살게 구는 사람, 비슷한 처지에 놓인 다른 사람을 못살게 구는 사람을 '서묘 같은 사람'이라 욕했다 한다.

다른 쥐를 잘 잡아먹는다 했으니 보통 쥐보다 조금 더 크고 이빨과 발톱이 날카롭고 공격을 잘한다고 상상해 볼 수 있다. 대개 누군가를 괴롭힐 때 비슷한 처지에 있다면 그 사람의 생각과 상황을 잘 이해할 수 있으니 더욱 철저해지곤 한다. 이런 경우에는 괴롭히는 사람이 더욱더 얄밉게 보이기 마련이라 이런 사람은 예로부터 앞잡이라며 특별히 비난을 받곤 했다. 서묘는 그런 경우를 일컬어 한 가지 이상한 짐승 이야기로 상징한 사례로 볼 수 있다.

작은 쥐 같은 짐승이다. 사람 몸에 난 구멍을 통해 몸에 들어갈 수 있어 낭패를 보게 한다. 움직임이 무척 재빠르고 능숙해 사람이 알아채기는 하지만 아프거나 괴로웠다는 이야기는 없다. 그렇게 이것은 사람의 몸에서 제법 오랫동안 지낼 수 있고 그동안에도 사람이 특별히 심하게 괴로워하지는 않았다 한다. 성격이 예민한 편이라 몸속의 자신에게 뭔가 닿으려 하면 깨물어 공격한다. 그럴 때 이것에게 당한 사람이나 주변 사람이 무척 위험해지는 수도 있다. 조선의 어느 시골에서 벌어진 일에 관한 이야기로『촌담해이』에 나온다.

◉ 금강산

온몸이 깃털로 뒤덮인 새처럼 자유롭게 나는 것인데, 사람과 비슷한 점도 많은지, 새가 아니라 일종의 신선처럼 취급되는 동물이다. 얼굴까지 깃털로 덮였다. 날개를 펼치고 건물의 지붕 밑에 자연스럽게 날아들 수 있다. 어디서 나타나는지 모르지만 영원히 살거나 1,000년 이상 장수한다. 큰 눈이 오기 전에 사람이 있는 산속에 나타나 돌아다니다가 사라진다. 사람들이 큰 눈이 올 징조로 생각할 정도다. 특별히 많은 말을 하지는 않지만 눈빛만은 그윽한 사람의 눈이다. 『증보해동이적』에 금강산에 매번 큰 눈이 오기 전에 나타났다는 이야기가 나와 있다.

『증보해동이적』에서는 안시객(安市客)으로, 다른 지역에 나타난 다른 이야기를 언급하고 둘이 비슷하다고 설명한다. 안시객은 원래 사람이었다가 이런 모습으로 변했다는데, 고구려와 당나라의 전쟁 때 당 태종 이세민을 따라 안시성 전투에 참여한 당나라 병사가 그곳에 남았다가 장생의 술법을 익혀 몸이 변해 날아가는 새 같은 모습이 되었고 1,000년이 지난 조선 시대까지 살아간다는 이야기를 눈물을 흘리며 해 준다. 서천객은 대한(大寒) 즈음이 되면 추위를 견디다 못해 민가에 나타나 곁불을 쬔다 한다. 이것은 중국에서도 오래전부터 널리 퍼져 있었던 몸에 털이 난 모습으로 변한 영원히 사는 사람이나 몸에 깃털이 있는 신선 이야기의 형태를 따르는 이야기로 분류할 수 있다.

왜 서천객이라 부르는지 알 수 없다 하고, 특별히 연원을 말하지 않는 점에서 처음부터 평범한 사람이었는지 아닌지 알 수 없는 수수께끼 같은 괴물이다. 안시객과 비슷하다고 생각해 보면 서천객의 그윽한 눈빛이라는 것도 슬픈 눈빛인지도 모른다.

날개 달린 사람과 비슷한 이야기로 『삼국사기』에 실린 '양액유우'와 '소여수오승' 이야기가 있는데, 양액유우는 보통 사람의 몸에 깃털 또는 날개만 달렸고, 소여수오승은 부리가 있는 아이만 한 새인데 얼굴 일부가 사람과 비슷하다. 서천객은 흉한 것보다 길한 것에 가깝고 모습도 보통 사람과 새의 중간 형태라 또 다른 모습이다.

외딴곳에 있는 굴에 사는 사람과 비슷한 것으로, 몸이 붉은 털로 덮였다. 조용한 목소리로 이야기를 하며 사람이 알지 못하는 신묘한 것을 알려 주거나 미래를 예언해 주기도 한다. 이것이 사는 바위 굴에는 냇물이나 계곡물이 흐르는데 물길을 따라가면 강물이나 바다와 연결된다. 이것은 물에 뜨는 배를 가지고 있다. 배는 돌로 되어 있는데, 저절로 움직일 수 있어 누군가를 초대할 때 배를 보내 손님을 태우고 자신이 있는 곳까지 거슬러 오게 한다. 지리산에 살면 지리산신인(智異山神人)이라 한다. 누군가 돌배를 타고 이것을 찾아가 전쟁이 일어날 것이라는 예언을 들은 적이 있다 한다.

조선 시대에 조선과 명나라와 청나라에서 유럽인 중 일부를 가리켜 붉은 털이 났다며 흔히 홍모인(紅毛人)으로 부른 경우가 있는데, 『동패락송』에서는 '적모'(赤毛)라는 말을 쓰고 묘사도 특별히 유럽인을 연상시키는 점은 없다. 이상한 배가 있고 몰래 숨어 산다는 점에서 우연히 유럽인을 만나 다른 나라 소식을 전해 들었다는 이야기가 이리저리 돌다가 전설로 변한 것과 관계가 있다고 상상해 볼 만하다. 이야기의 핵심은 그와는 상관없이 속세와 다른 깊은 산속, 깊은 바위 굴속의 전혀 다른 세계에 사는 기이한 신선이다. 석굴선생도 이것을 높여 부르는 말로 이야기에 나온다.

선비화(禪扉花)	열하일기
◉ 경상북도 영주 부석사	

꽃나무이자 사람이 들고 다니는 나무 지팡이다. 땅에 꽂아 두면 뿌리를 내리고 가지를 뻗고 꽃을 피우면서 꽃나무로 살아간다. 물이 거의 없는 모래 위에서도 잘 자란다. 햇살이 별로 비치지 않아도 꽃을 피우고 씨를 맺는다. 가지는 가늘고 꽃은 보통 노란색으로 작고 소박하면서 아름답다. 신라 시대에 의상법사의 지팡이가 꽃나무로 자라난 일이 유명하고, 부석사에 있다는 소문이 퍼졌다.

땅에 꽂아 둔 나무 지팡이가 나무로 자라는 이야기는 여러 곳에서 다양하게 전해 내려온다. 여기서는 이름이 있고 구체적이다. 비가 없고 햇빛이 비치지 않아도 잘 살고 지팡이였다가 다시 나무로 자라나는 점에서 무척 목숨이 끈질겨서 토막을 내고 깎아 내고 굵기고 수십 년을 여기저기 돌아다녀도 꿋꿋이 버티다가 제대로 심으면 살아갈 수 있다고 상상해 볼 수 있다. 신령스러운 힘을 받아 목숨을 다시 잇는 것, 죽은 것이 다시 살아나는 것을 상징하거나 그런 힘이 있는 꽃이나 나무로 상상해 볼 수도 있다. 부석사에 있는 선비화는 사실 골담초다. 담장 아래에 자주 심고 사람의 키만큼 자란다. 한약재로 사용해 전국에 꽤 많이 퍼져 있다.

선할선속(旋割旋續)	월정집(만록)
여러 번 베도 다시 이어진다	
◉ 평안북도 곽산	

거문고 줄 같은 끈 모양이다. 사람의 배를 묶고 꽉 조여 죽이려 한다. 칼로 끊으면 끊을 수 있으나 여러 번 시도해도 다시 연결된다. 여자의 목소리를 내서 사람의 말을 할 수 있다. 사악한 것이므로 주술로 몰아낼 수 있다. 현재 평안북도 곽산에서 벌어진 정희량에 관한 이야기에 나온다.

성광입구(星光入口)	삼국사기
별빛이 입으로 들어가다	

밤에 별처럼 빛나며 날아다니는 것인데, 길 가던 사람의 입에 들어가면 임신을 시킨다. 묘한 향기를 풍겨서 임신한 사람이 아기를 낳을 때 진한 향기를 주위에 내뿜는다. 『삼국사기』에 유례이사금의 어머니가 임신한 이야기에 나온다.

이상한 빛을 먹은 뒤 임신을 하는 이야기는 신비로운 출생을 강조하기 위해 옛 기록에 종종 나온다. 비슷한 이야기로 『한국민속신앙사전』에는 통효대사 범일의 탄생에 관한 설화를 현대에 채록한 것이 나오는데, 우물물을 뜨니 태양이 담겼고 그 물을 마신 뒤 임신을 했다는 이야기이다. 이렇게 태어난 아기를 버리자 학이 붉은 구슬을 토해 먹이며 돌보았다 한다. 사람 몸에 들어가 자라는 점에서 낮에 쉽게 눈에 띄지 않지만 밤에는 날아다니거나 물속에 숨어 있다가 사람의 몸에 들어가 태아의 모습으로 변해 자라난다고 상상해 볼 수 있다.

성귀는 대단히 뛰어난 신령으로 과거와 미래를 내다보고 온 세상을 꿰뚫고 있다. 눈은 손바닥만큼 크고, 금실로 수놓은 옷을 입었으며, 손에는 커다란 징을 들고 있는 모습이다. 이것은 조선 후기, 용녀부인의 무리와 그에 영향을 받은 사람들이 믿던 이야기다.

용녀부인과 그 무리에 관한 사건은 1688년 무렵 조선에서 꽤 큰 화제가 되었던 일로 『숙종실록』에도 실려 있다. 용녀부인이라는 사람을 내세우면서 미래에 대한 예언을 안다는 사람들이 나라를 뒤엎기 위해 세력을 모으려 했기에 조정에서 중범죄로 다루었기 때문이다. 세력이 컸을 때는 황해도 문화를 중심으로 황해도 지역과 경기도 양주 인근까지 사람들의 관심을 끌었다. 용녀부인 일당의 예언에 따르면, 예언한 시기에 큰비가 내려서 서울에서 홍수 때문에 혼란이 생길 텐데 그 틈을 타면 소수의 병력만으로도 조선을 차지해 임금이 될 수 있다는 것이다.

그러나 실제로는 예언한 날짜에 비가 내리지 않았고 이후 역모는 흐지부지되어 일당은 검거되어 처형당했다. 사건이 발생하고 상당한 세월이 지난 후에 나온 『영조실록』이나 『성호사설』에도 이 사건이 언급되고 있는 것으로 보아, 그 무렵 조선 사회에 꽤 영향이 있었던 사건이었던 듯하다.

사건 기록은 중죄인에 대한 조사와 판결 내용을 엮은 『추안급국안』의 내용이 상세하다. 이에 따르면 이 사건의 중심은 여환이라는 인물로, "석가의 시대는 가고 미륵의 시대가 온다"라고 하면서, 앞으로 전혀 다른 세상이 펼쳐지고 그것을 미륵불이 주관하는데 그 전혀 다른 질서에서 자신이 예언한 세력이 세상을 지배한다고 말했다. 전형적인 미륵불 계통의 예언자 무리들과 비슷하다고 볼 수 있는데, 사실 내용을 보면 미륵을 어떤 신령처럼 취급하고 있어서 불교적인 느낌이 약한 편이다.

특이한 것은 여러 기록에서 이 사건이 용녀부인이라는 여성 지도자를 중심으로 언급되고 있다는 점이다. 용녀부인은 여환의 부인이었는데, 두 사람 외에도 여러 다른 무당, 술법사 등의 사람들이 사건에 연루되었다.

　성귀는 '성스러운 귀신', '성인의 귀신'이라는 뜻으로 이 무리가
받들던 신령을 일컫는 말로 『추안급국안』에서 자주 사용된 용어다.
결국 이 무리의 이론에 따르면 이것이 이들에게는 미륵인 셈이다.
그렇다면 조선 사람들 사이에 돌던 이야기 속에서는 이 이상한 무리를
이끄는 대장에 해당하는 인물이 용녀부인이고, 용녀부인과 가장
가까운 관계의 강력한 신령이 성귀라고 할 수 있겠다.

　용녀부인 무리의 믿음은 『추안급국안』에 실린 여환에 대한 4차
심문 때 가장 자세히 나온다. 이야기는 여환의 아버지가 김화 천불산에
세 번 치성을 드리고 자식으로 여환을 얻었는데, 천불산에 미륵이
있으므로 자신은 운명적으로 미륵과 통하는 것 같다는 출생담으로
시작한다. 그리고 여환에게 어느 날 칠성주(主) 즉, 북두칠성님이
찾아와 누룩 세 덩어리를 주었는데, 누룩을 한자로 쓰면 '국'이 되어,
나라를 뜻하는 국(國) 자와 발음이 같으므로 그것이 자기에게 나라를
준다는 예언이라고 여환은 받아들였다고 한다.

　그래서인지 여환은 천불산 제일봉에 올라가는데 그러자 구름
비슷한 신비로운 기운이 사방에 가득했고 북쪽에서 특히 상서로운
기운이 몰려왔다고 한다. 그 후 사흘 뒤에 사주지군(四洲之君)이
찾아왔다고 한다. 불교 용어에 비추어 해석해 보면 사주지군은
우리 주변 우주의 임금이라는 뜻이다. 그리고 선인(仙人)이 나타나
'부책'(符冊)이라는 신비로운 책을 읽어 주는가 하면, 바위에
'영측'(盈昃) 두 글자를 새겨서 달이 차면 기울 듯이 나라의 운수도
바뀐다는 이야기를 상징했다고 한다. 자영(紫纓)이라고 하는 사람들이
검은 구름 속에서 나타났다 사라진 적도 있다고 한다. 우리말로 자영은
'보라색 갓끈'이니 고귀한 사람들을 상징하는 말이거나, 보라색 갓끈을
실제로 달고 있는 사람들이었을지도 모른다. 그러면서 공중에서
음악이 연주되고 자기도 그 공중에 같이 머무는 등의 일이 펼쳐졌다고
한다.

　그 밖에 북쪽으로부터 큰물이 흘러나왔는데 수중노인, 즉

물속에 사는 늙은 승려와 노인이 물속에서 이야기하면서, 해제(海帝), 순왕(順王) 등을 언급하며 미래에 그런 사람들이 임금이 될 거라는 이야기를 했다든가, 지신(地神) 즉 땅의 신이 등장해 큰 글씨를 써서 무엇인가를 알려 주었다든가 하는 내용도 있다. 또한 신비로운 기운이 자신을 감싸면서 남쪽으로 끌고 가더니 아주 깊은 골짜기에 떨어뜨렸다든가, 기운이 몸을 감싸더니 물속으로 자신을 보냈다든가 하는 이야기도 하고 있다. 땅의 신이 의사소통을 하기 위해 흙바닥에 글자 모양을 자꾸 만들어 보여 주며 말을 한다는 식으로 생각하면 그 장면도 재미있어 보인다.

묘사가 재미난 대목으로는 일당이 가장 높게 생각하던 미륵과 흑룡에 대한 묘사가 있다. 미륵에 대한 묘사는 앞에서 설명한 성귀에 대한 내용이 그것이다.

흑룡은 북쪽으로부터 검은 물줄기가 나타나 땅을 가득 채우며 등장한다. 이후 수많은 군사와 함께 머리에 전모를 쓴 듯한 특이한 복장의 여성들이 대단히 많이 나타나 "이것이 흑룡이다"라고 말했다고 한다. 다시 말해 단순히 검은 용이 아니라 검은색 물, 수많은 군대, 기이한 여성들 무리가 바로 흑룡이라는 것이다. 아마도 세상을 공격하거나 지배할 위력, 군사를 의미하는 듯한데, 말하자면 이들에게 흑룡이라는 말은 흑룡부대, 흑룡군 같은 뜻이다. 거기다가 전모를 쓴 여성들의 집단 내지는 무슨 선녀 부대, 여성 도술사 부대 같은 것이 등장하는 점도 독특하다. 아닌 게 아니라 사건 조사 내용을 보면 정계화라는 여성 무당도 중요하게 등장하는데, 이 사람은 자신을 정씨 성을 가진 성스러운 사람이라는 뜻으로 정성인(聖人)이라고 불렀다고 한다.

이처럼 이들은 간간이 자신들의 활동과 용, 여성을 연결시키고 있다. 그래서 이들이 용녀부인을 중심으로 한 무리라는 소문을 얻은 듯하다.『성호사설』의 기록에도 용녀부인이 말을 잘해 사람들을 잘 홀렸다고 되어 있고,『연려실기술』의 용녀부인 사건 설명을 보면, 여환은 붙잡혀 와서 말을 잘 못했는데 용녀부인의 말은 강물처럼 줄줄

흘러나왔다고 되어 있어 용녀부인이 중심인 사건으로 보고 있다.

한 가지 이상한 것은 정작 사건에 대해 가장 내용이 풍부한 실제 범죄자 조사 기록인 『추안급국안』의 내용을 보면, 용녀부인이 이러한 무리를 이끄는 중심인물이기는커녕 용녀부인, 그러니까 여환의 부인은 사건에 대해 가장 잘 모른다는 태도를 취하고 있다. 여환의 부인은 자신은 그저 자기 남편이 이상한 예언에 관심이 많고 무당들 일에 휘말려 있구나 정도로 생각했을 뿐, 이 모든 것에 대해 자기는 잘 알지도 못하는 일이라고 주장한다. 남들이 자기를 용녀부인이라고 종종 불렀을 뿐 자기 스스로 "내가 용녀부인이다"라고 말하고 다닌 것도 아니라고 말한다.

진실이야 어찌 되었건, 조선 시대의 법에 남편이 역적이면 하여튼 아내도 처형당하게 되어 있으므로 용녀부인이라고 불리우던 본명 원향(遠香)이라는 여성은 1688년 음력 7월 말경 결국 처형당하고 말았다.

아주 오래전에 산과 강을 만든 거인 여자로 땅과 산을 상징한다. 나이가 많아 '할머니'나 '큰할머니'로, 특히 제주에서는 '선마'나 '선마고', '선마선파'로 부른다. 현대의 표기로는 보통 '설문대할망'이나 '선문대할망'이 된다. 키가 산이나 한 나라만큼 크고, 손과 다리로 산과 강을 만들었다. 보통 옷을 입고 있지 않거나 속옷과 겉옷의 구분이 없는 단순한 천만 걸쳤다. 신선이나 영웅호걸과 결혼해 자식들이 신령스러운 사람이 되었다는 이야기도 있다. 사람과 산, 생명, 출산 등을 상징하며 섬김의 대상이다. 먼 서쪽에서 바닷길을 걸어 나타났다는 이야기도 있다. 제주도 근해에서 선원들이 한라산을 보며 이것에 비는 이야기가 장한철이 쓴 『표해록』에 나온다.

제주도의 설문대할망, 지리산의 성모, 전국 각지의 마고 할머니 이야기를 묶어서 여기에서 간략히 설명해 보고자 한다. 이런 이야기는 중국의 신선인 마고나 중국 도교에서 높은 여자 신선을 상징하는 서왕모나 석가모니의 어머니인 마야부인과 섞인 사례가 흔하다. 다양한 산이나 땅을 상징하는 신 이야기와 섞인 모습으로도 나타난다. 한편으로 여러 지역에서 비슷하게 나타나는 다양한 사례가 있으므로 토속 신의 흔한 양상으로 생각해 볼 수도 있다.

성모의 자식들이 무당이나 신선의 시조라는 이야기도 있고 석가모니의 어머니인 마야부인이 동쪽으로 와 산으로 들어가 성모가 되었다는 이야기도 있다. 이런 이야기가 섞이는 과정에 외국의 어느 고귀한 사람이 신내림 비슷한 일을 겪어 한국 지역의 어느 산에 들어가 성모가 되었다는 이야기도 자리 잡았는데, 이런 사례가 『삼국유사』에 나오는 '선도성모'다. 고려 시대에는 왕건의 어머니인 위숙왕후가 성모가 되었다는 이야기가 퍼지기도 했다. 이름도 성모천왕, 선도성모, 서술성모, 선마고 등으로 다양한데 '성모'가 공통된 부분이다. 현대에는 제주도의 설문대할망과 지리산의 성모 할머니가 무척 유명하다. 지리산에는 성모 석상이 있고 지리산의 지명 가운데 하나인 노고단의 '노고'가 성모를 가리키는 다른 말이다.

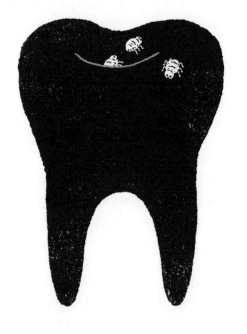

사람의 치아에 사는 작고 흰 벌레다. 은(銀)을 좋아하는 듯하다. 조선 시대 혜민서에 제주 출신 여의(女醫)가 은으로 된 물건으로 이것을 빼내는 기술이 있었다.

사람 몸에 이상한 벌레나 짐승이 산다는 이야기는 다양하다. 여기서는 그중에 비교적 흔한 형태인 흰 벌레다. 작고 은을 좋아한다는 점에서 이 벌레가 은수저에 붙어 나오거나 은 광산을 찾는 사람들에게 비싸게 팔린다는 이야기를 상상해 볼 수 있다. 또는 의사와 이것이 짜고 일부러 입에 이 벌레를 넣은 뒤 꺼내 치료해 주었다며 돈을 뜯어내는 이야기도 상상해 볼 수 있다.

소산부래(小山浮來)	삼국유사
작은 산이 떠내려오다	

커다란 산 모양이 바다에 떠다니는 것으로, 모습은 거북과 같고 위에는 한 줄기 대나무 같은 것이 있다. 이 대나무 같은 것은 낮에는 둘로 나뉘어 있고 밤에는 하나가 된다. 낮에 이것이 하나로 합치는 경우도 있는데 이때는 하늘과 땅을 뒤흔들 기세로 거센 비바람이 몰아쳐 며칠씩이나 주변이 어두컴컴해진다. 이 안으로 파고 들어가면 용 같은 것을 만날 수 있는데 사람의 말을 한다. 선물로 흑옥대(黑玉帶)를 주는데, 허리띠 모양이면서 조각조각이 용으로 만들어져 있는 것으로, 그 조각을 떼어 내 물에 담그면 한 마리 용으로 변해 날아간다. 대나무 같은 것을 잘라 피리를 만들면 천하를 화평하게 만들 수 있는 보물이 된다. 신라에서 그렇게 만든 피리를 만파식적(萬波息笛)이라고 불렀는데, 이것을 불면 적병이 물러가고 병이 나으며 가뭄에는 비가 오고 장마는 개며 바람이 잦아들고 물결이 평온해졌다 한다.

만파식적의 유래로 거북을 닮은 산 모양이 물에 떠내려오는데, 그것이 용의 상징 같은 것이라 거기에 가면 용을 만날 수 있고 용으로 된 허리띠를 얻을 수 있다는 이야기다. 아예 산만큼 거대하고 거북을 닮았으며 용과도 비슷한 것이 바다를 떠돌며 사는데 산처럼 보인다고 상상해 볼 수도 있다. 또는 거북과 닮은 용과 비슷한 아주 거대한 것이 바다 위를 떠다니는데, 그 위에 흙과 먼지가 덮이고 풀과 나무가 자라나 산처럼 되었으며 한편으로는 더듬이나 촉수 같은 것이 한두 가닥 대나무와 비슷한 모양으로 돋아나 있고, 어떤 영험함이 있다고 상상해 볼 수 있다. '흑옥대' 이야기를 보면 그 겉은 빛깔이 옥처럼 영롱하며 색깔은 검은색이고 용처럼 비늘이 있는 모양과 닮았다고 생각할 수도 있다. 이것의 새끼 또는 이것과 관계있는 작은 짐승이 허리띠처럼 엮인 채로 말라붙어 있다가 물을 만나면 소생한다고 생각해 볼 수 있다. 『삼국유사』는 신라 태종 김춘추와 김유신이 죽은 뒤 신라에 복을 주기 위해 만파식적을 보내려 했는데, 그 선물을 바닷속에서 이것에게 시켜 전달했다고 설명한다.

한편, 거대한 거북과 비슷한 모양의 바위나 산에 대한 전설은 전국

각지에 전해 내려오는데『한국민속문학사전』의 '거북 바위' 이야기에 따르면 신성한 거북 바위를 깼더니 저주를 받거나 복이 사라졌다는 유형이 많다 한다.

소여구아(小如狗兒) / 소류마(小流馬)	어우야담
강아지처럼 작다	

나무로 만든 강아지만 한 말 모양의 기계로, 제법 그럴듯하게 움직이며 사람을 잘 따라다닌다. 하지만 장난감처럼 크기가 작을 때만 잘 움직이고 짐 운반이나 전투를 위해 크게 만들면 움직이지 못한다. 조선 시대에 이성석이 만들었다.

원전에서는 중국 삼국 시대에 제갈량이 만들었다는 목우유마(木牛流馬)를 염두에 두고 만들었다 한다. 큰 쓸모는 없지만 저절로 움직이는 귀여운 기계 장치라 재미 삼아 데리고 다니는 개나 고양이 같은 것으로 상상해 볼 수 있겠다.

　　조선 전기에는 한반도에 산지가 많아 물자 수송이 어렵다는 문제 때문인지 궁중에서도 물건을 운반할 수 있는 기계에 관심이 있었다. 그래서 목우, 유마와 같은 중국 고전 속에 나오던 곡식 운반을 돕는 장치를 실제로 개발해 보려고 했던 사람들의 이야기가 『조선왕조실록』에 수차례 실려 있다. 예를 들어, 1435년 음력 9월 4일에는 이적이 목우를 만들어 세종 임금에게 바쳤다는 이야기가 있고, 1443년 음력 9월 27일에는 이숭로가 목우를 만들어 세종 임금에게 바쳤는데 작동이 잘 되지 않았다고 하며, 세종 시기에 최혼이라는 사람도 만드는 데 도전했다는 이야기가 있고, 1475년 음력 5월 25일 성종 임금이 제작에 관심을 보였다는 기록이라든가, 1499년 음력 7월 7일 김응문이 만든 작은 기계에 대해 궁중에서 의논했다는 기록도 보인다.

　　이때 김응문의 장치는 어느 정도는 작동이 되었기 때문인지 크게 만들어 화물 운반 용도로도 시험해 보자는 의논도 이루어졌다. 실록에서 김응문이 임금에게 바친 기계를 소류마(小流馬)라고 표현하고 있는데, 이것이 『어우야담』의 이야기와 비슷하다고 보고 제목으로 삼았다.

머리가 사람 아이 같고 몸도 사람만큼 커다랗다. 눈빛은 사람 같다. 부리가 특별히 길어 몇 뼘이 넘고 모이주머니가 커다란 그릇만 해 배가 특별히 크다. 연못가에 산다. 799년에 신라의 청주(菁州), 즉 현재의 경상남도 진주의 남쪽 연못에 나타난 이야기가 『삼국사기』에 나온다. 이것이 나타난 지 3일 만에 죽었는데, 김헌창의 난에서 김헌창이 패배할 징조로 믿었다.

이것이 나타났다가 죽은 것이 김헌창이 패배할 징조라는 점에서 이것의 죽음이 난리의 끝을 상징하거나 전쟁이 끝나는 것, 승패가 결정되는 것, 임금과 나라의 자리가 다시 회복되는 것을 나타낸다고 볼 수 있다. 이것이 나타났다가 죽지 않는다면 반대로 난리를 일으킨 쪽의 승리를 예측한다고도 볼 수 있다.

모이주머니가 특별히 크다는 점에서 아주 많이 먹거나 사람이나 가축같이 커다란 동물이나 아주 단단한 것을 먹는 이야기를 상상해 볼 수도 있다. 눈빛이 사람 같고 머리 또한 사람처럼 크다는 점에서 얼굴이 사람처럼 생긴 새를 상상해 볼 수도 있다.

모습이 새와 사람의 중간인 것이 나오는 이야기로는 얼굴까지 깃털에 덮여 있으며 다만 눈빛만이 사람처럼 보인다는 서천객, 사람의 형체인데, 온몸이 깃털로 뒤덮인 안시객, 날개가 돋친 사람 또는 겨드랑이에 깃털이 난 사람인 '양액유우'가 있다. 고구려 고분 벽화에는 중국 도교 기록에 나오는 천추(千秋), 만세(萬歲)가 그림으로 그려진 사례가 있는데, 이것은 얼굴이 사람이면서 몸이 새고 신선처럼 오래도록 장수하는 것을 의미하고, 신라 기왓장 무늬에는 불교에서 말하는 가릉빈가(迦陵頻迦)를 나타낸 무늬가 있어 허리 위는 사람이고 허리 아래와 날개는 새인 것이 나오기도 한다.

대개 새와 사람의 모습이 섞인 이런 것은 대체로 장수, 깨달음 등 좋은 일을 상징하는 사례가 많다. 그러나 여기서처럼 나타나 죽으면 누군가의 패망을 나타내는 사례도 있다.

소인국은 아주 작은 사람 모습의 종족이 사는 나라를 말한다. 중국 고전에서 언급되고 있으며, 한국 옛 기록에도 가끔 등장한다. 특별히 언급해 볼 만한 것으로는 중국 당나라 때의 글인 『영표록이』에 실린 주우라는 사람의 짤막한 모험담이 있다. 여기서 주우는 신라 뱃사람들의 배를 타고 바다에 나왔다가 표류하면서 구국, 모인국, 야차국, 대인국, 유규국, 소인국 등 여섯 나라를 떠돌다 살아 돌아왔다고 한다. 이때 신라 뱃사람은 구국이 어디인지 알아보았고, 유규국 사람과는 의사소통도 어느 정도 할 수 있다고 언급하고 있는 것으로 보아, 항해에 밝은 신라 뱃사람들 사이에는 이들 나라가 어느 정도 알려져 있었다고 추정해 볼 수 있다.

『영표록이』에 실린 이야기는 『태평광기』 등의 문헌에도 수록되었으므로 예로부터 고려, 조선에도 전래되었다고 볼 수 있다. 여기에는 소인국 사람들이 옷을 입지 않고 있었다는 언급과 함께, 주인공 일행이 식량이 떨어지자 소인국 사람들을 공격해 잡아먹었다는 무서운 내용도 같이 실려 있다.

조금 더 사실적인 기록이면서 한국 옛 문헌에 직접 내용이 남아 있는 것으로는 『북정록』을 꼽아 볼 수 있다. 조선 시대에 소위 '나선정벌'이라고 하여 조선이 청나라 군사와 함께 러시아와 전투를 벌인 사건이 있었다. 『북정록』은 그 일을 신류가 기록한 것이다. 이 기록을 보면 전투를 위해 지금의 흑룡강 지역 깊숙한 곳, 춥고 거친 영토로 진입하는 도중에 그 지역이 소인국과 가깝다는 것을 저자인 신류가 파악하는 대목이 있다. 소인국이라는 말이 한 번 등장하는 짧은 기록일 뿐이지만, 여기에서는 바다 먼 곳에 있는 섬나라가 아니라 대륙 깊숙한 추운 지역에 소인국이 있는 것처럼 언급되어 있다.

종합해 보자면, 옛이야기 속에서 소인국은 머나먼 외딴곳에 있는 문화, 기술이 거의 발달하지 않은 사람과 닮은 크기가 작은 종족이다. 『영표록이』의 내용을 살려 보자면, 소인국인은 사람과 아주 비슷해 보이지만 사람은 아닌 종족이고 지능이 부족한 동물이라고 상상해 볼 수도 있을 것이다. 그리고 여기에서 이야기를 만들어 보자면 사람

중에서 소인국인을 공격해서 잡아먹는 것을 별미로 생각하거나 중요한 약이 되는 재료라고 여기는 사람도 있어서 도덕적으로 문제가 되는 상황을 생각해 볼 수도 있을 것이다.

속독(束毒)	삼국사기

피부가 남색인 무리로 머리칼이 엉켜 기이하다. 머리 모양, 모자, 옷차림, 신발도 보통 사람과 완전히 다르다. 상상 속의 신비하고 아름다운 새인 난새(鸞)와 어울려 이리저리 달리며 빠르게 춤을 춘다. 신라에 이것을 표현하는 춤이 유행한 것이 최치원의 시와 함께 『삼국사기』에 나온다.

속독(束毒)은 지금의 우즈베키스탄 사마르칸트 근처에 살던 이란 민족인 소그드(Sogd)인의 탈춤을 묘사한 것인데, 조로아스터교를 믿는 사람이 많아 풍속이 독특하고 인종과 문화가 다른 모습이 신라에 강한 인상을 남긴 듯하다. 이런 모습은 괘릉의 무인상처럼 싸움을 잘하거나 사악한 것으로부터 사람을 지켜 주는 역할로 표현되기도 했다. 한편, 『삼국사기』에서 음악과 춤을 소개하는 부분에 나오듯 신라에서 소그드인의 춤과 노래가 유행했다고 보이는데, 한국정신문화연구원에서 펴낸 『역주 삼국사기』의 주석에서는 일본에 전해진 고려악(高麗樂)의 주독(走禿)과 숙덕(宿德)도 당시 삼국에 정착된 소그드인의 춤이 변형된 듯하다고 설명한다. 그렇다면 신라에 소그드인의 후손이나 소그드인의 문화를 따르는 사람이 있어 불을 중시하고, 선과 악의 양면성을 인정하는 조로아스터교에서 유래한 풍습을 지킨다는 이야기도 상상해 볼 만하다.

송신은 신을 보낸다는 뜻인데, 여기서는 주로 신령이 타고 가는 배, 귀신이 떠나가는 배, 유령선 같은 배, 도깨비 배에 초점을 두어 설명하고자 한다.

신령의 배에 대한 묘사는 『초사담헌』에 실린 조완에 대한 이야기가 가장 자세하다. 이에 따르면 신령의 배는 크기가 작아서 손으로 들 수 있을 정도인데 그러면서도 돛이 달려 있고 그 돛이 저절로 움직여 배를 몬다고 한다. 그러다가 필요할 때는 저절로 멈추기도 한다. 바다에 갑자기 사람이 타지 않은, 사람이 탈 수도 없는 작은 크기의 텅 빈 배가 유령처럼 나타나 이상한 일을 벌인다는 식의 이야기다. 이야기의 본 내용은 조완이라는 사람이 제주에 유배당했다가 사망했는데, 사망한 후에도 "유배 기간을 다 채운 후에 떠나겠다"면서 버티다가 결국 떠날 때는 신령의 배를 만들어 달라고 해서 그것과 함께 떠났다는 이야기다.

17세기 자료인 『남사록』에서는 제주도에서 바람의 신 '연등'을 숭배하는 2월 의식에 대해 설명하면서, 『동국여지승람』 등에 실린 일반적인 설명에 추가하여 신령을 떠나보내는 '송신' 단계가 있다는 말을 언급하면서, 이때 돛대를 갖춘 배 모양을 만들어 포구에서 띄워 보낸다고 되어 있다. 정월 그믐 때 서풍이 불면 "타방지신 오셨다"고 하고, 배 모양을 보낼 때 동북풍이 불면 "타방지신이 가셨다"라고 해서 이런 배를 타고 드나드는 신령을 타방지신(他方之神)이라고 부르는 것으로 되어 있다.

이것은 현대까지 이어지고 있는 해안 지방의 굿에서 마지막 단계에 바다 먼 곳으로 조그마한 배 모양을 만들어 보내는 의식과 닮았다. 또한 『한국민속신앙사전』의 '띠배' 항목을 보면, 현대에 전해진 신령의 배에 대한 이야기 중에는 도깨비불을 반짝이며 밤에 사람도 없이 혼자 떠도는 배, 어민들을 홀리거나 반대로 도움을 주는 신령의 배 등에 대한 이야기도 있다.

이런 이야기까지 합해서 생각해 보면 송신 의식에 등장하는 귀신의 배는 말하자면 조선의 유령선인데, 크기가 작은 모형 배가 유령 그 자체의 역할로 등장한다는 점이 요즘 영화에서 자주 다뤄지는 유령선 이야기와 다른 점이다.

『고려도경』에서는 중국 송나라에서 고려로 오는 길에 중국 사신이 이런 행사를 한 기록도 남아 있다. 『동국여지승람』 등에 서해의 신을 섬기는 곳인 서해신사에 대한 언급도 나오므로 비슷한 계통의 믿음은 있었을 것이다.

현대에는 바다의 신령에게 띄우는 작은 배를 띠배, 매생이배 등으로 부른다. 전라남도 고흥 나로도에서 정월 대보름날 자정쯤 하는 매생이배 띄우기에서는 불을 켜 놓은 배를 밤바다에 떠나보내며 "매생아, 매생아"라고 말한 뒤에 소원을 빈다고 한다. 매생이는 원래 예로부터 사용되던 배의 일종을 일컫는 말로 '마상', '마상이'라고도 불렀는데, 보통 조선 시대 기록에는 마상선(麻尙船, 馬尙船)으로 표기된 경우가 많다.

조선 시대에 마상선이라고 하면 군대의 이동이나 곡물 운반 등에 쓰인 배를 두루 일컫는 말이었지만, 요즘은 통나무 속을 파내서 만든 배 내지는 정월 대보름 매생이배 풍속에 나오는 간단한 배 정도로 의미가 줄어든 듯하다. 『공주풍토기』에 실린 독특한 표기인 마상주(亇尙舟)라는 말도 짚어 볼 만한데, 그 내용은 실제로 사용되는 보통의 마상주를 말한 것이지 송신에 쓰이는 마상주를 특별히 지칭해서 말한 것은 아니나, 표기가 독특하므로 이런 귀신의 배를 마상주라고 불러도 재미있을 듯하다.

범위를 넓혀 따져 보자면, 조선 시대에 널리 퍼진 송신 의식은 바다에서 이루어진 것보다 육지에서 보통 제사를 지낼 때 흔히 시행하는 송신 의식이 훨씬 더 일상적이었다.

여러 송신 의식 중에 작은 배를 만드는 송신 의식과 유사한 것으로는 마마, 즉 두창/천연두 귀신을 보내기 위해 수행하는 의식을 꼽아 볼 수 있다. 보통 지푸라기 등으로 말 모양을 만들어 바치면서 그 말을 타고 마마 귀신이 떠나가라고 하는 것은 마마 귀신에 대해 널리 퍼진 송신 의식이었다. 『일성록』을 보면 1796년 음력 10월 4일 정조 임금 때 궁중에서 진행된 마마 귀신에 대한 송신 의식이 실려 있으며,

말 두 개를 사용하는 것으로 되어 있고 음식, 술, 촛불 등을 사용했다고 한다. 무당이 들어와서 수행하는 마마 귀신에 대한 송신이 숙종 시기에 문제가 되기도 했던 것과 비교해 보면 18세기 말에 이르면 마마 귀신에 대한 송신 의식이 아주 널리 퍼져 자리 잡은 것 아닌가 싶기도 하다. 마마 귀신을 흔히 서쪽에서 온 귀신, 외국에서 들어온 귀신이라고 생각한 것과 제주의 연등 풍속에서 신령을 타방지신이라고 부른 것이 통한다는 생각도 든다.

요즘에는 보통 송신 때 하는 굿을 송신굿 혹은 배송 (拜送)굿이라고도 한다. 『오주연문장전산고』에서 마마 귀신에 대해 설명하면서 쓴 말도 '배송'이다.

수매(水魅) / 물귀신	광제비급
◉ 평양 대동강	

사람을 현혹해 자기도 모르게 물에 들어가 빠져 죽게 만드는 것, 또는 물에 들어간 사람의 몸을 붙잡아 끌어들이는 느낌이 들게 만들어 물에 빠져 죽게 만드는 손만 보이는 괴물이다. 형체는 분명치 않으나 물속에서 문득 붉은 손이 튀어나와 사람을 후려잡는 것으로 사람의 머리카락, 머리, 상투 부분을 잘 낚아챈다. 이것이 나타난 주변의 물결도 불그스름한 색이 된다. 이것은 은으로 된 물건을 꺼려서, 은비녀를 머리에 꽂으면 머리카락을 잡아채지 못해 당하지 않는다. 헤엄을 잘 치는 사람이 평양에서 대동강을 건너는데 이것이 튀어나와서 잡으려고 했지만 머리에 은으로 된 비녀가 있어서 몇 차례 시도하다가 실패했고, 이후 이 사람이 은비녀를 빼놓고 강물을 건너려고 하자 금방 빠져 죽었다는 이야기가 『광제비급』에 나와 있다.

원전의 이야기를 보면 비가 많이 내려 강물이 많이 불어났을 때, 헤엄 잘 치는 사람이 재주를 자랑하려고 하다가 이것을 만났다는 이야기다. 그렇다면, 이것이 항상 나오는 것이 아니라, 어떤 때를 기다려 나타난다든가, 홍수가 나서 물이 불어났을 때 나타난다든가, 물을 업신여기는 사람을 벌주려고 나타난다든가 하는 이야기를 상상해 볼 수 있을 것이다.

현대에 물귀신 이야기는 널리 퍼져 있으나, 조선 시대 기록으로 그 형체가 잘 나타나 있는 이야기는 드문 편이다. 그런데 『광제비급』이라는 조선 시대 의학 서적에 은으로 된 물건의 효험을 설명하면서 이 이야기가 실려 있다. 형체와 구체적인 사연에 대한 기록이 적을 뿐이지 죽은 사람이 물귀신이 되어서 물에 있다는 믿음 자체는 흔히 퍼져 있던 것으로 보인다. 조선 시대 기록의 예를 들자면 『숙종실록』 1684년 7월 10일 기록에 호남 지역 바닷가에서 날씨가 흐려 어두운 날이 되면 파도 속에서 물귀신 울음소리가 나서 세상을 뒤흔든다는 말도 보인다. 그렇다면 이것은 형체는 잘 드러내지 않더라도 흐린 날이 되면 우는 소리를 내는 습성이 있다고 볼 수도 있을 것이다.

수류견(獸類犬) / 수괴(獸怪)	중종실록
짐승이 개와 비슷하다 ◉ 서울	

삽살개와 비슷해 보이는 동물로, 크기는 망아지만 하다. 매우 빠르게 움직여 정확히 알아채거나 잡기 어렵고, 지나간 곳에 이상한 비린내 같은 냄새를 남긴다. 주변의 잠든 사람이 가위에 눌려 두렵고 괴로워하게 만들기도 한다. 주로 밤에 나타나며 요사스럽고 불길하리라 여겨지는 동물이다. 1511년 5월 9일, 1527년 6월 17일, 1532년 5월 21일 등에 궁궐에 출몰해 사람들을 놀랜 기록이 『중종실록』에 나온다.

조선 중종 시대에 궁궐에 나타난 괴물 소동에 등장하는 짐승을 정리해 본 것이다. 사건마다 묘사는 조금씩 다르지만 대체로 가위눌리는 소동과 관계가 있고, 그 모습이 개와 닮았다는 점은 어느 정도 이어지는 이야기다. 악몽을 상징하거나 악몽이 괴물로 변신했다고 꾸며 볼 수도 있다. 중종의 가족이 특별히 괴물 소동에 공포감을 드러내기도 했고 중종의 가족들이 희롱당하기도 했다는 기록도 있는데, 종합해 보면 조선 최초로 선대 임금을 신하들이 강제로 쫓아내고 임금 자리에 오른 중종과 그 주변 사람들이 궁중 생활에 불안을 느낀 것이 소동으로 나타난 것으로 보인다. 한편, 이 괴물의 정체에 대해 다른 방향으로 상상해 보면 여러 이야기를 꾸며 볼 수 있을 것이다. 예컨대 연산군 시대에 임금이 놀이 목적으로 궁전 안에서 다양한 짐승을 기른 점에 착안한다면, 중종반정으로 연산군을 몰아내는 혼란을 틈타 연산군 시대에 수집된 특이한 짐승이 우리에서 도망쳐 한적한 곳에 숨어 살다가 문득 사람들의 눈에 띈 것을 보고 착각을 했다고 볼 수 있다. 영화 「물괴」의 중심 소재로 등장했던 것이 바로 이 이야기 속 괴물이다.

수승지앵(數升之罌)
여러 되 크기의 병
◉ 제주도 인근

물이 몇 되나 들어갈 만큼 크고 소리 내어 울 수도 있다. 모습은 소라와 비슷하지만 실제로는 소라와 다른 것인 듯하다. 갈대가 많은 외딴섬에 살며 보통 물이나 펄 속에 있어 눈에 잘 띄지 않는다. 밤에 소리를 내어 우는 활동을 하며 우는 소리는 소와 비슷하다. 사람을 직접 해치지 않는다. 사람이 잡아먹기 좋다. 크기가 커서 보통 소라보다 훨씬 먹기 좋은 것으로 칠 만하다. 한 제주도 사람이 바다를 표류하다가 도착한 섬에서 보았다 한다.

몸에 '수악당'이라는 글자 같은 무늬가 있는 사람으로 포악하며 나쁜 짓을 많이 하고 부모에게도 악하게 대한다. 수악당이라는 말의 의미는 밝혀져 있지 않다. 악행이 쌓여 극에 달하면 비가 내리며 천둥과 함께 떨어진 벼락에 맞아 죽는다. 662년 신라의 사찬(沙飡)이었던 여동(如冬)이 이런 사람이었다는 일이 『삼국사기』에 나온다.

원전의 기록은 신라의 사찬 여동이 그 어머니를 때렸는데 곧 벼락을 맞아 죽었다는 것이다. 원래부터 '수악당'이라는 글자가 새겨진 사람으로 볼 수 있겠지만 악행을 하며 이 글자가 몸에 드러나거나 벼락을 맞아 죽을 때 그 글자가 새겨진다고 생각해 볼 수도 있다. 난폭하고 싸움을 잘 건다고 볼 수 있다. 한편으로 사찬 자리에 있던 점에서 차림새는 화려하고 고귀한 모습으로 상상해 볼 수도 있다. 글자의 뜻에 대해서는 밝혀진 바가 없다는 점에서 그 의미에 특별한 비밀이 있거나 그 비밀을 아는 몇 안 되는 사람들이 있거나 비밀을 알면 어떤 일이 생긴다는 식의 이야기를 상상해 볼 수도 있을 것이다.

작은 도마뱀 모양으로, 칼로 자르면 금세 자라나 원래보다 더 커져 나중에는 커다란 이무기처럼 된다. 병사 수십 명이 동시에 공격해도 막을 수 없을 만큼 강하고 횃불을 던지거나 불에 넣어도 버텨 낸다. 곁에 있고 싶은 사람 옆에 계속 있으려 해 결국 그 사람은 커다란 함을 만들어 보금자리를 마련해 줄 수밖에 없다. 다른 곳에 갈 때는 이것이 들어 있는 함도 들고 다녀야 한다. 은밀히 숨겨진 지하 토굴 속 보금자리에 사는 아름다운 사람이 모습을 바꾸어 생긴다 한다. 조선 시대에 남방절도사가 된 홍 재추가 보았다 한다.

원전은 나중에 재추가 된 홍씨 남자가 성공하기 전에 비가 오는 날 이상한 굴로 잠깐 비를 피했는데, 거기서 17-18세 정도 되는 비구니를 만났고 그와 정을 통한 뒤 언젠가 데리러 오겠다고 약속했지만 홍 씨가 돌아오지 않자 결국 비구니는 기다리다가 죽었다는 이야기로 시작한다. 홍 재추가 남방절도사가 된 뒤 군부대에 머무는데 이것이 나타나자 홍 재추는 죽은 비구니가 되돌아왔다고 여겼다. 이후 홍 재추가 병사를 동원해 죽여 없애려 했는데, 도저히 쫓아낼 수 없어 결국 포기하고 함에 넣어 항상 함께 다녔고, 홍 재추는 점점 안색이 파리해지다가 죽었다고 한다.

　공격할수록 커진다는 점에서 그리스신화의 히드라나 조선 말기 설화의 불가살이와 비슷한 점이 있다. 공룡같이 실제로 있었던 동물과 비교해 보면 커다란 도마뱀 모양이라는 점도 눈에 띈다. 마음에 둔 사람 곁을 떠나지 않을 만큼 사람을 좋아하지만, 홍 재추가 점차 안색이 파리해지면서 죽었다는 점에서 이것이 사람의 기력을 쇠하게 하거나 독기를 내뿜는다고 상상해 볼 수 있다. 홍 재추가 남방절도사였으니 절도사가 배치된 조선의 남쪽 지역인 해미, 울산, 창원, 강진이 배경일 것이다.

순군부 즉, 죄인을 붙잡거나 가두어 놓는 관청을 다스리는 신령으로 17세 정도의 아름다운 모습이나 비녀 없이 헝클어진 머리를 풀어 헤치고 단장도 하지 않았으며 보통 얼굴을 찡그리고 있다. 보라색 실로 짠 윗도리에 엷은 황색 비단 치마 차림이다. 순군부군이 있다고 여기는 감옥의 죄수들은 순군부군이 문란한 것을 좋아한다고 생각하여 나무로 뭉툭한 몽둥이 모양을 깎아 제물로 바치면서 빨리 감옥에서 나가게 해 달라고 빈다.

원한을 품고 죽었기 때문에 이를 갚기 위해 대오접(大烏蝶), 즉 크고 검은 나비, 또는 큰 까마귀 나비로 변해서 범인이 제대로 밝혀지지 않은 사건의 진범을 밝히고자 한다. 날아가던 대오접이 어떤 사람의 머리 위에 머물면, 그 사람이 범인이라는 순군부군의 뜻을 나타내는 것이다. 한편 사람들은 감옥에 갇혀 있다가 얼마 만에 나가는지, 어떤 판결을 받는지, 언제 감옥에 또 잡혀 오게 될지 등에 대해 미래를 내다보거나 그런 운수를 바꿀 수 있는 영험이 순군부군에게 있다고 믿었다. 허균이 1610년 유배될 때 죄수들에게 들은 이야기와 자신이 꾼 순군부군에 대한 꿈을 기록한 「순군부군청기」에 나와 있다.

「순군부군청기」에는 허균의 꿈에 나타난 순군부군이 죄수들이 자신에게 잘 보이려고 자꾸 이상한 것을 바치는데, 자신은 그런 것을 좋아하지 않기 때문에 오히려 싫다고 밝히는 내용으로 되어 있다.

'부군'이라는 것은 어떤 관청, 기관 따위에 깃든 신령을 말하는 것으로 부근(付根)이라고 표시한 사례도 나타난다. 『중종실록』 1511년 3월 29일 기록을 보면, 조선 시대 초기에도 있었던 풍습으로 관청에서 아예 부군이 머무는 부군당을 만들고 관리하면서 관청에 관한 일을 비는 대상으로 나와 있기도 하다. 현대에 조사된 무속에서도 신령이 깃든 곳을 '부군당' 내지는 '부근당'이라고 부르는 사례는 자주 발견되며, 최근 자료를 보면 서울과 한강 근처에서 주로 이런 풍습이 조사된 편이다. 허균이 남긴 이 기록에서 감옥과 수사를 다스리는 순군부와 그곳에 깃든 신령인 순군부군에 대한 이야기도 세부가

상당히 잘 남아 있는 편이다.

19세기 기록인 『오주연문장전산고』의 「화동음사변증설」에도 송씨저(宋氏姐), 즉 '송 각시'라고 할 만한 여성 형태의 신령을 숭배하는 곳에 대한 이야기가 나온다. 보통 원한을 갖고 죽은 혼인하지 않은 여자 귀신 이야기에 대해 20세기 초에 이능화가 조사해서 발표한 자료에서는 이것을 '손각시'라고 하여 원한 맺힌 귀신 중에서 가장 무서운 것으로 언급했고, 덕분에 요즘에는 처녀 귀신이라는 이름으로 이와 비슷한 것을 귀신의 대표로 보고 있기도 한데, 이러한 내용들은 서로 연관 관계가 있어 보인다. 요즘 처녀 귀신 이야기에서는 흔히 무서운 일을 하는 원한 맺힌 귀신이라는 점이 강조되는 데 비해, 거슬러 올라간 조선 초기의 부군 이야기에서 부군은 그 관청의 일에 대한 위엄과 뛰어난 영험이 강조되는 측면이 있어 재미있다.

좀 더 나아간 상상을 해 보자면, 범인을 잡고 수사를 하는 데에 귀신같이 뛰어난 사람이 있는데 그 별명이 순군부군이라든가, 검은 옷에 나비 가면을 쓰고 다니는데 그 정체를 숨기고 지내면서 해결하기 어려운 사건의 범인을 잘 잡는 자가 있는데 그 별명을 '검은 나비' 내지는 '대오집'이라고 부른다든가 하는 이야기를 떠올려 볼 수도 있을 것이다. 허균이 순군부군에 대해 남긴 기록에 따라, 조선 시대에 검은 나비 형상으로 자기 모습을 숨기고 다니는데 알 수 없는 사건의 범인을 잘 찾아내는 사람이 있어 사람들이 별명으로 순군부군이라고 부르는데, 알고 보니 그 사람의 정체가 17세 여성이라는 식의 이야기도 재미있을 것이다.

식인충(食人蟲)	고려사
◉ 황해북도 개성	

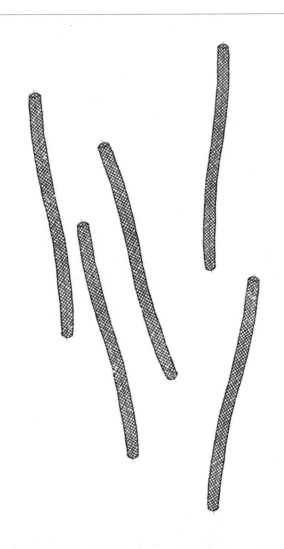

고운 망사 같은 껍질에 싸인 작은 벌레다. 껍질을 쪼개 보면 가늘고 기다랗고 흰 실 같은 것이 가운데 있다. 이 중심은 꼭 말의 갈기처럼 생겼다. 어느 날 갑자기 하늘에서 비처럼 우수수 떨어진다. 독기가 있어 이것이 닿은 음식이나 물을 마시면 지독한 병에 걸려 죽는다. 이 벌레가 있는지 없는지 잘 살펴보고 조심한다면 직접 먹는 일은 피할 수 있지만, 물에 떨어진 이것을 삼킨 생선을 사람이 먹어도 병에 걸린다. 이것은 흰 중심을 사람 살갗에 꽂은 뒤 살을 조금씩 녹여 빨아먹기도 한다. 나중에는 몸속 깊숙이 파고 들어가 창자나 간을 빨아먹기도 한다. 사람을 무수히 괴롭히고 죽게 만들며 퍼져 나가므로 식인충으로 불렸다. 파즙을 뿌리면 죽는다. 1246년 개성에서 발견된 이야기가 『고려사』에 나온다.

식호표(食虎豹) | 지봉유설

호랑이와 표범을 먹는다
◉ 경기도 양주

크기는 말만 하고, 호랑이와 표범을 잡아먹을 만큼 매섭다. 중국 고전의
박(駁)과 비슷한 형태로 분류하기도 하지만 색깔이 푸른빛이고 몸에
갈기가 길게 있다는 점에서 모양이 다른 짐승에서 나타나지 않는
이상한 형태다. 머리나 다리는 말과 비슷하다. 사람도 잡아먹는다.
양주에 나타났다.

수가 많지 않은 호랑이나 표범을 먹고 사는 아주 희귀한 짐승으로
생각해 볼 수 있다. 호랑이나 표범이 줄어 배가 고프면 그보다 잡아먹기
쉬운 사람을 잡아먹으려 하고, 이때 사람들에게 눈에 띈다고 상상해 볼
수 있다.

사람 모습인데 온몸이 조각조각 나뉘어 있다. 몸통, 왼팔, 오른팔, 왼 다리, 오른 다리, 머리의 여섯 조각으로 분리된 모습이라 한다. 조각이 스멀스멀 기어 다니는데 모이면 합쳐질 수도 있다. 연결되면 완전한 사람 모습이 된다. 특별히 사람을 해치지는 않지만, 조각들이 기어 다니고 하나로 합쳐져 일어나는 모습이 무서워서 본 사람은 실성을 하거나 놀라 죽는다. 평안북도 일원에서 조광원이 본 이야기가 『명엽지해』에 나온다.

사람을 해치려 한 것은 아니지만 모습이 무서워 본 사람이 죽는다는 소재의 이야기는 현대에 다양한 형태로 널리 퍼졌다. 기록이 구체적이고 형태가 선명한 사례로는 이 이야기 외에 '압골마자' 이야기도 있다.

신록(神鹿)	삼국사기
● 한강과 금강 일대	

신령스러운 사슴으로, 보라색을 띠고 나타나기도 한다. 나라를 세우는 것, 또는 나라를 다스리는 신성함을 상징한다. 임금이나 임금이 될 사람에게 잡히는 경우가 많다. 신선이 타고 다니거나 무리를 몰고 다니기도 한다. 기원전 14년, 103년, 483년 등에 지금의 한강과 금강 일대에서 자주 잡혔다. 예로부터 진귀하게 여긴 흰 사슴도 이와 비슷한 것으로 생각해 본다면, 213년 백제의 초고왕이 서쪽 사람인 회회에게 흰 사슴을 바친 상으로 곡식 100석을 주었다는 기록이 있다.

신비한 사슴을 잡아 자신이 임금이 될 만하다고 자랑하는 일은 역사에 여러 차례 나온다. 이성계나 이방원처럼 활 솜씨가 뛰어나고 사냥이 취미였던 사람들을 두고 이런 이야기가 전해지므로 그 사례는 조선 초까지 나타난다고 볼 수 있다. 그 후로는 점차 드물어진다. 신선 이야기에도 사슴이 나오는 경우가 종종 있는데, 제주도의 백록(白鹿)이 대표적이다.『지봉유설』에 따르면 흰 머리를 한 신선 같은 사람이 흰 사슴을 타고 사슴 떼를 몰고 한라산을 다녔는데, 사슴 한 마리를 사냥꾼이 맞혀 무리에서 떨어뜨리자 신선 같은 사람이 남은 수를 헤아렸다 한다.『고려사』열전의 '서희'(徐熙) 편에는 서희의 할아버지 서신일에 관한 이야기도 나온다. 화살을 맞고 도망치는 사슴을 서신일이 숨겨 주자 그날 밤 꿈에 신령스러운 사람이 나타나 자식을 살려 주었다며 대대로 고관대작이 되게 해 주겠다고 했다 한다. 그런 점에서 신령스러운 사슴은 신령스러운 사람의 자식이지만, 사람에게 사냥당할 수도 있고, 반대로 도움을 준 사람에게 복을 내려 줄 힘이 있다고 상상해 볼 수 있다.

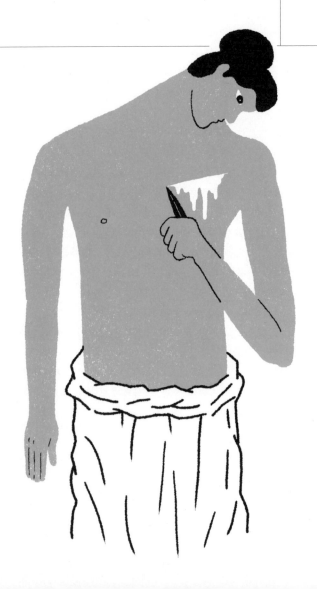

겉은 사람 같지만 안은 텅 비어 있다. 피부와 혓바닥 등 겉만 사람과 똑같이 움직인다. 이것을 움직이는 중심이 어디에 있는지 분명치 않다. 칼이나 창으로 살갗을 찌르면 흰 기름이 흘러나오고, 태우면 푸른 작은 보석 같은 것이 일흔 개 정도 나온다. 신선골은 보통 이 보석 같은 것을 가리킨다. 사람들은 보통 사람이 높은 수련을 하면 진정한 실체는 자유자재로 움직이며 불멸하니 원래의 육신이 이렇게 남는다고 생각했다. 장한웅이 죽던 무렵의 일로 『해동이적』에 나온다.

신선에 관한 전설 가운데는 중국 도교에서 말하는 '시해'(尸解)라는 수법에 영향을 받은 것이 있는데, 이것은 육신을 버리고 혼백만 빠져나가 신선이 되는 방법으로 요약해 볼 수 있다. 신선골은 이런 시해의 수법을 마친 뒤의 모습이나 시해를 쓸 수 있는 특별하고 이상한 사람의 모습으로 볼 수 있을 것이다. 『한국민족문화대백과사전』의 '시해' 항목을 보면, 권청, 남궁두, 전우치, 서경덕, 소백산인, 백령도인, 학가도인 등의 인물에 대해 조선에서 시해의 수법을 익힌 사람이라는 전설이 있었다 한다. 그렇다면 권청, 남궁두, 전우치 등의 인물과 관련된 신비한 이야기나 이상한 술수에 관한 이야기가 이 신선골과 관련이 있다고 상상해 볼 수도 있을 것이다.

신유육면(身有六面)
몸에 얼굴이 여섯 개 있다
◉ 황해도

커다란 물고기로, 몸에 얼굴이 여섯 개 달렸다. 길이는 사람 키의
두 배가 넘는다. 열두 개의 눈이 있는데, 그 눈이 꽤 커서 소의 눈과
비슷하게 생겼다. 이 물고기가 나타나는 것은 흉한 징조로 생각한다.
황해도에서 1606년 발견된 소문이 병자호란 무렵의 흉흉한 분위기를
나타내는 징조로 『고대일록』에 나온다.

괴상한 생물이 나타난 것이 전쟁의 징조라는 형태의 이야기인데 다른
기록에는 비슷한 것이 보이지 않고, 한 사람의 일기인 『고대일록』에
언급되어 있다. 그 내용을 보면 실제로 비슷한 것이 잡힌 사건에 가까운
이야기보다는 그런 사건과 관련해 사람들이 부풀리고 지어낸 뜬소문에
더 가까운 이야기였으리라 생각한다. 흉한 징조에 관한 이야기이고
크기가 크다는 것에 초점을 맞추면 사람을 공격하거나 악한 일을
한다고 상상해 볼 수 있다. 얼굴이 여섯 개라는 점에서 머리가 여러
갈래인 물고기라기보다 몸 곳곳에 눈과 입이 많이 달린 형태에
더 가까울 것이다. 특히 눈이 소의 눈 같다는 묘사는 커다란 눈을
나타낸다고 짐작되는데, 몸 곳곳에 달린 열두 개의 눈이 껌뻑거리는
징그러운 모습일지도 모른다.

신작(神雀)	삼국사기

임금이 될 사람이나 임금이 머무는 곳의 뜰에 내려오는 새다. 여러 마리가 함께 나타나기도 하며 보라색 구름이 일어나는 가운데 나타날 때도 있고 사람들이 경건한 의식을 치를 때 어떤 징조처럼 나타나기도 한다. 보통 나라의 좋은 일을 상징한다. 기원전 32년, 2년, 기원후 276년에 걸쳐 발견되었다.

신비로운 징조를 나타내는 새로 흔히 봉황이 손꼽히는데, 『삼국사기』에서 말하는 신작은 그 모습이 특별히 정해져 있지는 않다. 중국 고전인 『한서』에서는 신작을 설명하면서 세가락메추라기만 하고, 볏은 노랗고 목구멍은 희고 목은 검고 등과 배에는 아롱진 무늬가 있다고 나온다. '작'(雀)이라는 말을 쓴 점에서 크기는 그리 크지 않은 듯하다.

머리가 둘, 눈이 넷

◉ 서울

머리가 둘 달린 듯한 느낌을 주는 괴물로, 눈이 네 개이며 뿔이 높이
솟았고 입술은 처지고 코는 찌그러지고 눈동자와 눈알이 모두 붉은
무척 추한 괴물이다. 크기는 사람만 하고 어둠 속에 몸을 숨기는 데
능하다. 사람과 말이 통하고 사람을 주인으로 섬긴다. 침실 같은 내밀한
공간에도 나타나며 먹을 것을 달라 할 때 주지 않으면 행패를 부린다.
구운 쥐를 먹이면 죽일 수 있다. 조선 시대에 신막정이 지금의 서울에
있던 소공주동의 집에서 보았다 한다.

악지어(岳只魚)	북정록
◉ 흑룡강	

북방 먼 지역의 강물에 사는 물고기로 길이가 15미터에 달하며
덩치도 매우 큰 거대한 물고기이다. 그러나 특별히 사악하거나 성질이
무섭다는 서술은 없어 지나칠 정도로 온순한 물고기인 듯하며, 사람이
기다란 창으로 공격해 잡을 수 있고, 그렇게 잡으면 많은 사람들이
풍족히 먹을 수 있는 좋은 식량이다.

17세기에 소위 '나선정벌'이라고 하여 조선이 청나라 군사와 함께
지금의 흑룡강 인근에서 러시아와 전투를 벌인 사건이 있었다. 이
사건에 대한 기록 중에 『북정록』을 보면 흑룡강 인근으로 멀리 갔을
때 강물에서 무척 큰 물고기를 보았다는 기록이 보인다. 이것이
「배시황전」 등 소설에 가까운 글에서는 더욱 과장되어 비현실적으로
묘사되어 있는데, '악지어'라는 이름과 묘사는 이 과장된 내용에서
가져온 것이다.

　　믿음직한 기록에도 등장하는 물고기이므로 이야기의 단초가
되는 꽤 큰 물고기가 실제로 있었을 것으로 보이는데, 한 가지 예로
생각해 볼 수 있는 것은 철갑상어류의 물고기다. 철갑상어는 강물에서
발견될 수 있는데 실제로 중국 동북 지역에서 발견되는 사례도 있으며,
그중에는 크기가 2미터에 달하는 아주 큰 것도 있다. 또한 철갑상어는
특이하게 생겼으므로 강한 인상을 남길 만한 물고기다. 최근에는
사람이 철갑상어를 타고 있는 듯한 사진도 촬영되고 있다.

　　그렇다고 한다면, 악지어의 모습과 습성 역시 철갑상어와
닮았다고 생각해 볼 수 있을 것이다. 철갑상어의 알이 캐비어라는
고급 식재료로 취급되므로 악지어의 알이 귀중하고 맛있는 재료라는
이야기를 할 수도 있을 것이고, 철갑상어는 이빨이 없는 물고기이므로
악지어 역시 온순한 동물이고 사람이 길들여 물에서 타고 다닐 수도
있는 동물이라는 식의 이야기도 만들어 볼 수 있을 것이다. 철갑상어는
입 주변에 수염이 달린 것도 특징인데 그렇다면 악지어도 수염이
있고 그 수염에 어떤 특징이 있다는 이야기를 상상해 볼 수도 있을
것이다. 「배시황전」 등에는 악지어와는 다르지만 붉은 물고기 '적어'가

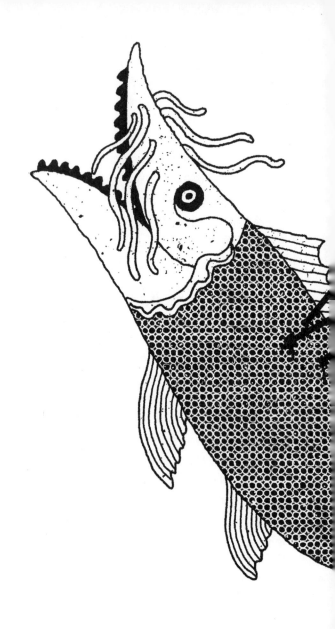

큰 물고기였다는 기록도 있고 흑룡강 주변의 동물, 식물은 색깔이 검었다는 이야기도 있으므로 악지어 역시 검은색 또는 붉은색을 띠고 있다는 생각도 해 볼 수 있을 것이다.

압골마자(壓骨磨齒)	동패락송
뼈가 눌리고 썩은 살이 갈리다	

사람의 시체가 변한 것으로 밤에 나타나며 검은 관에 들어가 움직인다. 관이 허공을 날아가며 돌아다니는데, 이것이 나올 때가 되면 뚜껑이 열리면서 오래된 시체 비슷한 이것의 형체가 나타난다. 전체적으로 뼈가 드러나 있고 뼈가 눌리고 썩은 살이 갈린 모습이고 몸에 큰 구멍이 뚫렸다. 극히 흉측하고 무서워서 이것을 본 사람은 견디지 못하고 놀라 죽는다. 그러나 이것은 애초에 특별히 사람을 해치려는 마음은 없으며 자신의 원한이나 부탁을 이야기하기 위해 모습을 드러낼 뿐이다. 따라서 아주 담력이 강한 사람이 무서움을 견딜 수 있다면 이것과 대화를 할 수 있고, 오히려 좋은 일을 겪게 될 수도 있다. 무덤 위에 정자가 생기는 바람에 정자 기둥에 뚫리고 정자에 눌려서 고통받는 시체가 호소하는 모습으로 나타난 이야기가 『동패락송』에 나온다.

모습이 너무 무서워서 본 사람은 놀라 죽는데, 사실은 원한을 말하고 싶을 뿐이라 담력이 강한 사람이 보면 대화를 하고 이해할 수 있다는 이야기나 관이 등장한 다음 흉측한 귀신이 걸어 나온다는 이야기는 옛날부터 내려오는 귀신 이야기로, 현대에 들어 자주 채집된 전형적인 묘사와 비슷하다. 묘사를 보면 중국계 소설의 영향을 받은 면도 있다고 추측된다. 『동패락송』에 나오는 이야기는 비교적 이른 시기에 이런 형태의 귀신 이야기가 기록으로 정착되어 퍼진 사례로 볼 수 있다. '신기원요' 이야기와도 성격이 비슷하다.

뼈와 살이 까맣게 탄 사람으로 정수리 부분에 있는 작은 등불이나
화로가 밤이면 계속 타오르며 불을 내뿜는다. 약초나 약초 주머니 같은
것을 들고 다니는데 이것을 빼앗아 먹으면 병을 치료할 수 있다. 밤에만
움직이고 평소에는 하늘에 산다. 신발을 좋아해 자주 훔쳐 간다. 사각형
구멍에 집착해 구멍을 보면 몇 개인지 계속 헤아린다. 그래서 곡식을
거르는 체를 보면 밤새도록 그 앞에 붙어 있다. 서울에서 어린이들이
매년 연말에 이것이 나타난다고 믿었다는 이야기가 『경도잡지』에
나온다.

『경도잡지』에서는 어른들이 어린이들을 빨리 재우려고 밤이 되면
괴물이 나타난다고 한 것에서 시작된 이야기라 한다. 아이들에게
불교의 약왕보살 모습처럼 이상하게 생긴 괴물이 나온다고 한
것이 와전되어 야광이 되었다고 추측하기도 한다. 널리 퍼져
있었던 풍속이므로 조금씩 다르게 내용을 소개한 기록이 여럿
있다. 『세시기』에서는 야유광(夜遊珖)으로 표기했고, 이것의
정체가 모귀(耗鬼)로 흉년이나 굶주림을 상징하는 귀신이라 한다.
『한양세시기』에는 이것의 정체는 척발(瘠魃)이라며 가뭄과 굶주림의
상징이라 한다. 『세시기속』에서는 야귀왕(夜鬼王)이라고 표기하여
귀신들의 임금인 것처럼 표현하여, 신발을 신어 보고 발에 맞으면
가져가는 귀신이라 한다. 『면암집』에서는 야광신구(夜光神嫗)라
칭하며 밤에 빛을 뿜는 신령스러운 할머니라 한다.

약산저상(若山猪狀)	순오지
산돼지와 비슷하다 ◉ 강원도	

어릴 때는 사람과 비슷하지만 나이가 들면 온몸이 털로 뒤덮여
산돼지와 점점 닮게 된다. 산돼지와 같은 형상이라기보다는 털이 난
모습같이 산돼지와 비슷한 특징을 갖고 있는 사람인데 하는 행동이
산돼지와 비슷한 쪽에 가깝다. 그래서 기운이 세고 갑갑한 것을
싫어하고 깊은 산속에 숨어 이리저리 뛰어다니는 것을 좋아한다.
오랫동안 먹지 않고도 살 수 있지만, 반대로 한번 먹기 시작하면 아주
많이 먹는다. 쇠사슬로 묶어 놓으면 사슬을 풀려고 밤새 꼼지락거리며
소리를 낸다. 수명이 길어 100년을 훌쩍 넘긴다. 보통 사람이
이상한 일을 겪으면 이렇게 변한다 한다. 강원도에 나타난 이야기가
『순오지』에 나온다.

약입토(躍入土)
뛰어 땅속에 들어가다

땅으로 올라와 통통 튀어 다니는 물고기다. 파란색과 노란색이 섞여 있으며 빠르게 튀어 다닐 수 있다. 길이는 한두 뼘만 하다. 흙 속으로 파고 들어갈 수 있다.

튀어 다녔다는 점에서 동글동글하리라 생각해 볼 수 있다. 흙을 파고 땅에 들어갔다는 점에서 물이 아니라 흙 속에 산다고 상상해 볼 만도 하다. 흙에서 동그란 돌이 나왔다는 기록이 원전에서 이어져 있는데, 그렇다면 이것이 흙으로 들어간 뒤에 몸을 동그란 돌처럼 바꾸거나 돌 모양의 알을 낳는 이야기도 상상해 볼 수 있다. 원전에 따르면 동그란 돌은 기러기 알과 비슷한데, 색깔은 꿩 알과 비슷하고 지름이 사람 손가락 정도였다 한다.

양액유우(兩腋有羽) / 우부마(羽駙馬)	삼국사기
양쪽 겨드랑이에 깃털이 있다	

겨드랑이부터 팔까지 새처럼 깃털이 길게 난 사람이다. 날개가 있는
사람으로 본다면, 두 팔 외에 따로 날개가 돋은 것이 아니라 팔이
날개와 닮은 모습에 가깝다. 옷을 입고 소매로 팔을 가리면 보통 사람과
다른 점이 없지만 지혜나 힘은 더욱 뛰어나다. 주위의 기대를 받지만
한편으로는 시기와 질투를 받아 따돌림을 당하는 일도 있다. 사람들이
잘 오지 않는 숲속이나 산속에서 조용히 살아간다. 5년 고구려에서
임금이 사냥 중에 우연히 만났는데, 신하로 삼은 뒤 우(羽)씨 성을
쓰도록 하고 딸과 결혼시켜 사위로 삼았다. 그래서 이 항목에서는 우씨
성을 가진 임금의 사위라는 뜻으로 우부마(羽駙馬)를 호칭으로 했다.

날개가 있는 사람이 뛰어난 재능이 있는데, 그것을 시기하고
질투한다는 이야기는 조선에 이르러 특히 유행한다. 남이와
이징옥처럼 젊은 나이에 비범한 재능을 보였으나 시기하는 무리
때문에 억울하게 죽은 사람이 있다는 소문이 퍼졌기 때문인 듯하다.
전국에 '아기 장수' 이야기라는 것이 퍼지기도 했는데, 줄거리의 뼈대는
무척 재능이 있는 아이가 새로운 임금이 될 것을 우려해 미리 죽인다는
이야기다.

　　옛 문헌의 기록 중에 비교적 선명한 사례로는 『송자대전』의
「어록」에 실린 김덕령에 관한 전설이 있다. 여기서 김덕령은 겨드랑이
아래에 날개가 있고 살갗이 쇠처럼 단단해 고문을 해도 상하지 않으며
보였다 안 보였다 하는 칼을 지닌 것처럼 맨몸인데도 어디선가
칼을 꺼낼 수 있으며 누가 몸을 높이 던져 버리려 해도 균형을 잡고
바로 서고 날아오르듯 아주 높이 솟아오르는 재주가 있다고 나온다.
그렇다면 날개가 달린 사람은 이런 재주가 있다고 생각해 볼 수도 있다.
이 이야기에서도 김덕령은 억울하게 죽음을 맞이한다.

　　『삼국사기』에 실린 고구려 임금의 이야기를 '아기 장수' 이야기와
대조해 보면, 나중에 너무 뛰어나서 자기 자리를 위협할 수도 있는
인재이지만, 그런 걱정 없이 받아들이는 배포 큰 임금에 관한 이야기로
생각해 볼 수도 있다.

◉ 전라남도 고흥

머리에 살덩이 두 개가 뿔처럼 튀어나온 사람으로, 태어난 지 수개월 만에 수염이 날 만큼 빨리 자란다. 용모가 빼어나고 재능도 비범하지만 그래도 아이일 뿐이므로 사람들이 힘을 모으면 죽일 수 있다. 용 같은 것이 사람을 임신시키면 태어난다고 여겼다. 커다란 비바람이 몰아쳐 천둥소리가 세상을 뒤흔들 때 잠을 자던 사람을 무엇인가 데려갔는데, 큰 불꽃이 앞을 가로지르고 검은빛이 바다를 끊어치고 푸른 파도가 보이다가 잠을 자던 사람이 별안간 돌아왔다고 한다. 그리고 그 뒤 그 사람이 이것을 낳게 된다. 조선 시대에 지금의 고흥에서 유충서의 종이 낳았다.

현대 한국 민속 문학에서 말하는 아기 장수 형태의 이야기로 종의 자식이 영웅이 될 사람으로 보여 나중에 큰 사건을 일으키면 집안에 해를 끼칠까 봐 어릴 때 집안사람들이 몰래 죽였다는 것이 중심 줄거리다. 원전에는 용이 데려간 종이 나중에 비범한 사람을 낳았다 하고, 용이 물에서 싸우다가 한 마리가 죽어 떠올랐는데, 그 용의 뿔을 얻었더니 옥처럼 하얗다는 설명이 덧붙어 있다. 그렇다면 이야기 속의 뿔이 튀어나온 사람의 뿔 모양도 옥처럼 밝고 영롱하거나 흰빛을 낸다고 상상해 볼 수 있다. 용이 종을 데려가는 부분은 무엇인가 종을 데리고 하늘 높이 날아갔다가 다시 내려온 모양인데, 검은 것과 불꽃이 보인 점에서 회오리바람에 휘말린 듯하다. 원전의 묘사를 옮겨 보면 여기에 나오는 용이라 부른 짐승은 앞은 큰 불꽃 모양으로 빛나고 뒤는 검은색인 것인데, 요란하게 바다를 날아다니며 비바람과 천둥과 번개를 일으킨다. 이렇게 생긴 짐승이 서로 싸우기도 하고 사람을 좋아해 임신을 시키기도 하는데, 그 자식은 뿔이 둘 달린 신비한 사람으로 태어난다고 생각해 볼 수 있다. 사람과 비슷한데 뿔이 달렸다는 점에서 '각귀' 이야기와도 비교해 볼 만하다.

어개일목(魚皆一目)	평양지
물고기들 눈이 모두 하나다 ◉ 평양	

외눈박이 물고기이다. 평양의 '풍정'이라는 곳의 물에 산다. 신령스러운 힘이 있다고 사람들이 믿어 귀하게 여기며 떠받든다.

중국 고전에 나오는 비목어(比目魚)와 비슷한 면도 있지만, 사는 곳이나 사람들이 대하는 태도는 다르다.

어룡(魚龍)	탐라순력도
◉ 제주도 우도	

제주도의 우도에 어룡굴이라는 곳이 있는데, 보통은 바닷속에 잠겨 있고 가끔 썰물 때만 굴에 들어갈 수 있다. 굴에 들어가면 낮인데도 굴속 세상에는 밤하늘 풍경이 펼쳐져 별과 달이 굴 안에 떠 있다. 이곳에 사는 어룡은 신비한 힘이 있어 근처에 사람의 배가 함부로 접근하면 천둥과 비바람을 일으킨다. 말과 비슷한 모습이며 매우 잘 달리지만 보통 말보다 머리가 낮은 위치에 달렸고, 배는 넓적해 전체적으로 잉어와 비슷한 면도 있다고 한다. 난폭하게 날뛰며 발길질도 잘해 사람이 타고 다니기는 어려우며, 아주 잘 물어뜯는다.

'어룡'은 보통 물고기를 신령스럽게 비유하거나 아니면 물고기와 용을 함께 일컫는 말, 또는 물고기 같은 용, 용 같은 물고기를 가리키는 말로 흔히 쓰인다. 그런데 『탐라순력도』에는 우도에 있는 동안경굴을 어룡굴이라며 용이 사는 굴이라 한다. 우도에 사는 용에 대해서는 신룡으로도 다른 문헌에 여럿 나온 사례가 있다. 그래서 여기서는 특별히 우도에 사는 어룡 내지는 신룡을 다루었다.

우도의 용과 말을 연결하는 것은 예로부터 우도에 말을 키우는 목장이 있었기 때문인 듯하다. 그러나 구체적인 우도에 사는 어룡에 대한 겉모습 묘사는 찾아보기 어렵다. 다만 19세기 초의 문헌인 『난실담총』에 어떤 사람이 우도에서 용을 말로 착각하고, 구해 타고 다니려다가 낭패를 본 이야기가 나오는데, 독특한 묘사가 있어 그것을 반영해 포함했다.

굴속에 들어가면 낮인데도 밤하늘 풍경이 보인다는 묘사는 외부에서 새어드는 빛이 동안경굴 내부의 무늬에 교묘히 비쳐 마치 낮인데도 달과 별이 뜬 것과 비슷한 모양이 나타나는 것을 옛사람들이 과장한 듯하다.

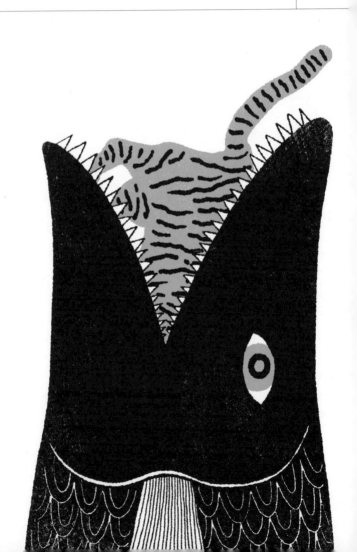

어탄독물(魚吞毒物) | 청파극담

물고기가 독살스러운 것을 삼키다

◉ 경상북도 성주

깊은 산속의 연못이나 샘에 숨어 사는 물고기와 비슷해 보이는 것인데, 크기는 사람의 두 배에서 다섯 배만 하다. 밤에 숨어 있다가 머리를 내밀어 물가에 다가온 짐승을 순식간에 씹지도 않고 한입에 삼켜 버린다. 호랑이 같은 맹수도 먹는다. 성주에서 발견된 이야기가 『청파극담』에 나온다.

어화인봉(魚化麟鳳)

물고기가 기린과 봉황처럼 변하다

◉ 제주도

바다에 사는 물고기로, 번데기가 된 뒤 허물을 벗으면 노루나 코뿔소와 비슷한 육지 동물이 된다. 허물을 벗을 때 턱 밑을 찢고 나오며 물고기일 때는 육지 짐승일 때보다 커서 사람의 한두 배만 하다. 육지 짐승일 때는 대개 뿔이 하나 있고 사슴만큼 온순하다. 섬에 살다가 튀어나오는데, 육지 짐승이라도 몸 이곳저곳에 비늘이 조금씩 있다. 제주와 다른 섬의 사슴을 예로 든 이야기가 『성호사설』에 나온다.

'어화인봉'은 물고기가 기린이나 봉황같이 신비로운 것으로 변한다는 뜻으로, 원전에서는 그와 비슷한 몇 가지 경우를 소개한다.

사람으로부터 태어나지 않고 물가에서 자라는 수박이나 참외 같은 열매에서 태어나 시냇물이나 계곡물에 떠내려와 발견된다. 여기서 태어난 사람은 키가 크고 건장하게 자란다. 얼굴이 아주 까맣다. 맨손으로 호랑이 등뼈를 부수고 거대한 종을 옮겨 매달 만큼 힘이 세다. 무겁고 거대한 철퇴를 무기로 사용한다. 성품은 순하고 선한 편이다. 강릉에서 태어나 진시황의 암살을 시도한 이야기로『순오지』등에 나온다.

중국에는 장량이 진시황 암살을 시도할 사람을 창해군(滄海君)이라는 인물에게 소개받았다는 기록이 있다. 한편 창해군(滄海郡)이라는 지역에 한반도의 일부가 포함되었다거나 한반도와 가까웠다는 생각이 조선 시대에 꽤 퍼져 있었는데, 이 때문에 중국 역사의 창해군이 소개해 준 암살자 이야기가 강릉 지역 전설과 섞여 이런 이야기로 남았다고 볼 수 있다.

여이조(汝而鳥)	세종실록
◉ 함경도 북방	

함경도 방향의 북방 먼 곳에 사는 괴물 같은 새로, 아주 사납고 모습은 황새와 닮은 면도 있다. 만인혈석(萬人血石)을 품은 만인사(萬人蛇) 같은 무서운 다른 짐승도 잘 잡아먹는다. 만인사와 함께 삼킨 만인혈석이 소화가 되지 않아 뱉어 놓기 때문인지 여이조의 둥지에서는 만인혈석이 발견되는 경우가 많다. 몸집이 너무 큰 탓인지 숲속에서도 나무에 둥지를 틀지 않고, 꼭 땅에 둥지를 튼다. 사람들은 여이조의 둥지가 발견되면 알이 몇 개나 있는지 보는데, 보통 알이 셋 정도 있는 경우 아래를 파보면 만인혈석이 나온다 한다. 1437년 11월 22일 세종이 직접 외국인이 바친 만인혈석을 보고 김종서에게 묻자 김종서가 인근의 소문을 전하는 중에 언급되는 대목이 『세종실록』에 나온다.

'만인혈석' 이야기에 이어지는 내용이다. 원전에는 크기에 대한 묘사가 없지만 황새 정도의 크기로 황새와 땅에 둥지를 틀고 사는 새를 골고루 닮았고, 뱀을 잘 잡아먹을 만큼 성격이 흉포하면서 부리와 발톱이 크고 날카로운 모습을 떠올려 보면 적당할 것이다.

여인국(女人國)	지봉유설
◉ 태평양	삼국사기

여자만 사는 섬으로 대략 태평양 방향에 있는 것으로 되어 있다. 제도는
다른 나라와 같다. 특이한 샘물과 시냇물이 있는데 여기서 목욕을
하면 물과 몸이 서로 응하고 그때 다른 사람이 목욕을 하면 임신을
한다. 남자가 나타나면 옷을 벗겨 온몸을 조사하고 남자임을 확인한
뒤 여왕에게 바친다. 바쳐진 남자는 귀한 인물로 대우받지만, 수년
이내 온몸이 마르고 골수가 빠진다. 남해를 표류한 사람에 대해 떠돌던
이야기가 『지봉유설』에 나온다. 『삼국사기』에서는 여국(女國)이라
한다.

중국 고전의 여자국이나 여국 이야기와도 섞여 전해진 이야기인
듯하다. 남해안이나 해외를 항해한 사람들이 여인국 사람을 보았다는
이야기가 있다. 장한철이 쓴 『표해록』 등 조선 시대의 표류 기록을
보면, 조선 시대의 많은 선원이 태평양 어딘가에 여인국이 있다고
믿었다 한다.

연꽃 핀 연못의 신령스러운 것

산 가까운 곳의 연못에 사는 물고기로 사람이 먹이를 주면서 키울 수 있다. 기다란 모양인데 사람의 키와 비슷한 길이까지 자란다. 어느 정도가 되면 연못 깊숙한 곳으로 숨어 나타나지 않는데 때가 되면 용 같은 모습으로 하늘 위로 올라가며 비를 뿌린다. 신령스러운 것으로 바다나 파도의 형세를 잘 알아보며 사람에게 위험을 알려 도움을 주기도 한다. 사람의 모습으로 나타날 수도 있다. 김육이 만난 이야기가 『학산한언』에 나온다.

물고기가 용으로 승천하는 형식의 이야기인데 물고기의 모습 묘사와 행태는 특색이 있다. '연지신물'이라는 제목은 『손와만록』에 실린 긴 물고기가 용 모양으로 변하는 비슷한 이야기의 제목에서 가져온 것이다. 『손와만록』에 나오는 물고기는 길이가 사람 키의 절반 정도로 조금 더 작고 색은 흰색이라 한다. 다른 물고기를 부하처럼 거느리기도 하고, 사람들이 물고기를 잡으러 오면 부하를 모두 거느리고 숨는 지혜도 있다 한다. 이 이야기에서 당시 사람들은 잉어가 사람이 불로 요리한 음식을 계속 먹으면, 즉 사람 같은 대접을 계속 받으면 용이 된다는 소문을 믿었는데, 이것이 그 때문에 생겨났으리라 생각하기도 했다. 또한 물 위로 높이 뛰어오르면 주변을 강하게 뒤흔들 수 있어 집을 무너뜨릴 기세라 한다.

아내를 연모해 뱀으로 변하다

◉ 경기도 파주, 충청남도 부여

꼬리 쪽에 커다란 혹 같은 것이 있는데, 연인으로 삼은 사람에게
달라붙어 희롱한다. 낮에는 항아리 같은 곳을 집 삼아 살고 밤이 되면
기어 나와 몸으로 사람의 허리를 감고 머리는 가슴에 기댄다. 사람의
말을 알아듣고 사람 말에 부끄러움을 느끼기도 한다. 나무로 만든 함을
집으로 생각해 집으로 주면 옮겨 가서 살려 한다. 보광사(普光寺)의
남자 승려가 죽은 뒤 이것으로 변해 아내로 삼고 싶은 여인에게 매일
밤 나타났다. 성현의 친척인 안 씨가 부여 임천에서 이것을 보고 새집을
주겠다며 나무함으로 옮긴 뒤 못을 박고 강물에 떠내려 보냈다.

『한국민속문학사전』의 '상사뱀' 이야기와 비슷하다. 여기에는 사람을
희롱하는 뱀이 연인의 다리에 달라붙어 떨어지려 하지 않는다는
묘사가 있다. 같은 책의 '조월천' 이야기에는 뱀을 붓두껍에 넣었다는
말도 나온다. 수컷 뱀이 여인에게 붙는 이야기가 많지만 '조월천'
이야기같이 암컷 뱀이 남자에게 붙는 이야기도 있다.

염매(魘魅)	성호사설

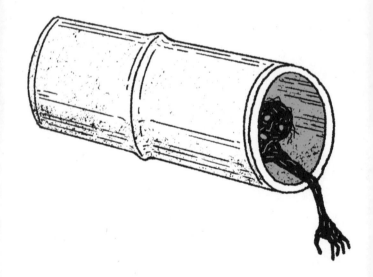

극히 비쩍 마른 어린아이 같은 것이다. 대나무 등으로 만든 통에 산다. 음식을 조금씩 주면 길들일 수 있다. 사람에게 병을 옮기는데, 음식으로 달래면 없어진다. 아기를 유괴해 통에 가두고 반쯤 죽인 뒤 연명할 정도만 음식을 주다가 칼로 몸의 정해진 부위를 찔러 끊으면 만들 수 있다는 소문이 퍼졌다. 이것으로 병을 퍼뜨린 뒤 치료하면서 돈을 버는 악당들에 관한 이야기가 『성호사설』에 나온다.

염매는 사악한 주술과 관련된 것으로 중국이나 일본에도 비슷한 기록이 있는데, 『성호사설』에 기록된 조선 후기의 염매에 관한 소문은 어린이 납치와 학대, 무당의 속임수나 전염병과 연결된 점에서 특징이 뚜렷하다.

후투팃과에 속한 오디새와 비슷한 산새인데, 보통의 후투팃과와는 다르게 부리가 길고 검다. '엽인족항'은 그 울음소리를 듣고 사람들이 붙인 이름이다. 산에서 사는데 가끔 사람들이 사는 성안으로 떼 지어 올 때가 있다. 그러면 불길한 것으로 여긴다. 이 새는 병조(兵鳥)라 했다는데, 이는 새가 군사들이 싸우는 일을 암시하거나 새가 병졸처럼 싸운다는 뜻으로 보인다. 1197년 음력 5월에 발견되었다 한다.

영춘남굴(永春南窟)

학산한언

👁 충청북도 단양

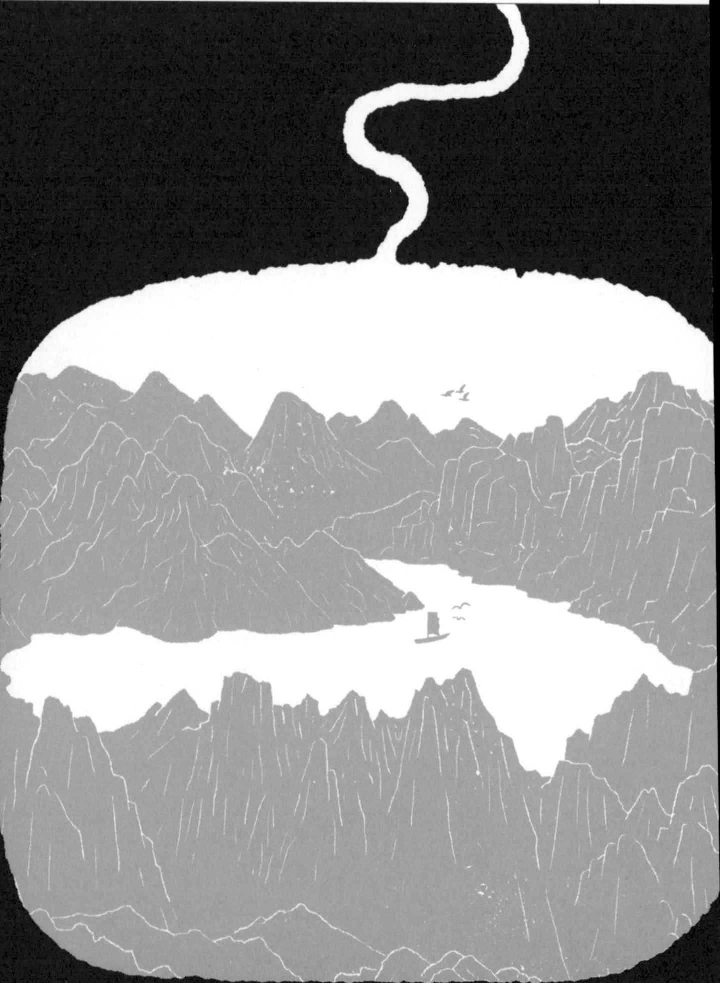

'영춘'이라는 곳의 어느 깊은 굴을 따라 계속 내려가면 숨겨진 지하 세계가 나타난다. 이곳은 따뜻하면서 살기 좋다. 모습은 지상과 다를 바가 없다. 이곳 사람들에게는 지상 세계 사람들이 흐릿하게 보여 혼령이나 도깨비, 귀신으로 여겨진다. 즉, 이 지하 세계와 지상 세계는 서로 반대되는 세상이다. 지상 세계 사람들은 지하 세계 사람들이 나타나면 있는 것을 정확히 느끼지 못해 귀신이나 신비한 일로 여기고 지하 세계 사람들은 지상 세계 사람들이 나타나면 귀신이나 신비한 일로 여긴다. 이렇게 지상 세계와 반대인 세계가 지하에 하나 더 있고 이곳으로 가는 구멍이 세상에 몇 군데 있으며 이 구멍을 통하면 먼 거리를 쉽고 빨리 이동할 수 있다. 정선이 단양의 한 동굴에서 발견된 일을 누군가 들은 이야기가 『학산한언』에 나온다.

여기서 말하는 남굴은 현재 충북 단양의 온달동굴을 말한다. 조선 후기의 강재항이나 최성대 등이 시를 지을 때 이곳을 '영춘남굴'로 불렀으므로 이렇게 제목을 지었다. 근처 강가의 절벽 풍경을 '북벽'으로 부르므로 이 동굴과 그 절벽 풍경을 합해 흔히 '남굴북벽'(南窟北壁)이라고도 불렀다. 유만주의 「지영춘심남굴북벽기」(至永春尋南窟北壁記)라는 글에도 비슷한 이야기가 있는데, 여기서는 동굴 속에 있는 이상한 세계로 갈 수 있는 길에 관한 이야기를 다룬다. 『학고집』의 「산사」(山史)라는 글에서도 이 동굴을 묘사하면서 동굴 깊이 들어가면 신선이 숨겨 둔 이상한 세계가 있을 듯하다는 언급을 곁들인다.

　　　지하의 동굴을 통해 또 다른 지하 세계로 갈 수 있고, 그 지하 세계는 지상 세계와 반대라는 이야기는 세계 여러 나라에 전설로 전해 내려온다. 예컨대 중세 유럽의 탄호이저(Tannhäuser) 전설 중에는 비너스의 산이라 칭하며 깊은 산속 동굴에 들어가면 고대의 이상한 신이 지배하는 또 다른 환락의 세계가 있다는 이야기가 있고, 포르투나투스(Fortunatus) 이야기에는 '성 패트릭의 연옥'(Saint Patrick's Purgatory)이라 칭하며 어떤 숨겨진 동굴 속으로 들어가면

저승 세계와 연결된다는 전설이 있다.

『가장 무서운 이야기 사건』에서는 이런 전설이 세계 곳곳에 퍼진 이유를 소개하고 있다. 여기에 따르면 깊은 동굴 속에 동굴 바깥과 이어지는 작은 구멍이 있을 때 그 구멍이 바늘구멍 사진기의 바늘구멍 역할을 해 바깥의 빛이 들어와 뒤집힌 영상이 동굴 벽면에 비치는 광학적 현상이 발생할 수 있다 한다. 이렇게 바깥 풍경이 거꾸로 뒤집혀 동굴 속에 비친 것을 세계 곳곳의 옛사람들이 지하의 또 다른 세상 모습으로 착각했다는 것이다.

오공원(蜈蚣院) 두꺼비	송천필담
◉ 충청북도 오창	

큰 두꺼비로, 울타리 아래 구덩이처럼 사람과 가까운 곳에 살며 사람이 버리는 음식을 먹고 산다. 크기는 자라 정도까지 커지며 수명은 매우 긴 편이다. 사람이 길들일 수 있을 정도로 순하며 자신에게 밥을 준 사람의 은혜를 알기도 한다. 다른 짐승을 제압하기 위해 흰빛을 내뿜는 연기 같은 것을 쏠 수 있는데, 모락모락 피어나온 것이 퍼져 나가는 모습은 마치 하얀 비단 천을 펼쳐 놓는 듯하다 한다. 위력이 강한 편이라 사람을 쉽게 죽이는 짐승도 몰아낼 수 있다. 이것은 사람이나 짐승에게는 해가 없거나 반대로 해독을 하는 효과가 있고, 독을 가진 벌레나 짐승이나 괴물에만 해를 입힌다고 볼 수도 있다. 지네 괴물이 악명을 떨친 '오공창'이나 '오공원'으로 불린 곳에서 지네에게 제물로 바친 여자를 구했다 한다.

전국적으로 널리 알려진 '은혜 갚은 두꺼비' 이야기가 가장 풍부하게 보존되고 정확하게 기록된 곳이 바로 현재의 충북 청원 오창 일대로 추정되는, 지네와 두꺼비 이야기로 유명한 오공원이다.

오래명운(烏來鳴云)	삼국유사
까마귀가 와 전하다	

말을 할 줄 아는 까마귀로 깊은 산속에 살다가 이따금 사람 앞에 나타나 지혜와 깨달음을 전해 준다. 『삼국유사』에서는 출가한 지통 앞에 나타나 낭지의 제자가 되라 했다 한다.

『삼국유사』의 '사금갑' 이야기에서는 까마귀가 사람의 생명을 구할 수 있는 수수께끼 같은 말이 적힌 편지를 은으로 된 함에 담아 전달했다 한다. 그런데 '보대사' 이야기에 나오는 '지통과 낭지' 이야기에서는 말하는 까마귀가 나온다. 두 이야기를 합쳐 생각해 보면 전설 속의 신령스러운 까마귀는 은으로 된 함이나 수수께끼가 담긴 편지를 다루고 사람에게 이상한 이야기를 들려주기도 하는 새라고 생각해 볼 수 있다.

산봉우리와 구름에 걸쳐 나타나는 형상이다. 그 모습이 수백 수천수만의 사람 같은 형체인데 하늘에 나타나는 형체가 다양하게 바뀌기도 한다. 도를 닦는 사람들은 이것을 신령스러운 것으로 여긴다. 이것이 나타난 곳 근처에는 다섯 색깔의 구름이 나타나고 빛이 멀리까지 뿜어 나와 7일 낮 7일 밤 동안 빛난다. 신라의 정신태자와 효명태자가 이것을 보고 감격한 이야기가 『삼국유사』에 나오는데, 그 뒤 정신태자는 임금의 자리를 포기하고 깨달음을 얻는 데 골몰했다 한다.

산속 깊은 곳에서 구름이나 안개에 비치는 형상이 커다랗게 나타나며 신비하게 떠오르는 현상이 발생하는 경우가 있는데, 그와 비슷해 보이는 것이다. 원전에서는 정신태자와 효명태자가 오대산에 자리를 잡고 신비로운 모습을 보려 하자 불교의 여러 보살과 아라한의 형체 수만 개가 나타났다 한다.

그중에서 문수보살은 서른여섯 가지로 모습을 바꾸며 나타났다는데 나열해 보면 다음과 같다.

- 불면(佛面): 부처같이 생긴 사람의 얼굴
- 보주(寶珠): 보물 구슬
- 불안(佛眼): 부처의 눈처럼 보이는 눈
- 불수(佛手): 부처의 손처럼 보이는 손
- 보탑(寶塔): 보물로 장식된 탑
- 만불두(萬佛頭): 수많은 머리통
- 만등(萬燈): 수많은 등불
- 금교(金橋): 황금으로 만든 교량
- 금고(金鼓): 황금으로 만든 북
- 금종(金鍾): 황금으로 만든 종
- 신통(神通): 신비한 일을 일으키는 성스러운 것
- 금루(金樓): 황금으로 만든 누각

- 금륜(金輪): 황금으로 만든 바퀴
- 금강저(金剛杵): 악한 것을 쫓는 짧은 창처럼 생긴 무기
- 금옹(金甕): 황금으로 만든 항아리
- 금전(金鈿): 황금으로 만든 비녀
- 오색광명(五色光明): 다섯 색깔의 신비로운 빛
- 오색원광(五色圓光): 다섯 색깔의 둥근 빛
- 길상초(吉祥草): 신성한 풀
- 청련화(青蓮花): 푸른 연꽃
- 금전(金田): 황금 절
- 은전(銀田): 은빛 절
- 불족(佛足): 발
- 뇌전(雷電): 번갯불
- 내용출(来湧出): 사람이 솟아 나오는 모습
- 지신용출(地神湧出): 땅의 신이 솟아 나오는 모습
- 금봉(金鳳): 황금 봉황
- 금오(金烏): 황금 까마귀
- 마산사자(馬産師子): 말이 사자를 낳는 모습
- 계산봉(雞産鳳): 닭이 봉황을 낳는 모습
- 청룡(青龍): 푸른 용
- 백상(白象): 흰 코끼리
- 석조(鵲鳥): 까치
- 우산사자(牛産師子): 소가 사자를 낳는 모습
- 유저(遊猪): 노는 멧돼지
- 청사(青蛇): 푸른 뱀

이런 것은 신라 시대 사람들이 생각한 신비롭고 성스러운 것의 사례인 셈이다. 즉, 신라 사람들은 황금 항아리나 황금 까마귀를 신비롭고 신령스럽거나 화려하고 놀라운 것의 대표로 여기기도 했다는 것이다. 문수보살은 불교에서 지혜를 상징하는 만큼 이런 보물이나 성스러운 것이 신비로운 지식을 품은 것이나 그런 지식을 상징한다고 생각했다고 볼 수 있다.

오색란연(五色爛然)
다섯 색깔이 번쩍이며 눈부시게 빛난다
◉ 경상북도 구미 선산

몸의 크기가 이상한 새다. 알을 낳을 때쯤에는 사람 손가락보다 작다. 버들잎처럼 작다 하니 작고 길쭉할 것이다. 새끼의 크기는 늙은 갈까마귀만 하다. 빛깔은 다섯 가지 색깔로 찬란하게 빛나서 화려하고 아름답다. 아름다운 모습과 달리 불길한 새로 친다. 어느 날 문득 종잡을 수 없을 만큼 멀리 떠나간다. 임진왜란 직전에 선산에서 목격된 이야기가 『연려실기술』에 나온다.

임진왜란 직전에 불길한 징조로 나타났다. 어미보다 새끼가 크다는 점에서 잘 늘어나거나 몸이 커졌다가 작아진다고 상상해 볼 수 있다. 자랄수록 점점 작아지거나 색깔도 볼품없어진다고 상상해 볼 수도 있다.

옥기린(玉麒麟)	동국여지승람
◉ 평양	

모습은 말과 비슷하지만 무척 아름다우며 크지 않은 뿔이 있다. 깊은 동굴이나 토굴에 사는데 하늘을 날 수 있다. 뛰어난 사람이라면 이것을 길들여 타고 다닐 수 있고, 이것을 다룰 때는 옥편(玉鞭, 옥 채찍)을 쓴다. 날아오르는 때 날갯짓으로 나는 것도 아니고 그렇다고 바람을 타고 내려오는 것도 아니다. 하늘 위의 궁전에 조회를 하러 갈 때는 '조천석'(朝天石)이라는 돌을 딛고 올라간다는 말도 있다. 사람들은 평양에 이것이 살았다는 기린 굴이 있는데, 고구려를 건국한 주몽이 거기서 옥기린 한 마리를 길들였고 타고 날아다녔다고 믿었다.

기린은 중국 고전에 나오는 신비한 짐승이다. 옥기린은 옥 같은 기린이나 아름다운 기린으로 도교의 이야기나 시에 나오거나 뛰어난 청년을 비유할 때 쓰이기도 했다. 한국에는 주몽이 옥기린을 타고 다닌 이야기가 뚜렷하게 전해진다.「광개토왕릉비」에 주몽이 하늘에서 내려온 황룡의 머리를 딛고 하늘로 올라갔다 한다. 그렇다면 옥기린과 황룡이 통하므로 옥기린이 황룡과 비슷하거나 크거나 머리의 모양이 특이해 사람이 디딜 수 있다고 상상해 볼 만도 하다.

와유자기(臥柳自起)	삼국사기
누운 버드나무가 스스로 일어나다 ◉ 경상북도 경주	

스스로 움직이는 커다란 나무로, 버드나무와 비슷하다. 꼭 필요할 때만 조금 움직이거나 한두 발 걸어간다. 253년 경주에서 지금의 신라 시조의 사당 앞에 나타났다.

움직이는 버드나무로 상상해 볼 수 있다. 활발하게 움직인다기보다는 너무나 귀찮거나 피곤하거나 움직이는 것이 어려워 한자리에 가만히 있으며 거의 움직이지 않다가 이따금 반드시 움직여야 하는 어쩔 수 없는 상황이 찾아오면 한 발자국 정도 움직인다고 생각해 볼 수 있다. 신라 시조의 사당 앞에 있던 버드나무가 일어났다는 점에서 신라 시조의 영험함을 높이는 이야기가 된다. 그렇다면 이것은 뛰어난 영웅이나 훌륭한 사람 앞에서만 움직인다고 상상해 볼 수도 있다.

뱅글뱅글 돈다

◉ 강원도

크기가 사람의 예닐곱 배만 하고 하늘을 날아다닌다. 호리병 모양으로 위가 뾰족하고 아래가 커다랗고 색깔은 붉다. 붉은빛 자국을 천처럼 길게 남긴다. 불타는 듯한 빛을 내며 움직일 때 대포 소리처럼 커다란 소리를 낸다. 소리가 땅을 뒤흔들 만하다. 소리가 더 이어져 북 치는 듯 요란하게 울릴 때도 있다. 흰 구름 같은 흔적만 남기고 사라질 수도, 두 조각으로 나뉠 수도 있다. 하늘에서 움직이는 속도도 무척 빠르며 날아다닐 때 뱅글뱅글 돌며 움직인다. 무엇인지 알 수 없는 세숫대야처럼 생긴 빛나는 물체를 실은 듯한데, 크기는 사람 정도이고 가운데가 파란색으로 빛을 내뿜고 좌우는 빨갛고 희다. 강원도에서 1609년에 목격된 이야기가 『광해군일기』에 실려 있으며 비슷한 사건이 몇 건 더 나타나 있다.

로켓이나 미사일, 제트 전투기 목격담이나 UFO 목격담과도 비슷해 대표적인 조선 시대 UFO로 불리는 이야기다. 형태가 호리병 모양이며 움직일 때 폭음이 났다는 부분이 재미있다.

요무지귀(妖巫之鬼) / 신라왕제삼녀(新羅王第三女) / 일점청화(一點靑花)	어우야담
요망한 무당 귀신 / 신라 임금의 셋째 딸 / 푸른 불꽃 하나 ◉ 강원도 삼척	

파란색 불꽃 모양으로 굴러다니듯 움직인다. 작게는 반딧불 정도지만 구르면서 크기가 변해 작은 항아리만큼 커지기도 한다. 사람에게 달려들어 해를 끼치면 죽을 만큼 심한 병에 걸릴 수 있다. 마을을 지키는 신령인 서낭이나 성황신의 자리를 빼앗기도 하는데 사람들이 제사를 지내 주면 더욱 기세가 강해져 서낭도 이길 수 없다. 용맹한 사람 앞에서는 물러나고 황금 비녀나 방울 등 제사를 지낼 때 모신 물건을 없애면 힘을 잃는다. 조선 시대에 김효원이 지금의 삼척에서 보았다.

도깨비불 이야기의 특이한 형태다. 원전에서는 김효원이 삼척에 부임한 뒤 그곳에 부임하는 관리들이 창병에 걸려 죽었다는 소문을 들었는데 결국 이것을 보았다 한다. 김효원이 따지자 물러가는데, 그날 밤 꿈에 성황신이 나타나 신라 임금의 셋째 딸이자 요망한 무당의 귀신이 자신의 자리를 빼앗고, 사람들에게 제사를 받아먹으며 재해를 일으켰다는 것을 알게 된다. 이후 김효원은 이것을 섬기는 제사를 없앴다 한다. 원래는 무당과 비슷한 공주와 닮은 모습인데, 파란색 불꽃 모양으로 변한 것으로 생각해 볼 수도 있고, 황금 비녀나 방울에 깃들었다 나와 굴러다니는 푸른 불꽃으로 생각해 볼 수도 있다.

용마(龍馬)	천성일록
◉ 황해북도 개성 박연폭포	

폭포 아래 맑은 물 깊숙한 곳에 사는 말 같은 것으로 보통 말보다는
훨씬 크다. 달리고 뛰는 속도도 보통 말보다 뛰어나다. 기세가 맹렬해
물 밖을 나돌아 다닐 때는 주변을 짓밟아 사람에게 해를 끼치기도 한다.
반대로 길들이면 훌륭한 말이 되어 보통 말처럼 타고 다닐 수 있다.
물속에서는 파란빛을 내뿜는다. 행동이 기이해 물 밖으로 나와 말이나
다른 짐승과 잡종이 생기는 일도 있다. 잡종은 이것 못지않은 뛰어난
힘이 있다. 1607년 박연폭포 근처의 마담 연못에 관해 들은 이야기가
『천성일록』에 나온다.

용마는 그저 '뛰어난 말'이라는 뜻으로도 쓰인 말이므로 용마에 대해
전해 내려온 기록 가운데는 특별히 이상한 짐승이라기보다는 그냥
뛰어난 말에 관한 이야기인 사례도 흔하다. 반면 용마라는 이름 때문에
그것이 실제로 용과 관련이 있다고 생각해 물과 관련이 있거나 용과
비슷하다고 전해진 이야기도 적지 않다. 물속에 사는 용 같은 것이
튀어나와 말처럼 움직인다는 이야기는 다른 나라에도 퍼져 중국
고전뿐 아니라 『아라비안나이트』의 '신드바드' 이야기에도 비슷한 것이
있다.

물속에서 뛰어난 것이 물 밖에서 힘을 잃는 이야기가 흔하지만
'용마' 이야기는 그런 경우와는 반대다. 물에서 나와 하늘로 치솟는 용
이야기와 연결되는 까닭인지 물속에 사는 이것이 물 밖으로 나오면
보통 말보다 더 월등하다는 점이 용마 이야기의 특징이다.

용마가 물속에서 사는 형태라면 물속에서 숨을 쉬기 좋다는
점에서 아가미, 물갈퀴, 지느러미 같은 것이 있다고 상상해 볼 수 있다.

17세기의 기록인 『용성지』에는 남원 지역의 민속놀이인
'용마놀이'를 소개한다. 여기서는 놀이에 사용하기 위해 용 모양으로
꾸민 목마 같은 탈것으로 용마가 나온다. 다섯 색깔로 알록달록하게
칠한 용마에 장수에 해당하는 사람이 타고 여러 사람을 군사처럼
거느린 채 상대편과 싸우는 것이다. 이때 남쪽 편이 이기면 풍년이,
북쪽 편이 이기면 흉년이 드는데, 어떤 지역의 농사를 돕거나

상징하는 용마가 있었다고 생각해 볼 수 있다.『한국세시풍속사전』의 「용마놀이」를 보면 현대에 복원된 용마놀이에서는 남쪽을 황룡, 북쪽을 청룡으로 구분하고, 용마를 따르는 군사들은 삼지창, 북, 깃발, 몽둥이 등을 들며 어떤 군사들은 무서운 탈을 쓰고 나타나기도 한다. 그렇다면 귀신과 괴물 같은 것을 용마가 이끌고 다닌다는 느낌도 있었던 듯하다. 조선 무렵의 이야기에는 장군이나 왕의 운명을 타고난 사람이 이렇게 튀어나온 말을 다스리거나 용마와 사람 사이에서 신비한 사람이 태어나는 이야기도 보인다.

용과 사람 사이에서 태어난다. 몸 어딘가에 비늘이 있다.

조선 초의 기록인『동국여지승람』에 당시 조사된 각 지역의 설화나
전설을 보면 가장 많이 나오는 괴물은 용이다. 중국 고전에는 용이
임금의 상징이거나 승천하거나 비를 내리거나 용을 길들인 사람이
있었다는 이야기가 자주 나오며 이런 소재는 한국에도 많이 전해졌다.
　　중국 고전에는 용이 낳은 아홉 자식이 각각 이름이 있고, 성향이
다르다는 '용생구자'(龍生九子) 이야기가 나오는데, 우리나라에
전해지기는 했지만 이런 이야기가 설화 형태로 널리 퍼진 사례는 거의
없다. 대신 '용손' 이야기는 고려 시대 이후 널리 퍼졌다. 용손은 용의
자손으로 여자일 때는 용녀라는 말을 쓰기도 했다. 용녀는 용이 여자의
모습으로 변신한 것을 일컫는 사례도 있다. 바닷속을 다스리는 용왕
역시 용손이나 용녀와 비슷하게 용의 모습을 어느 정도 지닌 사람이나
사람처럼 행동하는 용의 형태로 나타나는 경우가 많다.
　　용손이나 용녀 이야기도 중국 고전의 여러 이야기에 종종
나온다. 그런데 한국에서 '용손' 이야기가 특히 널리 퍼진 것은
고려의 첫 임금인 왕건이 용손이라는 이야기가 알려졌기 때문이다.
『고려사』에서는 왕건의 할머니인 원창왕후가 용녀라는 이야기를
소개한다. 왕건의 선조가 바다에서 무역을 하던 사람들이었으니
처음에는 당나라에서 돌던 용녀 이야기의 영향도 받았을 것이다. 이후
한국 지역에 '용손' 이야기가 더 퍼지면서 왕건의 후예는 몸에 비늘이
있다거나 고려 우왕이 죽을 때 자신이 왕건의 정통이라는 증표로 몸의
비늘을 보여 준 이야기가 조선 시대의『어우야담』이나『송와잡설』에
나온다. 고려 시대에 이의민이 자신이 용손이라며 새로운 나라를 세울
생각을 했다는 일도『고려사절요』에 나온다.
　　그 밖에도 고려 시대 이규보의 시「박연폭포」나 그 이후에
이어진 박연폭포에 관한 여러 전설에는 박 진사라는 사람이 박연폭포
연못가에서 피리를 불었는데 그것이 너무 멋져 용녀가 자기 남편을
죽이고 박 진사에게 왔다는 이야기도 있다. 그러므로 용과 사람의 중간

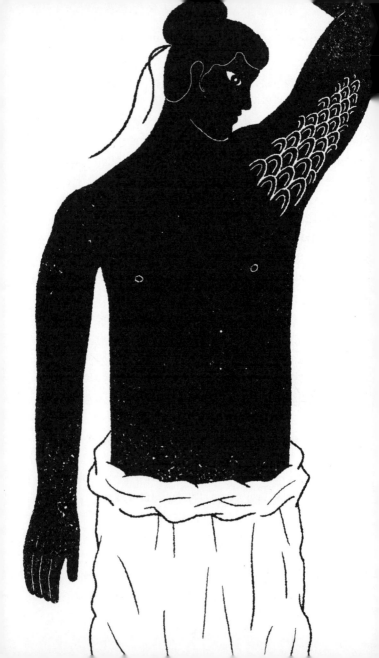

형태인 용손이나 용녀에 관한 전설은 비교적 흔한 이야기였던 듯하다.

이런 이야기가 유행한 데는 불교의 영향도 있다. 불교 경전에는 불교의 이치가 훌륭한 나머지 용왕마저 감복해 불교에 귀의했다는 이야기가 자주 나온다. 불교가 번창하던 삼국 시대 이후로 용의 임금인 용왕이 마치 사람처럼 표현된 영향을 받았을 수 있다.

용손의 특징은 비늘이 있는 것 외에도 용으로 변신하거나 물속에서 마음대로 다니는 것을 꼽을 수 있다. 특히 주인공을 용궁으로 데려가는 이야기에서는 본인뿐 아니라 동행하는 사람도 물속에서 숨을 쉴 수 있게 해 주는 경우가 많다.

조금 특색 있는 것으로는 『고려사』에 실린 '원창왕후' 이야기가 있다. 사람과 결혼한 원창왕후, 즉 용녀는 남편에게 자신이 용궁으로 돌아가는 모습은 절대 보면 안 된다는 약속을 받는다. 그렇지만 약속을 어긴 남편이 황룡으로 변하는 모습을 엿보는데, 그 사실을 알자 용녀는 남편을 떠난다.

이런 소재를 살려 정체를 숨기고 사는 용손의 이야기를 현대를 배경으로 만들어 볼 수도 있다고 생각한다. 조선 초기에 고려의 왕씨 사람들을 다 죽인다고 한 일 이후로 용손이 대대로 정체를 숨기고 살았는데, 갑자기 사람들이 물에 빠지는 바람에 어쩔 수 없이 능력을 발휘하는 이야기나 용손이 정체를 숨기고 잠수사나 수영 선수로 성공하는 이야기도 상상해 볼 만하다.

사람의 모습을 한 용으로 보통 옷을 거의 입지 않고 온몸에 다섯 가지 색깔의 비늘이 있다. 연못에 산다. 어릴 때는 뱀 같은 모양인데 뱀과 달리 겨울에도 잘 돌아다닌다. 사람을 업고 물속을 자유롭게 다닐 수 있다. 고려 시대에 광대놀이를 잘하던 영태가 이것을 잘 흉내 냈다.

『용재총화』에서는 고려 시대에 장사랑(將仕郎)이던 영태가 이것을 흉내 내 한 승려를 희롱했다 한다. 이 이야기는 용연신에 대한 그 무렵 사람들의 믿음과 상상을 보여 준다. 이야기 속에서 한 승려가 '용연'이라는 연못가에서 겨울철에 뱀이 돌아다니는 것을 보고 신기하게 생각해 그것을 용아로 여기고 소중히 기른다. 영태는 승려를 놀려 주려 이것으로 변장하고 승려의 방에 가서 내 자식을 잘 보살펴 주었으니 보답하겠다고 한 뒤 사라진다. 그리고 나중에 찾아와 물속을 구경시켜 주겠다며 업히라더니 승려를 그대로 연못에 내던지고는 도망쳤다. 그렇다면 이것은 어릴 때는 뱀의 모습인데, 자라서는 다섯 빛깔이 아름다운 사람과 비슷하고 그사이에 허물을 벗거나 중간 단계가 있다고 상상해 볼 수 있다. 사람에게 은혜를 갚을 줄 알고 물속에서 사람을 숨 쉬게 해 준다고 생각해 볼 수도 있을 것이다.

우차아(羽遮眼) / 오류성중(五類聖衆)

깃털로 눈을 가린다 / 성스러운 다섯 무리

◉ 충청남도 공주

학 같은 것이다. 그 깃털로 사람의 눈앞을 가리면 사람에게 한순간에 깨달음을 주는 광경이 보인다. 다섯 마리가 무리 지어 다니며 성스러운 깨달음과 관계가 있다 한다. 신라의 신효거사가 공주에서 이것을 본 이야기가 『삼국유사』에 나오는데, 신효거사는 짐승을 사냥하다가 깃털로 눈을 가린 뒤 사람을 보니 사람과 짐승이 같게 보여 함부로 짐승을 죽일 수 없는 마음이 생겼다 한다.

원전은 잠깐 어떤 광경을 보면 그것만으로 깨달음을 얻는 이야기다. 여기서는 다섯 마리의 학을 보고 사냥을 하려 했다가 그 깃털을 얻었는데, 나중에 만난 다섯 비구가 그에게 "옷이 어디 있느냐?" 하고 물었을 때 무슨 말을 하는지 모르다가 깃털을 갖다 대어 보니 비구가 입은 옷에서 모자란 천과 맞아 들었다 한다. 그리고 다시 자세히 살펴보니 깃털이 아니라 천이었다 한다. 그렇다면 깃털 하나가 무척 크거나 옷감과 비슷하리라 상상해 볼 수 있다. 깃털로 눈을 가렸을 때 어떨 때는 짐승의 모습이 보이고 어떨 때는 사람의 모습이 보이는 식으로 바뀌었다는 점에서 다양한 신비한 모습을 보여 주거나 애초에 깃털로 눈을 가리고 싶게 만드는 이유가 있었다고 상상해 볼 수 있다. 깃털에 사람의 눈을 가져다 대고 싶은 무늬나 그림 같은 것이 그려져 있다는 이야기를 생각해 봄 직하다.

우핵유문(羽翮有文)	삼국사기

깃털에 무늬가 있다

◉ 강원도 원주

새의 한 종류로 다리가 기이해 꼭 산짐승처럼 털이 있다. 깃털 하나하나마다 뿌리에 가까운 부분에 글자 내지는 무늬 같은 것이 나타나 있다. 신라에 북원소경(北原小京)이 만들어진 678년에 북원, 즉 지금의 원주에 나타난 이야기가 『삼국사기』에 나온다.

추운 지역에 사는 새는 다리에 털이 나는 경우도 있으므로 이것도 추운 지역에 사는 뇌조와 비슷한 새라고 추측할 수 있다. 뇌조는 계절에 따라 깃털 무늬가 바뀌고 둥지가 눈 속에 굴을 판 듯하기도 하다는데, 비슷한 행동을 한다고 짐작해 볼 만하다. 당나라와의 전쟁이 끝난 무렵, 북원소경이 만들어지고 탐라가 복속될 무렵 북쪽에 나타났는데, 이런 사실에 초점을 맞추어 이야기를 꾸며 보면, 북쪽 사람들이 특별한 이유로 기르거나 그 사람들을 따라 내려왔거나 전쟁의 승리, 전쟁의 끝, 나라가 크고 강해지는 것, 새로운 마을과 성이 생기는 것을 상징한다고 상상해 볼 수 있다.

『삼국사기』32권 악지(樂志)에 실린 「향악잡영」 부분을 보면 최치원이 '월전'이라는 제목으로 지은 신라에서 유행하던 춤과 노래를 묘사한 시가 나와 있다. 이에 따르면, '월전'이라는 것은 높은 어깨에 목은 움츠리고 있으며 머리카락 끝은 일어선 모양이라고 한다. 이후 소매를 걷고 술잔을 들고 다투는 모습, 깃발이 휘날리는 모습에 대한 묘사와 함께 노래를 듣고 사람들이 지치도록 웃었다는 묘사가 있다. 정확히 어떤 장면을 묘사한 것인지에 대해서는 몇몇 학설이 있을 뿐 명확하지 않지만, 대체로 아주 웃긴 춤과 노래가 있었고 그것을 공연하는 웃긴 외모의 이상한 것이 있었던 듯하다.

비슷한 묘사가 등장하는 고려 시대의 이색이 쓴 「구나행」이라는 시의 한 구절을 월전과 비슷한 것으로 보는 견해를 따른다면, 월전은 아마 서역, 중앙아시아의 외국인과 관련이 있는 듯하다. 귀신 쫓는 새해 새벽의 행사를 묘사한 시 「구나행」에는 '금천지정'(金天之精)이라는 표현을 써서 서역에서 온 것이 등장한다고 하면서 "혹은 검고 혹은 누런 모습에 눈은 푸른색으로 빛나는데 그중 늙은 사람은 키는 크면서 허리는 굽었다"라고 묘사한다. 「구나행」에서는 이 모습을 보고 사람의 목숨을 다스리는 별인 남극성과 같은 모습이라고 보고 여러 사람이 경탄했다는 말이 이어진다.

이처럼 월전과 구나행이 통하는 것이라면, 월전이란 아주 웃긴 춤과 노래를 공연해 주는 것인데, 높은 어깨에 목은 움츠리고 있으며 머리카락 끝은 일어선 모양에 키는 크면서 허리는 굽었고 눈은 푸르게 빛나면서, 행색은 검기도 하고 누르기도 하고, 그러면서 생명을 다스리는 신령 같은 것이라고 정리해 볼 수 있다. 좀 넘겨짚어 보자면, 이러한 월전은 신라 사람들에게 '코미디의 신' 같은 느낌으로 받아들여지지 않았을까 싶다.

현대의 연구에서는 「향악잡영」에서 묘사하는 '속독'(束毒)이 중앙아시아의 '소그드'를 나타낸 것과 같이 지금의 카자흐스탄 동부 지역과 겹치는 우전(于闐)이라는 나라를 '월전'이라고 표현했으며, 이 내용은 우전국 출신 사람의 웃긴 춤과 노래를 따라 한 것이라는 학설이

있는가 하면, 웃긴 가면을 쓰고 춤과 노래를 보여 주는 것이라는 학설도 있고, 일부러 키가 작은 척하는 동작을 표현한 공연이라고 추측하기도 하고, 한국 지역에서 고대 일본에 전래되었다는 기록이 남아 있는 일본의 고토쿠라쿠(胡德樂) 춤과 통하는 것 아니냐는 학설도 있다. 그러나 확실한 사항은 알 수 없다.

그만큼 사람을 웃기는 것은 명쾌하고 알 수 없다는 뜻 아닌가 싶기도 하다. 아래는 「향악잡영」의 '월전' 전문이다. 연구 중에는 이 시에서 밤새 휘날리는 깃발을 묘사한 대목을 술 마시는 놀이를 하는 장면이라고 추측하기도 하고, 시 속의 팔을 걷은 여러 무리라는 대목을 두고 선비들을 조롱하는 장면으로 추측하기도 한다. 이 네 줄의 시 속에 최고의 코미디언이 되는 비법, 모든 사람을 웃기는 비밀이 숨겨져 있을까?

어깨는 높고 목은 움츠렸는데 머리카락은 꼿꼿이 솟은 모양
　　　(肩高項縮髮崔嵬)
팔을 걷은 여러 무리 있으니 술잔을 다투는구나(攘臂羣儒鬪酒盃)
노랫소리 듣고 나서는 지치도록 웃고(聽得歌聲人盡笑)
밤에 세운 깃대 깃발은 새벽이 되도록 날리누나(夜頭旗幟曉頭催)

집에 들러붙어 저주를 내린다

눈에 보이지는 않지만 사람의 행동을 하고 사람의 집에 숨어 살며 갖가지 방법으로 사람을 괴롭히고 골탕 먹인다. 등에 올라가 누르고 밭의 채소를 다 뽑아 거꾸로 박아 놓고 밥상을 뒤엎고 상을 던지고 불장난을 하고 오물을 솥에 집어넣거나 사람 얼굴에 바르는 장난을 친다. 옛날 문자를 알아 이상한 문자를 써 놓은 종이를 붙여 놓거나 힘이 세어서 큰 솥을 들어 올린다. 자물쇠를 잘 딴다. 음모를 꾸미다가 사형당한 유계량이 귀신이 되어 이렇게 나타났다는 이야기가 사람들 사이에 퍼져 있었다. 보이지 않으니 말을 하면 허공에서 대답하는 소리가 들렸다 한다. 조선 시대에 기유(奇裕)의 집에 나타나 고생을 하다가 이사를 가 버렸다 한다.

이런 이야기에서는 흔히 사람이 꾸짖고 버티면 괴물이 물러가는데, 원전에서는 이것이 사람보다 더 잘 버티는 바람에 고생했다 하며, 기유는 병을 얻어 죽었다 한다. 엄한 꾸짖음도 비웃는 장난꾼의 성격을 가진 것이나 사람에게 병을 일으키고, 극심한 장난으로 사람을 괴롭혀 결국 죽게 만드는 것이라는 이야기를 생각해 볼 수 있다. 눈에 보이지 않는데, 잠긴 문을 잘 열기도 하는 점에서 전설 속의 유계량 이야기를 솜씨가 아주 좋은 도둑과 견주어 볼 수도 있을 것이다. 사람이 보이지는 않는데 물건은 저절로 자꾸 움직인다는 점에서 영미권에서 폴터가이스트라고 부르는 일과도 비슷해 보이는 이야기다.

독수리와 비슷한데 크기가 아주 커서 호랑이도 잡을 수 있다. 사람을 업고 날아갈 수도 있다. 호랑이를 보면 호랑이의 머리에 앉아 눈동자를 쪼며 공격한다.

『한죽당섭필』의 육덕위를 소개하는 대목에서 여러 독수리나 매를 함께 이야기하는데 보라매, 송골매, 수지니, 산지니 등을 같이 설명했다. 새의 이름을 쓸 때 한자를 사용했지만, 한국어의 발음에서 따온 표기를 썼다는 점에서 육덕위도 '고기뜯기'나 '육뜯이' 정도를 표기한 것으로 추정해 본다.

육안귀(六眼龜)	삼국사기

거북과 비슷한 형태의 짐승으로 눈이 여섯 개가 있다. 배 아래쪽에 복잡하고 묘한 무늬가 있는데, 이 무늬가 글자를 이룬다. 488년 신라에 나타났다.

글자가 그려진 거북은 중국 고전의 '낙서'(洛書) 이야기처럼 그 글자 속에 심오하고 놀라운 지식이 담겼다고 나타나는 경우가 많으니 이것도 비슷하리라 생각해 볼 수 있다. 뜻에 대한 기록은 없으니 너무 복잡하고 어려워서 뜻을 알아내는 사람이 없거나 감히 역사에 남길 수 없을 만큼 위험하거나 예의에 어긋나는 내용이었다는 이야기를 떠올려 볼 수도 있다. 눈이 여섯 개인 거북을 언급할 때는 중국 고전의 지혜로운 거북과 견주기도 해서 고려 시대의 『보한집』에서도 지혜의 상징이라는 의미로 사용한 예가 있다. 단순히 눈 뒤에 눈 같은 무늬가 둘씩 있는 거북을 귀하게 쳐서 육안귀라 일컫는 사례도 있었을 것이다. 이런 이야기를 엮어 보면 이것은 눈이 여섯 개인 지혜로운 짐승으로, 사람들이 쉽게 말할 수 없는 특이한 지식을 자기 배에 글자로 보여 준다고 상상해 볼 수 있다. 해석하기에 따라서는, 역사적으로 살아 있는 이런 모습의 동물이 정말로 나타났다기보다는 이런 모양으로 만든 조각품이나 공예품 같은 것이 발견되었고 그 아래에 글자가 씌어 있었던 사건일 가능성도 충분하다고 본다.

| 육절이굴곡(六節而屈曲) | 성옹지소록 |
| 여섯 마디가 구불구불하다 | |

등이 구불구불한 용과 비슷한 동물이다. 용과 달리 뿔은 없어 중국 고전의 이룡(螭) 같다. 죽여 살을 헤집어 보면 흰 뼈가 나온다. 강물이나 강물의 모래 속에 사는 듯하다. 등에 튀어나온 돌기는 여섯 개인데 여기서 아름다운 구슬이 생긴다. 죽을 때가 되면 복숭아씨만큼 커진다. 뼈를 톱으로 갈라 보면 이 구슬을 구할 수 있다. 이 구슬은 무척 값비싼 보물로 친다. 이화종이 중국을 여행하다가 고우의 물가에서 발견한 이야기가 『성옹지소록』에 나온다.

흰옷 입은 일곱 승려

흰색 옷을 입은 승려 행색의 사람이다. 일곱이 한 무리로, 밤에는 사람과 비슷하게 뛰어다니고 낮에는 대나무 숲속의 흙에 들어가 은으로 된 일곱 개의 불상 모양으로 가만히 있다. 큰 소리를 내면 도망치지만 괴롭히고 해치기도 한다. 은으로 된 불상일 때 녹이면 은으로 사용할 수 있고 밤에 돌아다니지 못하게 할 수 있다. 조선 시대에 김뉴가 좋은 집이지만 귀신이 나온다며 아무도 살지 않는 흉가를 사들였는데 거기서 보았다 한다.

오래된 물건이 사람이 보지 않는 곳에 숨겨져 있거나 묻혀 있으면 거기서 나오는 요사스러운 기운이 도깨비 같은 일을 한다는 부류의 이야기 가운데 대표적인 것이다. 사람 모양으로 만든 인형, 석상이나 짐승 모양이 조각된 그릇에 이런 이야기가 생기는 경우가 많은 편이다. 빗자루에 붙은 도깨비가 나타난다는 이야기 등과 달리 불상과 색이 같은 승려가 밤에만 나온다는 점이 이 이야기의 특징이다. 원전에서는 이것 때문에 집에 살던 사람은 모두 죽었다는데, 그렇다면 이것이 사람을 해친다고 볼 수 있다. 김뉴가 소리를 지르자 바로 도망쳤다는 점에서 사람이 지르는 커다란 소리를 무서워한다고 상상해 볼 수 있다.

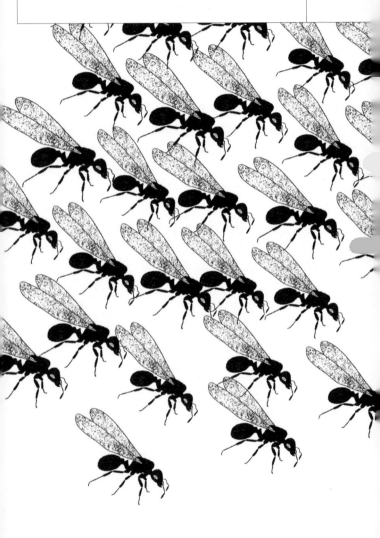

개미가 바다를 덮는다

◉ 강원도 양양과 삼척

개미이면서 물 위를 다닐 수 있고 날아다니는 것도 있다. 어마어마한 수가 바다를 까맣게 덮을 만큼 몰려와 해안가에서는 마치 전쟁을 하는 것처럼 움직인다. 바다 건너에서 적이 침입해 오는 전쟁의 징조로 여겨졌다. 1591년 양양과 삼척에서 발견된 이야기가 『연려실기술』에 나온다.

갑자기 바다에서 나타났다는 점에서 바다를 건널 수 있는 개미나 바닷속에 사는 개미로 상상해 볼 수 있다. 전쟁하듯 움직였다고 하니 날아다니는 장수 개미들이 다른 개미 떼를 이끌며 싸움을 걸었는데, 그 움직임이 정연하고 다양한 진형을 갖추어 짐승이나 사람을 괴롭힌다고 상상해 볼 수도 있을 것이다.

이수약우(異獸若牛)	삼국사기
소와 비슷한 이상한 짐승 ◉ 강원도 춘천	

코가 긴 커다란 네발짐승으로 소나 코끼리와 닮았다. 털이 거의 없고 꼬리는 사람의 절반만 하다. 민가에 나타나 포악한 일을 했다는 기록은 없다. 799년 지금의 춘천으로 알려진 신라 우두주의 도독이 이것이 현성천에서 오식양으로 갔다고 조정에 알렸다.

잠깐 본 일만 있고 잡거나 머무는 곳을 알아냈다는 기록이 없는 점에서 포악하지는 않지만 크고 힘이 세서 사람이 쉽게 막을 수 없거나 재빨리 움직이는 짐승일 것이다. 훗날 유행하는 불가살이 계열 동물로 보이기도 하며 코끼리가 괴물 이야기로 나타났다고 볼 수도 있다. 799년에 일어난 일은 당시 대외 교류가 활발하던 신라에서 외국에서 들어온 코끼리가 탈출한 사건으로 짐작해 볼 만하다. 도망친 코끼리가 즉시 목격된 것일 수도, 새끼일 때 놓친 것이 산속에 살다가 큰 코끼리가 된 상태로 발견된 것일 수도 있다. 코끼리는 고대로부터 알려져 있었고, 불교 전래 이후 활발히 그에 관한 이야기가 돌기도 했지만, 모습을 직접 본 사람은 많지 않았을 것이다. 그러므로 당시에는 충분히 괴물 이야기로 변할 만하다. 코끼리와 유사한 모습으로 자주 묘사되곤 하는 한국 괴물인 불가살이는 고려 말의 혼란기를 배경으로 하는 전설이 널리 알려져 있기는 하지만 그 이야기가 기록으로 남아 본격적으로 정리된 것은 19세기의 『송남잡지』로 상대적으로 최근이다.

이죽이병(珥竹異兵) / 음척(陰隲) / 개이죽엽(皆珥竹葉)	삼국사기
◉ 경상북도 경주	

귀에 대나무 잎사귀 같은 것이 있는 사람 비슷한 독특하고 신령스러운 것이다. 문득 나타났다가 문득 사라지므로 정확한 정체를 알기 어렵다. 자신을 소개하거나 대화를 나누었다는 이야기가 없는 것으로 보아 원래 말이 별로 없어 보인다. 싸움에 능하다. 보통 수백에서 수천이 떼로 몰려다닌다. 특별한 때가 되면 대나무 잎사귀 같은 것이 떨어진다. 297년 신라에서 지금의 경주에 나타났다는데, 이서고국의 군사가 침공했을 때 갑자기 나타나 신라를 도와 적을 물리쳤다. 삶과 죽음을 넘어 수명이 없으며 저승에서 왔다고 여기기도 했다. 미추왕이나 미추왕릉과 관련이 있다 하며 미추왕릉을 죽현릉(竹現陵)으로 불렀다.

원전의 묘사는 보통 귀에 대나무 잎을 꽂고 있는 모습이라고 번역한다. 이죽이병은 조선 시대의 『대동운부군옥』에서 이 일을 설명하며 붙인 제목이다. 이(異)는 이상하다는 뜻이니 그냥 이죽병으로 불러도 무리가 없다. 『삼국유사』에서는 음척(陰隲, 저승에서 온 병사)이라는 말로 기록되어 있다. 오래전 세상을 떠난 미추왕을 위해 신라의 전쟁을 도와주었다는 점에서 한번 받들기로 한 사람을 오랜 세월이 지나도 따르는 충직한 무리나 죽은 사람의 명을 따르는 저승의 병사로 생각해 볼 수 있다.

익대여후(翼大如帳)

날개가 과녁처럼 커다랗다

◉ 경기도 고양

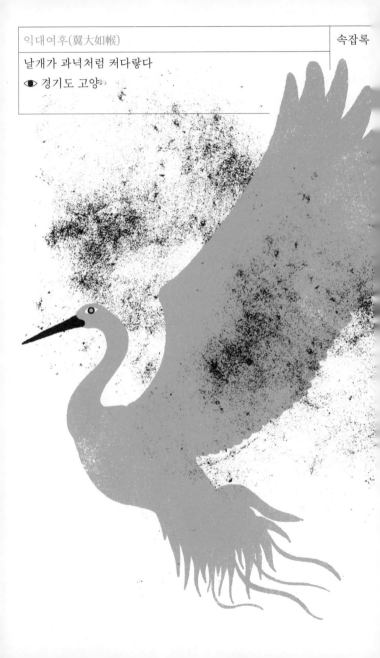

커다란 학을 닮은 새로, 키가 사람의 서너 배가 넘고 날개도 커서 활을 쏘는 과녁만 하다. 전체적으로 흰색이고 목은 파란색이며 입은 약간 어두운 붉은색, 다리는 새빨간 색이다. 물가에 산다. 이 새가 나타날 무렵에 다른 지역에서 모래가 날리는 거센 바람이 몰아쳐서 나무가 뽑히고 지붕의 기와도 날아가는 일이 있었다. 『속잡록』에 1635년 경기도 고양에서 발견된 일이 나온다.

『속잡록』에는 병자호란 무렵의 흉흉한 세상 풍경과 흉한 징조가 몇 가지 나오는데 그중 하나다. 이 새가 나타나기 전에 다른 지역에서 모래가 날리는 거센 바람이 몰아쳤다는 점에서 아주 강한 바람을 타고 먼 곳에서 날아온 새나 그런 강한 바람을 일으키는 새로 생각해 볼 수 있을지도 모른다. 그 외에 특별히 사람을 공격하거나 사나웠다는 기록은 없는 점에서 의외로 온순하고 사람이 길들일 수 있다고 생각해 볼 여지도 있다. 날개의 크기를 활을 쏘는 과녁에 비유한 점에서 보통 새의 날개가 가로로 길고 세로로 좁은 모양인데, 상대적으로 세로가 길다고 생각해 볼 수도 있고, 그렇다면 움직임은 날렵하지 못하다고 볼 수도 있다. 몸의 색깔에 대한 묘사에서 목이 파란색이라는 점에서 파란색이 짙어질수록 더 흉하거나 더 나이가 많다는 식으로, 이 부분이 어떤 의미를 지닌다고 이야기를 만들어 볼 수도 있을 것이다.

인갑여전(鱗甲如錢)

비늘 딱지가 돈 같다

◉ 강원도 영월

동국여지승람

연못에 사는 거대한 뱀 모양 동물로 사람 키만큼 크며 뱀이면서도 두 귀가 있다. 물속에서는 안개와 풍랑을 일으켜 배를 침몰시킬 수 있다. 비늘 하나하나가 작은 동전과 비슷하고 실제로도 가치 있게 거래되기 때문인지, 그 허물도 진귀하게 여긴다. 허물을 벗을 때는 연못 밖으로 나와 육지에서 허물을 벗어 놓는다. 이것에 관한 이야기가 조정에 전해져 권극화를 보냈는데 배를 타고 연못을 조사하다가 갑자기 폭풍이 일어나더니 간 곳을 영영 알 수 없었다 한다. 1431년 영월에서 발견된 이야기가 『동국여지승람』에 나온다.

이무기나 용의 비늘이 비싸게 거래된다는 이야기를 묶어 설명해 본 것이다. 모양은 몸이 돈으로 뒤덮인 짐승에 가깝다고 상상해 볼 수 있다. 영월 인근에는 용마에 관한 전설도 있는데, 이와 관련이 있다고 보면 이것이 물 밖으로 나와 말과 새끼를 낳고 새끼는 무척 빠른 말, 즉 용마가 된다고 생각해 볼 수도 있다. 그 밖에 용 같은 동물이 남겨 둔 비늘이나 허물이 귀한 가치가 있다는 이야기는 다른 사례도 있다. 『중종실록』 1531년 6월 11일 기록에는 궁전 안의 창고에 용의 비늘을 대대로 보관한다는 이야기가 있고, 박곤에 얽힌 밀양 어변당, 적룡지 전설에는 박곤의 효심에 감동한 잉어가 용으로 변하며 비늘을 남겼는데, 말안장에 장니로 붙이고 다니니 전투에서 항상 이겼다는 이야기도 있다. 『중종실록』의 기록에는 뒤에 이어지는 이야기가 더 있다. 용의 비늘이라던 것을 꺼내 보니 사실은 대모(玳瑁, 거북이 등갑)였다는 것이다. 『태평광기』에 편집된 중국의 기록에는 이덕유가 신라에서 백룡의 가죽을 구해 두었는데, 이것을 물에 담가 놓으면 한여름에도 주위가 항상 시원했다는 이야기도 있다. 이 이야기는 고려와 조선에도 역으로 전해졌다.

인삼구척(人蔘九尺)	삼국사기
9척짜리 인삼	

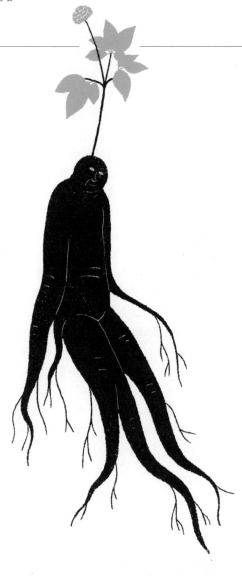

한 줄기 긴 꽃대 위에 풀꽃이 달린 모양으로 산속에서 자라나는 인삼의 한 종류다. 캐 보면 무척 커서 사람의 키를 넘길 만하다. 인삼이지만 어딘가 이상한 점이 있어서 인삼이 아닌 다른 것에 가깝다고 보기도 한다. 799년 신라에서 발견된 이야기가 『삼국사기』에 나온다.

이 기록은 역사에 실린 인삼에 중에 거의 가장 큰 것에 속한다. 이것을 당나라 조정에 선물로 보내자 당나라 임금이 인삼이 아니라며 받지 않았다는 것이 원전의 내용이다.

인삼은 보통 사람의 모양을 닮을수록 좋은 것으로 치는데, 중국의 『증류본초』에는 사람의 모습을 닮은 것에는 신령스러움이 있다 했고, 이런 내용은 『산림경제』 같은 조선 시대 기록에도 나온다. 중국의 기록인 『해약본초』에는 신라의 인삼은 손과 발이 있어 모양이 사람 같고 1척이 넘을 만큼 크다고 설명하면서 삼나무를 양편에 대고 붉은 비단으로 포장했다 한다.

크거나 이상한 인삼 이야기는 구전되다가 현대에 채록된 전설도 많다. 『한국민족문화대백과사전』에는 불씨를 지키는데 누가 자꾸 꺼뜨리는 것 같아 숨어 지켜보니 이상한 사람이 나타나 소매에서 물을 뿌려 불씨를 끄기에 옷에 실을 꿴 바늘을 꽂아 어디로 가는지 살펴보니 그 사람이 인삼이 변한 것이었다는 이야기가 있다. 부모의 병을 고치려 시체나 어린아이를 붙잡아 약으로 썼는데, 나중에 알고 보니 인삼이었다는 이야기도 있다. 그런 점에서 기이하고 커다란 인삼이 사람으로 변하거나 사람의 모습을 보여 주거나 소매에서 물을 뿌리거나 사람처럼 움직이고 걸어 다니는 이야기를 상상해 볼 수도 있다. 『해약본초』의 기록과 엮어 보면 붉은 비단옷을 입고 삼나무로 만든 집이나 갑옷을 입은 모습으로 나타난다고 이야기를 꾸며 볼 수 있다.

인수사신(人首蛇身)
사람 머리에 뱀 몸
◉ 충청북도 충주

사람 머리에 뱀의 몸을 한 것이다. 두꺼비나 개구리 같은 무리로 볼 수 있다. 사람들이 흉하고 악한 것으로 여겨 이것을 낳으면 숨기려 한다. 1223년 충주에서 발견된 이야기가 『고려사』에 나온다.

『고려사』의 「오행지」에는 1220년대 무렵 사람 머리에 뱀의 몸을 한 것이 태어나거나 사람으로부터 두꺼비, 뱀, 개구리가 태어났다는 기록이 있다. 짤막한 기록이라 정확히 어떤 사실을 나타낸 것인지는 알 수 없지만 사람 머리에 뱀의 몸을 한 형체를 옛사람들이 요사스러운 것으로 여겨 기록으로 남긴 듯하다. 조선 시대 허균은 『장산인전』에서 사람 머리에 뱀의 몸을 한 괴물이 사악한 것이며 누군가의 집에 들어오면 그 집에 원래 있던 부엌과 문의 신을 괴롭힌다고 묘사했다. 『장산인전』에는 사람 머리에 뱀 몸을 한 괴물이 뜰에 있는 홰나무 밑동에 살며 눈빛이 크고 번쩍거린다고 나오는데 주인공인 장한웅이 이상한 물을 뿌리는 주술을 사용해 죽였다 한다. 이런 이야기는 중국 신화에서 사람 머리에 뱀의 몸을 한 여와가 인간과 결혼 제도를 만든 긍정적인 것으로 나타나는 것과는 대조된다. 선하고 현명하다는 기록도 없는 것은 아닌데, 원효대사와 함께 나오는 불교 설화의 사복에 관한 이야기가 그런 예와 통한다. 이것은 겉모습이나 몸으로 하는 일의 한계를 넘어 달관한 깨달음에 관한 이야기로 볼 수 있다.

인어(人魚)	어우야담
◉ 강원도 통천	

헤엄치는 모습은 거북과 비슷하지만 사람과 닮은 점도 있다. 앉을 때의 형상은 사람과 같고 무척 아름답다. 머리칼은 금발과 흑발이 섞였고 눈동자는 밝은 황색이다. 피부는 붉은빛이 도는 흰색이며 등에는 옅은 검은색 무늬가 있다. 사람에게 잡히면 흰 눈물을 흘리며 처량하게 울어 애절한 마음에 놓아줄 수밖에 없다. 남녀가 있고 어린 모습에서 다 자란 사람처럼 성장한다. 기름을 짜 먹어 보면 무척 맛있고 오랫동안 상하지 않아 고래기름보다 더 귀한 것으로 친다. 조선 시대에 김담령이 지금의 통천에서 어부가 잡은 것을 빼앗아 놓아주었다.

중국의 고전에는 인어와 비슷한 교인(鮫人)이 나오지만, 교인 이야기와는 완전히 다르며 직접 본 사람에게 전해 들은 이야기의 형태다. 중국 고전에서는 교인이 신비한 옷감을 짠다는 이야기가 유명하다. 당나라에서 사치로 유명한 원재가 사랑하는 설요영에게 신비한 옷을 입히기 위해 교초(교인이 짠 비단)를 구해 왔다는 이야기가 『태평광기』 등에 실려 있는데, 조선의 한치윤은 이때 교초를 전해 준 것이 신라 사람이었다는 기록을 전하기도 했다. 아마도 장보고가 활동하던 시기 전후로 신라 사람들이 바다를 오가며 진귀한 물건을 잘 사고판다는 인상 때문에 생긴 이야기인 듯하다. 조선 후기의 기록들을 살펴보면 『어우야담』 외에도 『고운당필기』 등 여러 다른 문헌에서도 인어에 대한 이야기를 찾아볼 수 있다. 그 전체적인 묘사와 전후 사정을 종합해 보면 조선 후기의 인어 이야기는 물고기와 다르지만 바다에 사는 물범, 바다표범 등의 해양 포유류가 어민들에게 붙잡혔을 때 그 귀여운 모습에 대한 이야기가 와전되면서 생겨난 전설로 추정해 볼 만하다. 그렇다면 조선의 인어 이야기는 상반신은 사람이고 하반신은 물고기인 유럽 계통의 인어 모습보다는 물범과 사람의 중간 정도 형상을 지닌 동물로 보는 것도 어울릴 것이다.

인어사(人語蛇) / 대망(大蟒)	순오지
사람의 말을 하는 뱀	

사람처럼 말을 하고 생각이 깊어 사람에게 미래에 대해 충고를 해 준다. 굵기가 기둥만 하고 길이는 사람 키의 두 배가 넘는다. 다리를 지을 때 거기에 드는 돈을 다루는 일 등에 관여하기도 한다. 다리가 완성되면 집으로 삼는다. 작은 뱀들을 부하로 거느린다. 원래는 사람인데 악한 마음을 먹어 뱀으로 바뀌었다는 이야기도 있다. 이것이 다리에 살 때는 건너는 사람들에게 해를 끼치거나 반대로 건너는 사람들이 이것에게 피해를 주기도 한다. 이것이 지은 다리임을 아는 사람들은 강물로 건넌다. 이것이 깨달음을 얻거나 생을 마칠 때가 되었다고 느끼면 스스로 불구덩이로 뛰어든다. 이때 부하인 작은 뱀들도 따라 죽는다.

『고려사』에 나오는 '영리한 뱀' 이야기로는 1258년 위도의 '누런 뱀' 이야기를 꼽을 수 있다. 이것을 『순오지』에 나오는 이야기와 합쳐 보았다. 인어사는 '사람의 말을 하는 뱀'이라는 뜻으로 조선 시대의 『대동운부군옥』에서 사용한 제목이다. 『순오지』의 이야기는 승려가 제자를 데리고 다니며 기이한 일을 보여 주고 해결하는 불교의 이야기로 유래가 중국이나 인도의 불교 문헌에 있을 수 있다.

　　큰 뱀을 신령스러운 것으로 취급한다거나 숭배한다는 계통의 이야기는 다양하게 퍼져 있는데 최근까지 한국 민속에 널리 퍼져 있던 사례로는 '구업' 항목에서 설명한 업신이 있고, 그 외에 대표적인 뱀 숭배 이야기로는 크기가 큰 뱀에 대해서 설명한 '홍량거부'(이무기) 항목의 이야기들과 '차귀' 항목에서 설명한 제주도의 풍속도 꼽아 볼 수 있다.

　　그중에서도 남구만의 『약천집』에 수록된 「외증조 증 병조참판 서공 묘갈명」 등에 실린 서련 이야기는 제주도의 김녕사굴을 배경으로 거대한 뱀을 물리치는 내용으로 완연한 영웅 서사시 구조를 띠고 있다. 이 이야기에서 제주 주민들의 섬김을 받는 커다란 뱀은 요망(妖蟒)이라고 지칭되고 있다. 이에 따르면 비바람으로 재난을 일으킬 수 있는 요망을 사람들이 섬기고 있어서 매년 봄과 가을에 여성을 뱀에게 바치고 풍악을 울리며 기도를 하면 뱀이 나와서 여성을

물고 들어가는 풍습이 있었다고 한다. 그런데 새로 부임한 판관 서련이 목사, 현령 등 다른 관리와 함께 요망을 처치할 계획을 세웠는데 목사, 현령이 병을 핑계로 나오지 않자 부하 두 사람에게 도끼를 들고 양옆을 지키게 하고 음악을 연주해 요망을 나오게 한 뒤, 자신은 창으로 찌르고 역사들은 도끼로 내리쳐 요망을 제거했다고 되어 있다.

뿔이 하나 달린 사슴으로 쉽게 나타나지 않지만, 나타나기만 하면 좋은 징조다. 376년 신라에서 발견된 적이 있는데 그해에 풍년이 들었다 한다.

『앙엽기』에서는 '외동곳'으로 표기하는 뿔 하나인 사슴을 언급하며 보통 사슴보다 더 힘이 세고 한결 큰 특별한 사슴과 견주어 설명하기도 했다. 풍년이 들면 이것이 나타났다는 점에서 쉽게 나타나지 않지만, 풍년과 부유함을 짐작하고, 그것을 좋아해 그럴 때 모습을 드러낸다고 상상해 볼 수 있다. 그렇다면 이것을 불러들이기 위해 사치와 부유함을 상징하는 것을 쌓아 두고 함정을 꾸민다는 이야기도 만들어볼 수 있다.

자염장부(紫髯丈夫) / 노앵설(老鶯舌)	용재총화
보라색 수염이 난 장성한 남자 / 늙은 꾀꼬리 혀 ◉ 경기도 양주	

보라색 수염이 난 남자나 어린 여자의 모습인데 기둥을 타고 올라가 천장에 숨는다. 목소리가 늙은 꾀꼬리 같은데 무척 맑고 듣기 좋다. 낮에는 허공에 있고, 밤에는 천장으로 올라간다. 사람의 비밀을 알아채거나 마음을 꿰뚫어 본다. 잃어버린 물건을 잘 찾아 주지만 물건을 숨기거나 훔치기도 한다. 사람의 집에 살아가려 하며 사람을 괴롭히기보다는 장래의 일이나 불길한 징조를 알리기도 한다. 쫓겨나면 숲으로 간다. 사람들은 보라색 수염이 난 장성한 남자 귀신이 어린 여자에게 씌어 이상한 일을 하는 것으로 믿기도 했다. 사람 머리칼을 잡기도 하는데, 머리칼을 붙잡힌 사람은 이상한 기분이 들면서 힘이 빠져 기절한다. 성품이 올곧고 기개가 있는 사람이 꾸짖으면 말을 듣는다. 조선 시대에 성현의 친척인 정 씨가 어릴 때 양주에서 보았다.

원전에서는 귀신 붙은 어린 여자 종이 이상한 일을 많이 하는 귀신을 보았고, 그 모습이 보라색 수염이 난 남자라 했다 한다. 한 사람이 비녀를 잃어버린 뒤 종이 감췄다고 오해하고 자꾸 종을 다그치는데, 종이 참고 참다가 밝히기를 그 사람이 이웃과 닥나무밭에서 밀회를 할 때 닥나무에 비녀가 걸려서 빠졌고 지금 거기에 비녀가 있다 하자 부끄러워했다는 이야기도 덧붙여 있다. 이때 귀신에게 좁쌀을 바치며 물어보았다는데, 이것을 당시의 귀신에 대한 풍습으로 생각해 볼 수 있다. 한편으로는 이것이 좁쌀을 좋아하는 습성이 있어 좁쌀을 모으려 한다고 생각해 볼 수 있다.

발이 없는 기다랗고 굵은 벌레로 커다란 지렁이를 닮았다. 북쪽 담 아래의 땅속에 사는데, 밤이 되면 기어 나와 움직인다. 사람에게 이상한 꿈을 꾸게 하는 듯하며 잠자는 사람을 희롱한다. 사람을 임신시키는 수도 있다. 잠을 자는 사람은 보라색 옷을 입은 사람이 왔다 갔다고 생각한다. 800년대 말 신라에서 견훤이 이것의 아들로 태어났다 한다.

원전에 자세한 설명은 없지만 보라색 옷을 입은 사람이 나타났다는 점에서 이것이 원래 보라색이라 볼 수 있을 것이다. 또는 이것의 옷에 바늘을 꽂아 두고 바늘에 꿰어 놓은 실을 따라가 이것을 찾았는데, 바늘이 이것의 허리에 꽂혀 있었다는 점에서 허리 부분에 보라색 무늬가 있다고 상상해 볼 수 있다. 북쪽 담 아래에서 이것이 나왔다는 점에서 햇볕이 들지 않는 곳을 좋아하면서도 사람과 어울리고 싶어 하고 사람과 가까이서 살다가 점점 그 형태나 마음이 변해 밤마다 사람에게 찾아온다고 생각해 볼 수도 있다.

자이(自移)	삼국사기
스스로 움직이다	

스스로 움직이는 바위다. 크고 무거워서 빨리 움직이지는 못한다. 한 번 움직일 때 채 100보를 걸어 다니지 못할 만큼 움직이는 데 서툴지만 서로 싸우기도 하며 무게가 무거워서 다루기 힘들어 상당히 위험하다. 가만히 있을 때는 일반 돌과 다를 바 없다. 돌이 아니라 돌탑이 서로 싸우며 움직였다는 이야기도 있다. 638년, 816년 등에 걸쳐 신라에 나타난 이야기가 『삼국사기』에 나온다.

돌이 저절로 움직였다는 것은 돌의 무게 때문에 땅이 꺼져 돌이 구르거나 미약한 지진으로 균형이 무너져 돌이 움직인 현상으로 생각할 수 있다. 커다란 돌, 특히 사람이나 동물과 비슷한 모양의 돌이 걸어 다니는 전설은 곳곳에 많다. 울산 바위 이야기가 가장 유명한데, 신라 시대의 이야기는 돌로 만든 불탑이 서로 싸웠다는 등 색다른 것도 있다. 이런 돌은 돌답지 않게 성격이 급하고 화를 잘 내며 싸움을 잘하는 것으로 생각해 볼 수도 있고, 한편으로는 무심코 이런 돌을 재료로 탑을 만들면 나중에 탑이 스스로 움직이고 싸운다고 상상해 볼 수도 있다. 탑은 건물의 한 형태이므로 이런 돌로 지은 집이 움직인다는 이야기도 떠올려 볼 수 있다.

장고장각(長股長角)

다리가 길고 더듬이도 길다
◉ 경기도 양주

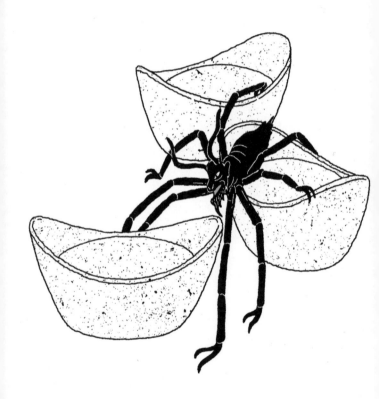

보물이 묻힌 곳 근처에 사는 벌레인데, 다리가 길고 더듬이(혹은 뿔)도 길다. 전체적인 모습은 매우 모질고 사납게 생겼다.

양주 송산리 황금산에 먼 옛날 평난장자(平難長者)라는 사람이 살던 집터가 있었다고 한다. 최철견의 아들 최연이 그곳에 집을 지으려고 하니 꿈에 신령스러운 사람이 나와 은이 묻혀 있다고 말해서 땅을 파 보았더니 이 이상한 벌레가 나타나서 흙을 덮었다고 한다. 다시 꿈에 그 사람이 나타나 더 깊이 파 보라고 하기에 다시 더 깊이 파 보았더니 이번에는 벌레는 없고 자신이 그곳을 파내게 된다는 예언이 새겨진 흙벽돌 하나가 나왔다고 한다.

『어우야담』에 실린 이 이야기는 불교 문헌의 옛이야기에서 흔히 나오는 '장자'라는 이름을 가진 아주 먼 옛날에 살았던 사람의 전설과 엮여 있다는 점에서 특색이 있다. 그러므로 천 년 이상 보물이 묻혀 있었다는 느낌을 주는 이야기다. 은을 상징하는 벌레이므로 아마도 보물로 거래하는 은 한 덩어리 정도의 크기로 추측해 볼 만하다. 은이 있다고 해서 파 보았는데, 은은 나오지 않고 이상한 벌레 한 마리만 나왔다는 것도 특이한 점이다. 그렇다면, 사람에게 귀하게 사용되어야 할 은, 귀금속, 보물이 아무도 보지 못하는 곳에 묻혀서 아주 오래되면 그 순리에 어긋나는 기운이 모여서 벌레가 생긴다거나 혹은 보물 그 자체가 변해서 생긴 보물 벌레라고 상상해 볼 수도 있을 것이다.

장구당로(長口當路)	어우야담
커다란 입이 길을 가득 채우다	

길을 막을 만큼 커다란 입으로 입을 벌리면 윗입술이 하늘에 닿을 만하다. 입속 깊숙한 곳에는 푸른색 옷을 입은 아이가 산다. 이 아이는 신비로운 조화를 부린다. 마음에 드는 사람을 주인으로 삼아 아무도 모르게 따라다니는데, 어떤 일을 하면 잘 되고 어떤 일을 하면 나쁜 일이 생기는지 알려 준다. 주인이 파도, 물결, 날씨 때문에 어려움을 겪으면 신비한 재주로 편안하게 해 준다. 주인이 죽을 때가 되면 울면서 떠나간다. 조선 시대에 신숙주가 젊은 시절에 보았다 한다.

원전에는 푸른 옷을 입은 어린 사람이 신숙주를 보호하기 위해 따라다녔는데 중국 고전 속 권세가를 따라다닌 신령 같은 것으로 짐작된다고 나온다. 신숙주가 친구와 길을 가다가 밤에 만났다는데, 친구는 도망치고 신숙주는 당당하게 입으로 들어갔다가 푸른 옷을 입은 어린 사람을 만나 그 덕을 보았다고 한다. 커다란 입처럼 생긴 이것과 그 속에 있는 푸른 옷을 입은 어린 사람이 함께 지내거나 푸른 옷을 입은 어린 사람이 커다란 입 같은 것을 집이나 배처럼 여기고 머무는 것일 수도 있다. 신숙주의 친구가 도망쳤다는 점에서 겁을 주거나 장난을 치는 것을 좋아하는데, 겁먹지 않는 사람을 높이 사서 오히려 가깝게 지내려 하고 도움을 준다고 상상해 볼 수도 있다.

장량이(張兩耳)	어우야담
두 귀를 펼치다	

물에 사는 커다란 뱀 모습의 짐승인데, 물결 가르는 소리를 크게 내며 머리에 달린 두 귀를 활짝 편 채 달려든다. 배 속에는 여어(黎魚) 혹은 가물치로 보이는 또 다른 물고기의 눈이 두 개 있다. 그 배 속의 본체가 껍질인 뱀 모양을 조종하는 듯이 움직인다고 볼 수 있다. 사람에게 당한 원한을 오랫동안 잊지 않고 큰 연못가 물풀 사이에 숨어 살면서 사람을 공격한다. 이것의 쓸개는 좋은 약이 된다.

박명현이라는 군인이 1589년경에 연못가에서 놀다가 커다란 여어 내지는 가물치를 발견했는데, 활촉을 깎는 작은 칼로 찔렀더니 뛰어오르며 칼날을 부러뜨리고 도망쳤다. 17년 후 같은 물가에서 쉬는데 갑자기 물소리가 들려오길래 돌아보니, 두 귀를 펼친 커다란 뱀이 공격해 오기에 재빨리 피했다. 곧장 말채찍으로 뱀을 때리고 주변 아이들이 돌을 던지자 이내 뱀이 늘어졌는데, 누가 뱀 쓸개는 약이 된다기에 칼로 갈라 보니 배 속에 눈동자 둘이 보였다. 또한 배를 가를 때 쇠 부딪히는 소리가 들려서 살펴보니 17년 전의 그 칼날이 박혀 있었다. 옛사람들 사이에는 여어 혹은 가물치가 뱀이 되거나, 뱀과 통한다는 소문이 돌았다고 한다. 『어우야담』에 나온다.

여어라는 말은 직역하면 까만 물고기라는 뜻인데, 가물치를 뜻하는 말로도 사용되었다. 연못의 물풀 사이에서 발견했다는 대목을 보면, 여기서도 가물치 또는 가물치를 닮은 물고기로 보는 것이 맞아 보인다. 이 이야기의 핵심은 가물치가 뱀과 결합한 형태 또는 가물치가 뱀과 비슷한 이상한 것으로 변신한 형태로 아주 오랫동안 원한을 잊지 않고 있다가 복수하려 들었다는 것인데, 복수하려는 마음을 오래 품고 있었다는 점이 무섭다는 쪽을 강조하고 있다. 가물치가 변한 형태라는 것을 보면 전체가 새카만 색이고 물고기를 조금 더 닮은 모양으로 생각해 볼 수 있을 듯하며, 배 속에 가물치의 눈과 입 모양을 닮은 형체가 그대로 들어 있어서 꿈틀거리거나 따로 움직인다는 식으로 생각해 볼 수도 있을 것이다.

토끼의 일종인데 꼬리가 짧지 않고 긴 짐승으로, 부여의 사신이
고구려에 삼각록과 함께 선물로 바치니 좋은 징조가 있는 짐승으로
여기며 죄수들을 풀어주었다. 삼각록과 비슷한 짐승으로 볼 수 있다.

『삼국사기』의 다른 대목에도 토끼 이야기가 나온다. 642년 신라의
김춘추가 고구려의 선도해에게 술을 마시다가 들은 이야기는
조선 후기에 『별주부전』으로 자리 잡는다. 『별주부전』의 이야기를
적극적으로 활용한다면, 신령스러운 토끼는 길을 잃거나 먹을 것이
없는 짐승 앞에 일부러 나타나 길을 알려 주거나 먹을 곳이 있는
곳을 알려 주는 등 착한 일을 하다가 도리어 사냥당하는 등 억울한
일을 많이 겪으며 갑작스러운 위기에 놓인 동물인 셈이다. 그런 만큼
영리하지만 사람들이나 다른 짐승에게 잘 속고 조금만 정성을 들이면
금방 친하게 따르며 믿는다고 볼 수 있다. 『삼국사기』의 김춘추와
선도해 이야기에서는 이것을 신명지후(神明之後)로 부르기도 하는데,
내장을 몸 밖으로 꺼내 따로 두거나 깨끗하게 씻어 낼 수 있는 것으로
나온다.

장백척(長百尺)	삼국사기
100척 길이 ◉ 충청남도 서산	

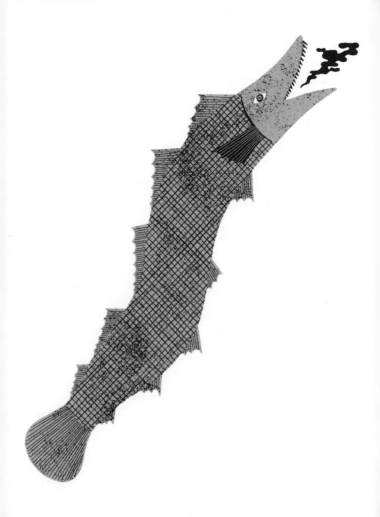

민물에 사는 커다란 물고기다. 길이가 무척 길어 사람 키의 열 배, 스무 배에 이른다. 강한 독이 있는 듯해 이것의 살을 먹은 사람은 모두 죽는다. 655년 신라의 공주 기군, 즉 현재의 서산 일대에서 나왔다는 이야기가 『삼국사기』에 나온다.

『삼국유사』에도 비슷한 이야기가 있는데 이상한 물고기가 백제의 도성 근처에 있는 사비에 나타난다. 이 물고기는 흉조로 신라와 백제가 그 근방에서 전쟁을 벌이고 멀지 않은 곳에서 많은 사람이 죽을 징조로 생각해 볼 수 있다. 강한 독이 있는데, 그것을 먹는 사람을 죽게 만들었다는 점에서는 겉모습만 보면 먹음직스럽게 보였거나 냄새가 좋거나 먹어 보면 맛은 좋았다고 상상해 볼 수도 있다. 또한 이 물고기로 독약을 만드는 이야기나 먹으면 목숨을 잃을 수밖에 없지만, 맛은 너무나 좋아 누군가 목숨을 걸고 먹고 싶어 한다는 이야기도 꾸며 볼 수 있을 것이다. 흉조라는 점에서는 죽음을 상징하는 물고기로 생각해 볼 수 있다.

바닷속에 사는 물고기로 등지느러미가 칼날 같아 다른 물고기나 짐승이 이것을 먹으려 하면 등지느러미에 찢겨 죽는다. 무리 지어 다니는데 이가 날카롭고 사나워 고래라 해도 둘러싸여 뜯어먹혀 죽는다. 손바닥보다도 작은 물고기라는 말도 있고, 커다란 물고기라는 말도 있다. 한편 사람 말을 알아듣거나 영리하다는 말도 있다. 바다에서 이것이 고래를 공격하는 것을 뱃사람들이 보았을 때 "고래 고기 한 덩이만 던져다오"라고 장난스럽게 이야기하면 꼭 고기 한 덩이를 배 안으로 던져 준다 한다.

이 묘사는 19세기 기록인 『오주연문장전산고』에 나오는 묘사를 포함해 조금 더 풍부하게 살려 쓴 것이다. 현대에는 보통 '장수피'라는 말이 범고래를 일컫는다고 보는 일이 많다. 그런데 조선 시대 기록에는 범고래와는 다르게 작은 물고기처럼 묘사하는 사례도 있는 점에서 조선 시대에 고래를 공격하는 바다 생물 이야기가 돌면서 전설이 되는 가운데 여러 괴이한 내용이 덧붙어 이상하게 변한 듯하다.

날아다니는 흰 말로 울음소리가 크다. 힘차게 울고 나서 빠르게 하늘로 치솟는다. 푸른색이나 보라색 알 앞에 무릎을 꿇은 모습으로 나타나기도 한다. 땅에 내려올 때는 번개같이 이상한 기운이 나타난다. 이것 때문일 수도, 나타나는 알 때문일 수도 있다. 박혁거세가 이 알에서 태어났다.

날개가 달렸다는 기록은 없지만 신라의 천마총에서 발견된 「천마도」를 쉽게 연상할 수 있다. 다만 「천마도」의 그림에 대해서는 그것이 기린이나 다른 신비한 짐승을 그린 것이라는 견해도 속속 나오고 있다. 번개처럼 드리우는 이상한 기운이 말과 관련이 있다고 보면, 날개가 있어 퍼덕이며 날아다니는 말이 아니라 번갯불 같은 빛을 뿜으며 날아다닌다고 상상해 볼 수 있다. 박혁거세가 태어난 알이 어디서 나타났는지에 관해서는 분명한 설명이 없다. 아마도 알이 신비한 기운과 함께 하늘에서 땅으로 내려왔고, 이 짐승은 그것을 데려오거나 보호하기 위해 하늘에서 함께 내려왔다가 올라갔을 것이다. 생각하기에 따라서는 이 짐승이 하늘 위에서 살고 있다거나, 이 짐승이 스스로 알을 낳았다고 상상하는 것도 가능하다.

장원심은 유난히 키가 컸다. 삶을 달관해 욕심이 없고, 사는 곳이
일정치 않아 길에서 자는 것을 이상하게 생각하지 않고 익살을
좋아했다. 높고 귀한 사람에게도 공손하지 않았고, 그렇다고 가난하고
무식한 사람에게 오만하지 않았다 하며 천금을 받더라도 기뻐하지
않고, 모든 것을 잃더라도 성내지 않고, 풀을 엮어 옷으로 삼아도
부끄러워하지 않고, 비단옷을 입어도 영화롭게 여기지 않았다. 남들이
주는 대로 옷을 입으니 남녀의 옷도 가리지 않고 옷을 벗어 달라는
대로 주기도 했다 한다. 가뭄이 들었을 때 장원심이 비를 빌면 효험이
있었다 한다. 시체를 두려워하지 않고 오히려 주인 없는 시체를 묻어
주는 일을 즐겼다. 자신의 몸을 불타게 한 뒤 뼈를 태워 몸을 더 좋게
바꾸는 수법인 소골화신을 부릴 수 있어 땔나무를 쌓아놓고 앉은 뒤
불을 붙여 사라지지만, 법신(法身, 불교에서 말하는 변치 않는 본체)이
그대로 남아 다시 새로운 몸으로 나타난다고 남들에게 말했다 한다.

원전의 마지막은 장원심이 뼈를 태워 몸을 바꾸는 데 성공했다는 것이
아니라 제자들에게 그렇게 하겠다고 말해 놓고 막상 불이 너무 뜨거워
도망간 다음 익살을 부리며 이런저런 말을 늘어놓았다는 이야기다.
이때 몸을 새롭게 하는 과정에서 서천(西天, 머나먼 다른 세계)이나
저승에 다녀왔다는 언급을 장원심이 남기기도 했다. 이 이야기에서
당시 불 속에서 몸을 새롭게 만드는 법을 믿는 사람들이 있었다고
추측할 수 있다. 장원심은 시체를 보고 통곡하며 슬퍼하고 시체를
옮겨 묻어 주는 일을 즐겼는데, 한번은 시체가 등에 달라붙어 사흘
동안 떨어지지 않으려 하는 바람에 기도를 해 겨우 떼어 놓고 그 뒤로
시체를 업으려 하지 않았다 한다. 여기서 장원심이 시체와 특별한
관계가 있거나 시체가 장원심을 좋아한다는 이야기나 시체가 사람을
좋아해 다른 사람 등에 달라붙으려는 이야기 등을 상상해 볼 수 있다.

장인(長人)	삼국사기
◉ 신라 남쪽 장인국	

신라 동쪽의 장인국에 사는 것으로 키가 세 길, 그러니까 사람 키의 대여섯 배 정도이고 이빨은 톱 같고, 손톱은 갈고리 같으며, 벌거벗고 사는데 몸에 검은 털이 많이 나 있다. 동물을 익히지 않고 먹고 가끔 사람도 잡아먹는다. 신라 사람들은 장인이 신라로 침입해 오는 것을 막기 위해 방어 요새인 철관을 만들어 놓고 쇠뇌를 쏘는 병사 수천 명을 배치해 지킨다.

『삼국사기』에는 『기문』, 『신당서』 같은 중국 기록에서 장인국 이야기를 헛소문으로 여긴다는 기록이 나온다. 그러면서도 그런 소문 자체는 이야기했다. 이후에도 비슷한 거인 이야기가 많이 돌았다. '장인' 이야기가 헛소문인 듯하다는 내용은 조선 후기 『동사강목』 등에도 나온다.

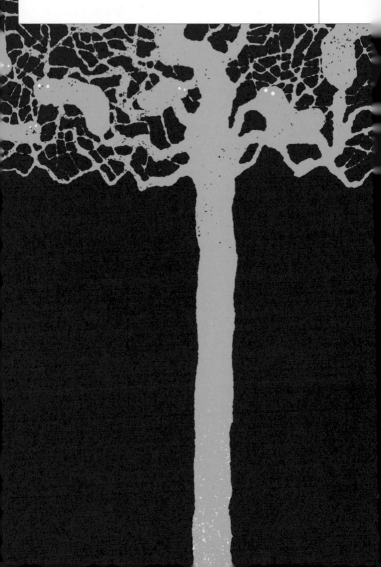

장화훤요(張火喧鬧)　　　　　　　　　　　　용재총화

붉을 밝히고 시끄럽게 떠든다

◉ 경기도 파주

둘레가 몇 아름은 되고 하늘을 뒤덮을 만큼 거대한 나무다. 날씨가 흐리면 괴이한 휘파람 소리를 낸다. 밤에는 빛을 내며 시끄럽고 수다스러운 말소리를 낸다. 매 같은 새가 날아가면 붙잡아 감추기도 한다. 사람이 지나가면 무례한 짓을 하기도 한다. 나뭇가지와 잎 사이에 있는 무엇이 이런 짓을 하고 이런 소리를 내는지는 분명치 않다. 자신을 해치려는 사람을 홀릴 수도 있는데, 홀린 사람은 밤낮으로 날뛰며 이것의 부하와 같은 행동을 한다. 동쪽으로 뻗은 복숭아 나뭇가지로 만든 칼로 목을 베는 시늉을 하면 고칠 수 있다. 안 씨가 지금의 파주 땅인 서원에서 이것에 홀린 사람을 고쳐 주었다.

신령스럽거나 귀신이 들린 나무인데 휘파람 소리를 내는 점, 밤에 빛을 내뿜는 점, 날아다니는 새를 붙잡아 감추는 점이 독특하다. 말을 하고 새를 잘 잡아먹는 나무라고 볼 만하다. 새를 감추기도 한다는 점에서 끈끈이주걱이 작은 벌레를 잡아먹듯 이 나무는 비슷한 수법으로 본모습을 숨기다가 새를 잡아먹는 이야기를 떠올려 볼 수도 있을 것이다. 복숭아나무에 신비한 힘이 있다는 이야기는 중국 고전에도 자주 나오는데, 이 이야기에서는 특히 나무로 칼을 만들어 목을 베는 시늉을 한다는 묘사가 구체적이다. 귀신 붙은 나무를 괴롭히는 사람이 나쁜 일을 당한다는 전설은 널리 퍼져 있다. 현대에도 비슷한 헛소문이 가끔 돌 때가 있다. 건물을 새로 짓거나 길을 내려 마을의 신령한 나무를 잘랐더니 공사를 한 사람이 병들거나 나쁜 일을 당했다는 헛소문은 각지에 나타난다.

재차의(在此矣) / 흑수(黑手)	용재총화
여기 있다 / 검은 손	

되살아난 시체로, 손발은 썩은 듯이 검고, 갑자기 문득 손을 내미는 동작을 하고 사람의 말을 듣고 대답한다. 이것을 불러내는 무당이 노래를 하고 춤을 추면서 의식을 치르면 되살아나 손을 뻗고 말을 한다. 고려 시대에 한종유가 장난삼아 이것을 흉내 내 무당들이 제사를 지내는 자리에서 죽은 사람을 부르는 곡을 하면 여기 있다며 사람들을 놀라게 하고 제사 음식을 쓸어 갔다 한다.

시체가 갑자기 일어나거나 어떤 행동을 해 사람들이 놀랐다는 이야기는 다른 기록에도 나온다. 예컨대 『송천필담』에는 장례를 치르는데 시체가 움직여 사람들이 기절했다는 이야기가 나온다. 『용재총화』의 이야기는 그런 것을 흉내 내 사람들을 놀랬다는 것인데, 그만큼 갑자기 되살아난 듯 움직이는 시체 이야기가 제법 퍼졌다고 추측해 볼 수 있다. 원전에는 무당을 놀려 먹고 제사상을 털어 가는 장난을 치던 한종유와 그 친구들이 장난을 친 뒤 버드나무 꽃에 관한 노래를 불러 그 무리를 양화도(楊花徒)로 불렀다고 나온다. 그렇다면 양화도라는 무리는 귀신의 정체를 밝히려는 사람들이거나 귀신이나 혼령을 들먹이며 신비한 일을 한다는 이들을 골려 주는 사람들로 생각해 볼 수 있다. 한종유는 말년에 지금의 서울 성동구 옥수동 앞 한강에 있던 저자도(樗子島)에 머물렀는데, 그 인근을 양화도의 본거지로 추측할 수 있다. 지금 저자도는 강남 지역을 개발할 때 흙과 모래를 퍼다 쓰는 바람에 물에 잠겨 있으며 가끔 물 위로 흔적을 드러낸다.

적색일괴(赤色一塊)	숙종실록
붉은빛 한 덩어리 ◉ 부산	

하늘을 날아다니는 밥그릇 모양의 거대한 형체가 너울거리며 움직이는 것이다. 크기는 사람 키의 열 배만 하다. 색깔이 붉은색과 흰색을 오간다. 비단처럼 윤기가 나고, 천처럼 너울너울 펼쳐질 수 있다. 움직일 때는 몸이 마음대로 구부러진다. 평소에는 머리와 발을 숨기지만 머리를 내밀면 용만큼 무섭다. 주로 서쪽에서 동쪽으로 날아간다. 1701년 부산의 동래에 나타난 이야기가 『숙종실록』에 나온다.

적색충(赤色蟲)	광제비급

시체에서 나타나는 시충(尸蟲)의 한 종류로 붉은색이며 크기가 크다. 사람에게 귀신이 붙는 바람에 계속 이상한 꿈을 꾸고, 추웠다 더웠다 하기를 반복하면 점점 살이 말라 죽게 되는데, 바로 그런 일을 당했을 때 이것을 말려서 만든 가루를 술에 타서 먹으면 특효라고 하며, 비슷한 병을 가진 사람 여럿이 나누어 먹으면 모두 다 낫게 된다.『광제비급』에 나와 있다.

시충이라고 하면 흔히 삼시충(三尸蟲)을 줄여서 말하는 것일 때가 있다. 삼시충은 주로 중국 도교에서 사람 몸속에 산다고 믿었던 벌레로 사람 몸의 위쪽, 가운데, 아래쪽에 각각 한 마리씩 있다고 여겨졌다. 사람이 잠든 사이 하늘 바깥 세계에 가서 그 사람의 행동거지를 알리기 때문에 삼시충이 하늘 바깥의 세계에 가는 날에는 잠을 자지 말아야 한다고 보기도 했다. 삼시충에 대한 이야기가 중국에서 전해진 후 고려와 조선에서도 이런 믿음이 제법 많이 퍼져서, 주로 수세(守歲, 목숨을 지킴)라고 하여 연말의 경신일(庚申日)에 잠을 자지 않는 풍습이 성행하기도 했다.

위 이야기에서 말하는 시충은 이러한 삼시충을 말한다기보다 사람의 몸속에서 살다가 사람이 죽으면 발견되는 벌레, 혹은 사람의 시체에 깃드는 벌레의 통칭인 것 같다. 다만 귀신이 붙어서 생긴 병을 쫓는 것을 보면 역시 신령스러운 힘을 가졌다고 볼 수 있을 것이다.

실제로 시체에서 쉽게 볼 수 있는 벌레는 파리의 애벌레와 송장벌레와 같은 딱정벌레 종류다. 원전의 이야기에서 병에 걸린 사람의 시아버지가 이웃 사람 묘를 옮기다가 이 벌레를 발견했다고 되어 있으니, 이 벌레도 아마 파리의 애벌레 또는 딱정벌레류 중에 색이 붉고 크기가 커서 특별히 눈에 뜨이는 것이었다고 짐작해 본다.

"죽은 사람의 목침(베개)을 달여 먹이면 귀신 붙어서 생긴 병이 낫는다"는 말이 있는데, 원전에 이 벌레로 사람을 치료하는 수법이 이와 같은 계통이라고 나와 있는 것을 보면, 이 벌레에 사람을 병들어 죽게 하는 귀신의 기운이 서려 있거나, 그런 귀신과 다투다가 죽은

사람의 기운이 서려 있는데, 그것을 먹어서 환자에게 머물고 있는 다른 귀신을 쫓는 방법이라고 볼 수 있을 것이다. 그렇다면 이 벌레는 귀신의 기운이나 사람이 죽는 기색, 혹은 귀신과 사람이 싸우는 힘을 빨아먹고 산다고 상상해 볼 수도 있다.

적오(赤烏)	삼국사기

기이하고 신령스러우며 붉은빛이 도는 까마귀다. 머리는 하나에 몸은 둘인 경우도 있다. 승리를 상징한다. 20년 부여의 왕이 처음 잡았는데, 고구려를 이길 수 있겠다는 자신감에 고구려에 이것을 보내 과시했다. 고구려에서는 부여의 승리를 나타내는 것이 고구려로 온 셈이니 부여를 이길 수 있겠다며 고구려의 사기를 올린다. 이를 듣고 부여왕은 무척 후회했다.

이것이 있거나 나타나면 싸움에서 승리할 수 있다는 믿음에 이것을 찾아다닌다는 이야기를 상상해 볼 수 있다. 운수에 대한 상징이라는 점에서 이것이 사람 사이 대결의 승패를 예상할 수 있을 만큼 지혜롭거나 신령스럽고 항상 이기는 쪽을 좋아한다고 생각해 볼 수도 있다. 부여와 고구려에서 있었던 일 외에 신라에서 비슷한 것이 발견된 이야기도 『삼국사기』에 나오는데, 이 이야기에는 머리 하나에 몸이 둘인 모습으로 나타난다. 머리가 하나, 날개가 넷, 다리가 넷인 까마귀에 가까울 것이다.

절불가식(切不可食)	이목구심서
절대 먹어서는 안 된다	

이덕무의 『이목구심서』에 적혀 있는 당시 사람들 사이에 돌던 이야기에 따르면 복어의 독을 일으키는 벌레가 따로 있다고 한다. 이에 따르면 나비와 비슷한 아주 작은 벌레가 주로 복어의 눈에 붙어 있고, 그 외에도 몸 여기저기에 붙어 있는데 이 벌레에 독이 있어 사람을 죽인다고 한다. 그러면서, 복어는 원래 독이 없어서 그것을 잘 떼어 내고 먹으면 안전하다고 한다. 한편 두꺼비가 변해서 복어가 되므로 복어는 독이 있다는 이야기도 같이 실려 있는데, 그렇다면 이 복어에 붙어 있는 이상한 독벌레는 두꺼비와도 관련이 있다고 이야기해 볼 수 있을 것이다. 정리해 보자면 이것은 복어의 눈에서 주로 산다는 아주 미세한 나비를 닮은, 물속에서도 살 수 있는 강력한 독벌레이며 무엇인가 두꺼비와도 인연이 있는 벌레다.

그런데 이상한 나비 같은 벌레가 복어 몸에 살아서 독이 생긴다는 것은 전혀 현실과는 다른 이야기다. 현대의 연구에 따르면 복어 독은 복어 몸에서 사는 세균이 만들어 낸다고 보는 것이 정설이다.

정여우후(井如牛吼)

우물이 소처럼 우는 소리를 낸다
◉ 충청남도 부여 임천

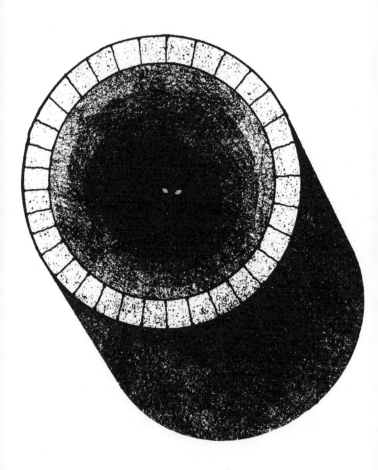

우물 속에 사는 소와 닮은 짐승, 또는 우물 자체가 어떤 짐승같이 된 것을 말한다. 오래된 우물 속에 사는데, 사람에게 좋은 일을 해 준다는 믿음이 퍼져 사람들은 우물 앞에 모여들어 섬기며 복을 빈다. 슬픈 일이 생기면 이것은 소처럼 우는데 우물을 메워 버리려 하면 며칠 동안 소 울음소리가 들려온다. 그렇게 사흘 정도 울면서 버티다가 죽거나 사라진다. 조선 시대에 성현의 친척인 안 씨가 지금의 임천에서 보았다.

원전에 따르면 안 씨는 관청 남쪽에 있는 오래된 우물에 있다는 복을 주는 귀신에게 사람들이 빌고 섬기는 것을 보자 허황된 믿음이라며 우물을 메우게 했다. 그러자 우는 소리가 들렸다 한다. 그 소리를 듣고 사람들이 겁을 먹고 말렸는데 안 씨는 "슬퍼서 우는 것뿐이다"라며 무시했고, 사흘이 지났더니 모든 요사스러운 일이 없어졌다 한다. 그렇다면 슬퍼서 울었다는 점에서 슬픔을 잘 느끼고 잘 우는 것으로 상상해 볼 수도 있을 것이다.

　　이 이야기는 『한국민속문학사전』에 실린 '한우물' 이야기와도 닮은 점이 많다. 이것은 현대에 채록된 전라북도 남원시 화정리 대정마을 당산제의 유래에 관한 이야기다. 이 이야기에서는 우물에 사는 것이 꿈에 나타난 뒤에 행운을 빌기 위해서는 시체의 머리를 우물에 집어넣어야 한다는 믿음이 생겼다 한다. 그 뒤 우물 아래를 파 보니 검은 소 모양의 이상한 것이 있었고, 사람들이 우물을 부수고 정체를 보게 되니 연기처럼 녹아 사라졌다 한다. 이후 한을 풀기 위해 마을에서 제사를 지낸다는데, 이 검은 소 모양의 것을 '우룡신'이라 했다. 그러니 소와 용이 섞인 것이나 소를 닮은 용, 용을 닮은 소 같은 신이라 본 셈이다.

다 함께 크게 우는 소리
◉ 서울

모습은 분명치 않지만 떼로 몰려다니며 오래된 사당 같은 곳에 머문다. 음악에 잘 감동해 슬픈 음악, 특히 아쟁 연주를 들으면 다 함께 소리를 맞춰 운다. 우는 소리는 두런두런 말하거나 새나 벌레가 재잘거리는 소리와 비슷하고 물이 요란하게 끓는 느낌도 든다. 조선 시대에 김운란이 일이 없는 처지를 비관해 야밤에 서울의 어느 숲에서 혼자 아쟁을 켜다가 만났다.

원전에는 형상이 묘사되어 있지는 않지만, 슬픔을 표현한 김운란의 아쟁 연주에 감격해 사당에 머물던 온갖 귀신이 갑자기 함께 우는 소리를 냈다 한다. 김운란은 원래 성균관 유생으로 과거를 준비하다가 시력을 잃고 절망한 뒤 아쟁 연주를 배워 소일하며 이런 일을 겪었고 무서워 도망쳤다 한다. 일이 벌어진 장소가 남쪽의 어느 숲이라고 했으니 아마 당시 성균관 남쪽의 어느 언덕이나 산어귀쯤이었을 것이다. 이것이 우는 소리를 묘사한 말은 추추(啾啾)인데, 귀신이 우는 소리나 작게 재잘거리는 소리를 나타낼 때 쓴다. 여기서 크기가 작거나 입이나 목구멍이 작거나 좁은 공간에 많은 수가 겹친 것이 낸 소리라 상상해 볼 수 있다. 원전에 형체에 대한 묘사가 없는 것은 김운란이 시력을 잃어 보지 못한 탓일 수도 있지만 원래부터 알아보기 어려운 형체를 가졌기 때문으로 생각해 볼 수 있다.

조갑여옥(爪甲如玉) / 미주(美姝)

손발톱이 옥 같다

◉ 제주도 한라산 백록담 근처

한 번 보면 사랑에 빠질 만큼 아름답다. 신선의 세상에서 왔다. 모자와 구슬로 치장하고 있다. 손톱이 특히 길어서 그 길이가 손가락 한 마디만 하고 병에 걸리거나 오랫동안 가려움이 가시지 않는 부분을 손톱으로 긁으면 낫는다. 하늘로 올라갈 때는 구름과 안개가 솟아오른다. 검은 학 같은 것, 또는 그와 비슷한 모습으로 홀연히 사라진다. 인연이 있는 사람에게 과일만 한 붉은 구슬 아홉 개와 작고 흰 구슬 세 개를 준다. 제주에 간 조성립이 한라산 백록담 근처에서 꿈꾸듯 만난 이야기가 『탐라지』에 나온다.

모습을 묘사한 부분은 마고 등 신선을 묘사한 중국 도교 이야기에서 영향을 받은 것으로 보인다. '미주'라는 단어는 정해진 이름이라기보다는 아름다운 여성이라는 뜻으로 풀이할 수 있는 표현인데 조성립의 글에서 이것을 지칭하는 말로 사용했다.

족여서족(足如鼠足)

발이 쥐 같다
◉ 황해도 연안

새인데 털이 별로 없고 날개도 크지 않다. 발은 새 같지 않다. 발톱이 있지만 쥐처럼 작아 여느 새처럼 나뭇가지에 앉을 수 없다. 먼바다에 살다가 갑자기 동쪽을 향해 하염없이 날아간다. 한 마리가 날아가기 시작하면 무리 사이에 삽시간에 번져 떼로 몰려서 계속 한 방향으로 끝없이 날아간다. 그러다가 어느 순간 하늘에서 떨어져 죽는다. 1633년 황해도 연안에 떼로 떨어져 죽은 이야기가 『연려실기술』에 나온다.

새들이 날아가다가 힘이 다해 죽는다는 점에서 무슨 이유에서인지 새들의 무리가 한 방향으로만 미친 듯이 날아가는데, 다른 생각은 하지 못하고 오직 한 방향으로 날아가고 그러다 힘을 다 쓰면 한군데에서 모두 죽는 이야기로 상상해 볼 수 있다. 이상한 기세에 휩쓸려 많은 무리가 모두 죽고, 망하는 곳으로 돌진하는 것의 상징으로 볼 수 있다. 짐승이나 새가 떼로 죽는 이야기는 난리나 큰 재해의 징조로 당시에 많이 받아들인 편이다. 그렇게 보면 이 새가 커다란 난리나 재해를 미리 눈치채거나 느낄 수 있고, 두려움 때문에 이렇게 이상한 짓을 한다고 상상해 볼 수도 있다.

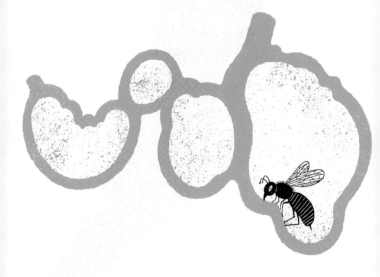

작은 벌 같은 벌레로, 말이나 소의 위장에 둥지를 틀고 살며 입을 통해 안팎으로 드나든다. 애벌레일 때는 위장 밖으로 나오는 일은 없는데 자라나서 벌 모양이 되면 바깥으로 드나들기 시작한다. 어느 정도 자라 위장 안에 머무르지 않고도 살 수 있으면 다른 말이나 소에게 알을 낳으러 간다고 짐작되는데, 이때는 입으로 물어뜯어 위장에 구멍을 낸 뒤 살을 뚫고 가죽에 구멍을 내며 튀어나온다. 당시 사람들에게 유행해 당연하게 여긴 이야기로 『성호사설』에 나온다.

원래 '종'은 기생충을 가리키는 말로, 그와 비슷하지만 짐승의 배 속에 살며 바깥을 드나든다는 점이 다르며 구멍을 뚫고 나올 때 소나 말이 무척 아파하거나 죽을 수도 있다는 이야기도 생각해 볼 수 있다. 이것이 살기 시작한 지 한참 지나야만 갑자기 아프거나 죽으니 이것을 일부러 남에게 해를 끼치기 위해 독약처럼 먹인다면 누가 언제 독약을 썼는지 알아내기 무척 어려울 것이다.

주견사(蛛罥蛇)   성호사설

거미가 뱀을 옭아매다

뱀을 잡아먹는 거미다. 크기는 그렇게 크지 않지만 뱀을 잡아먹는 점에서 거미줄이 무척 크고 질겼으리라 상상할 수 있다. 거미줄에 뱀이 걸리기를 기다릴 뿐 아니라 지나가는 뱀에 거미줄을 토해 덤벼들기도 한다. 뱀이 끈끈한 거미줄 때문에 귀찮아 한다 싶으면 집요하게 계속 뿌려서 결국 뱀을 단단하게 거미줄로 뒤덮는다. 그 뒤 이빨을 뱀의 몸에 박아 넣고 진액을 빨아먹는다. 가장 좋아하고 잘 먹는 것은 뱀의 독이다. 사람이 맹독을 가진 뱀에게 물렸을 때 재빨리 이것을 구해 물린 자리에 놓으면 독을 빨아먹는다. 운산과 안산에서 오래 산 이익이 한 시골 사람에게 직접 들은 이야기가 『성호사설』 나온다.

주계(珠鷄)	고운당필기
◉ 충청북도 충주	

닭이 뱀으로 변하는 것이다. 머리와 몸통은 뱀이고 다리는 닭의 형상이다. 몸 곳곳에 듬성듬성 깃털이 달렸다. 나중에는 완전히 뱀의 형상으로 변한다. 잡아서 삶아 먹으면 고치기 힘든 병이 낫는다.

『고운당필기』에 실린 이야기에 따르면 주계(珠鷄)라는 닭은 늙으면 뱀으로 변한다고 하는데, 특히 몸이 뱀으로 변해 꿈틀거리는 정도가 되었으면서도 두 발과 꼬리는 닭인 중간 단계의 상태를 귀하게 치는 것 같다. 처음에는 얼핏 보고 닭 털이 듬성듬성 빠진 것으로 착각했다는 묘사가 있으므로, 전체적인 형상은 머리와 몸통은 뱀이면서 몸 곳곳에 깃털이 좀 남아 있고 거기에 닭의 다리와 꼬리가 달린 모습이라고 볼 수 있을 것이다.

　『고운당필기』의 저자 유득공은 충주에 사는 친척에게 들은 이야기라면서 이 일을 기록해 두고 있는데, 그렇다면 주계에 관한 이런 이야기는 18세기 충주 지역에 퍼져 있던 소문이 아닌가 싶다. 당시 주계는 얼룩무늬가 있는 흰 닭을 일컫는 말이었다고 되어 있으므로, 현재 주계라고 부르는 새와는 다른 것이다.

　『고운당필기』에서 이 항목의 제목은 '주계화사', 즉 '주계가 뱀으로 변했다'라고 되어 있으며, 저자 유득공은 몸에 난 사마귀가 개구리로 변했다는 이상한 이야기 바로 다음에 이 이야기를 써 두었다.

빨간 털로 뒤덮인 표범과 닮은 짐승으로 꼬리가 사람의 한두 배만 해 몸보다 더 길다. 107년 고구려에 나타났다.

꼬리가 길다는 점에서 꼬리를 이용해 나무에 매달리거나 동물을 휘감는다거나, 또는 그만큼 꼬리를 붙잡힐 위험이 많아 꼬리를 말고 다닌다고 상상해 볼 수 있다. 조선 시대 이후에는 이런 것을 신비로운 모습과 귀한 가치와 달리 특별히 도움이 되지는 않아 그럴듯한 징조처럼 보이기만 하지 실제로는 아무 쓸모 없는 것으로 보기도 했다. 권근은 『동국사략론』에서 보라색 노루와 주표를 묶어 자장주표(紫獐朱豹)라 부르면서 그럴듯해 보이고 귀해 보이지만 실제로는 무의미하고 사람의 삶이나 나라에 현실적으로 아무 도움이 되지 않는 쓸데없는 것으로 비판했다.

죽통미녀(竹筒美女)	수이전
◉ 경상북도 경주 길목	

크기는 작지만 모습이 아름답다. 작은 대나무 통에 산다. 한 통에 두세 명씩 있는데 밖으로 꺼내면 사람 옆에서 말을 하거나 웃고 떠든다. 신라 시대에 지방에서 당시의 서울인 경주로 오는 길에 목격된 이야기가 『수이전』에 나온다.

『삼국유사』에 실린 거타지 이야기에는 거타지가 용에게 도움을 준 뒤 그 용의 딸을 꽃으로 바꿔 품에 지니고 다니는 이야기가 나온다. 이 이야기와 엮으면 아주 작은 사람을 꽃이나 풀처럼 죽통에 넣어 기르는 이야기를 상상해 볼 수 있다.

중서함미(衆鼠含尾)　　　　삼국유사

여러 쥐가 서로 꼬리를 물다
◉ 경상북도 경주 남산 기슭

쥐 같은 짐승인데, 사람 말을 할 줄 안다. 무리가 꼬리에 꼬리를 물고 한 줄로 움직일 때가 있다. 사람보다 영리하고 사람이 모르는 지식을 알고 전할 수도 있다. 488년에 신라의 천천정에 나타난 이야기가 『삼국유사』에 나온다.

『삼국유사』의 '사금갑' 이야기에는 정설로서 쥐가 까마귀를 따라가라고 조언을 해 주었다는 이야기와 잘못된 설로서 쥐가 꼬리에 꼬리를 물고 지나가는 것을 보고 이상한 징조로 여겼다는 이야기가 나온다. 위 설명은 둘을 한데 엮은 것이다. 실제로 쥐는 앞뒤로 서로 바짝 붙어 가기도 하니 그런 모습이 범상치 않게 보여 어떤 징조로 과장된 것일 수 있다. 쥐들이 말을 한다는 이야기와 여럿이 같이 몰려다닌다는 이야기를 합치면, 구멍을 파고 지하에 마을과 규율을 만들어 산다고 상상해 볼 수 있다.

　　후대의 쥐에 관한 전설 가운데 조선 시대 전설에서는 수만 마리의 쥐들이 떼로 움직이는데, 그 사체로 강물 위에 다리를 놓고 강을 건너와 고립된 지역의 사람들을 공격했다는 이야기도 있고 사람이 엄청난 쥐 떼 때문에 죽은 기록도 있다.

　　『한국민속문학사전』의 「쥐의 보은」에서는 쥐가 사람에게 경고하기 위해 떼로 나와 춤을 추거나 서로 탑을 쌓듯 올라타는데 그 모습을 신기하게 여긴 사람이 구경하러 집에서 나왔다가 때마침 일어난 산사태로부터 목숨을 구했다는 이야기도 나온다. 그렇다면 춤을 추는 데 적합한 복장을 한 쥐의 모습을 생각해 볼 수 있을 것이고, 땅에 구멍을 뚫고 사는 쥐가 산사태처럼 땅이나 흙과 관련된 일을 사람보다 더 빨리 눈치챌 수 있다고 상상해 볼 수 있다.

지귀(志鬼) / 화귀(火鬼) / 지귀심화(志鬼心火)	삼국유사
지귀의 마음에서 나온 불	

누군가에게 강한 연정을 느끼다가 그 사람이 남긴 물건 하나가 불씨가 되어 불귀신이 된다. 그러면 사방을 불태우고 다닌다. 『삼국유사』에는 신라 선덕여왕 시대에 영묘사에 관한 이야기가 나온다. 여왕을 짝사랑한 지귀가 여왕의 행차를 기다리다가 영묘사의 탑 아래에서 잠이 들었는데 여왕이 팔찌를 가슴 위에 두고 가자 마음속에서 불이 나온 뒤 이렇게 변했다 한다. 여왕이 지귀를 물리치기 위해 주술을 부리는 사람에게 시켜서 지은 말은 다음과 같다.

> 지귀의 마음속 불이 나와서(志鬼心中火)
> 제 몸을 태우고 불귀신 되었네(燒身變火神)
> 먼바다 밖으로 흘러 나가서(流移滄海外)
> 보이지도 말고 오지도 말기를(不見不相親)

『삼국유사』에는 지귀의 마음속에서 나온 불이 주변을 태워 버렸다고만 나오고, 더 자세한 것은 조선 시대의 문헌인 『대동운부군옥』에 나온다. 여기에 실린 주문을 보면 마음속에서 시작된 불이 퍼져 온몸을 태운 것, 또는 그런 모습을 한 귀신이 되어 곳곳을 다니며 화재를 일으켜 재난이 된 것이다. 선덕여왕이 시켜서 지은 주문을 들으면 사라지리라 상상해 볼 수 있다. 『대동운부군옥』에는 이 주문을 문이나 벽에 붙이고 화재가 일어나지 않기를 비는 풍속이 있었다고 나온다. 따라서 이것을 고대 한반도에서 주문을 이용한 부적이 유행했던 사례로 보기도 한다.

지엽부포(枝葉溥布)   삼국유사

가지와 잎이 넓게 퍼져 덮는다

의상법사가 나타날 징조가 되는 꿈에 나오는 나무로, 무척 커서 뿌리는 신라에 있고 가지는 중국에 닿는다. 봉황같이 신비롭고 커다란 새의 둥지가 있는데, 들어가 보면 먼 곳까지 빛을 내는 마니보주(摩尼寶珠)라는 구슬이 있다.『삼국유사』에 나온다.

한 나라보다 더 큰 나무에 걸맞은 거대하고 아름다운 새가 산다고 생각해 볼 수도 있을 것이고, 그런 새가 여러 마리라면 신비한 구슬도 여러 개여서 나무 곳곳이 그곳에서 뿜어져 나오는 빛으로 빛난다고 생각해 볼 수도 있다. 원전에서 뿌리는 해동(신라)에 있고 가지와 잎은 신주(중국)로 뻗어 있다는 묘사는 신라에서 중국으로 의상법사가 온 뒤 깨달음을 전파하고 다니게 된다는 상징이다.

차귀(遮歸)	동국여지승람
● 제주도	

많은 뱀이 마구 엉킨 형상이다. 위력이 강해 사람들이 신령으로 모시며 사당으로 지어 준 건물에 산다. 평상시에는 모습을 보이지 않지만 가끔씩 흉한 일을 벌이거나 사람들이 지내는 제사가 마음에 들지 않으면 지붕 사이나 벽의 틈바구니로 뱀의 머리와 꼬리가 어지럽게 얽힌 모습으로 나타나 사람들을 두려움에 떨게 한다. 반대로 제사에 만족한다면 다시 나타나지 않는다. 제주도 대정현에 이것을 모시는 사당이 있었다 한다.

제주도 김녕굴의 '뱀 괴물' 이야기와 닮아 보이는 점도 있다. 이를 비롯한 다른 뱀 숭배에 대한 이야기는 '인어사' 항목에서 설명하였다.

알 수 없는 기운으로 이것이 있다는 것을 알 수 있고 모양이 있다는
것은 확실하지만 어두운 밤에 나타나 갑자기 사라지기 때문에 정확한
모습을 본 사람은 없다. 사람에게 덤벼들면 무서워서 소리를 지르거나
울게 된다. 특히 비가 오는 날 나타나며 사람들은 전쟁이나 난리의
징조로 여겼다. 이것에 관한 이야기가 서울을 중심으로 퍼졌고,
1637년에는 충청도, 경상도, 전라도에도 퍼져 한동안 이야깃거리가 된
일이 『연려실기술』에 나온다.

'무고경주' 이야기와 비슷하고 '탁탁귀병' 이야기와 뿌리가 같아
보이지만, 비바람과 함께 나타난다는 점이 특이하고 그 외에 이름과
성격이 다른 면도 있으므로 구분했다.

처우담중(處于潭中)	탐라지
샘물에 머물다 ◉ 제주도	

바다에 사는 것으로, 용을 닮은 도마뱀 모양인 듯하다. 이것이 머무는 곳 주변의 바다는 유난히 파란 빛깔을 띠면서 색이 맑고 아름답다. 4-5년에 한 번씩 샘물이나 연못 같은 육지의 민물로 기어들어 몇 달씩 머무르곤 한다. 이유는 정확히 알 수 없다. 이때 몸에서 독액을 내뿜는 듯한데, 이러면 주변의 물이 부글부글 끓어오르고 먹을 수 없게 된다. 식수를 못 쓰게 만드는 것 외에 특별히 직접 사람을 해치지는 않는다. 제주도 취병담(용연)에 얽힌 이야기를 당시 제주도 사람들이 들려주었다 한다.

별 세 개가 떨어지다

머리가 항아리만 하고 꼬리는 사람 키의 절반쯤 되며 불 같은 빛이
일어 무척 밝다. 하늘에 있다가 이따금 땅으로 떨어지는데 이때 땅이
넓게 패이고 작은 지진이 일어나기도 한다. 667년, 710년, 748년, 767년
등에 신라에서 발견된 이야기가『삼국사기』와『삼국유사』에 나온다.

'하늘의 개'라는 뜻을 지닌 천구는 유성이나 운석을 일컫는 말로
중국 고전의 점술에서 중시해 여러 이야기가 나타나며 이런 내용이
전해져 천구를 장래에 대한 징조로 받아들이는 경우가 많았다. 그런데
『삼국사기』와『삼국유사』에는 묘사가 생동감이 있고, 독특한 대목이
있어서 말 그대로 하늘에 사는 괴상한 짐승으로 여길 만하다.
　　767년 별이 떨어진 일에 대한 묘사를 보면 '천구성'(天狗星)이라며
머리 크기, 꼬리, 불빛, 색, 진동을 이야기한다. 비슷한 시기
『삼국사기』에는 별 세 개가 떨어지는데, 서로 부딪혀 그 빛이 불처럼
흩어지고,『삼국유사』에는 먼저 별 두 개가 떨어지고 그다음 별 하나가
떨어졌으며 모두 땅으로 들어간다고 나온다.『삼국유사』에서는 불길한
징조로 언급하기도 했다. 여기서 하늘에 있는 별 같은 것이 서로
부딪히거나 먼저 떨어지거나 나중에 떨어지기도 하고 땅속으로 들어갈
수도 있고 주변에 불 같은 빛을 내뿜기도 하는데 어떤 나쁜 일이
원인이 되어 이것이 죽거나 다치거나 하늘에 머무를 수 없는 일을 당해
하늘에서 땅으로 떨어진다고 상상해 볼 수도 있다.
　　조선 시대의『기언』에는 천구의 모습에 관한 소문을 정리한
부분이 있다. 모양이 개 같은데 황색이고 소리를 내며 불빛이 솟는
것처럼 보이고 위가 뾰족하고 아래가 둥글다는 이야기, 별 같은데
털이 난 모양이 있고 아래쪽이 개처럼 보인다는 이야기, 대체로
흰색인데 중앙은 불씨에서 보이는 것 같은 노란색이고 발이 있는
듯하다는 이야기가 나온다. 여기서는 천구가 향하는 방향으로 피가
흐르고 전쟁이나 난리가 나서 나라의 일이 바뀐다고 나온다. 이것이
전쟁, 난리, 다툼과 관계있는 성질이 있다고 상상해 볼 수도 있다.
『동사강목』에는 1124년 도성 안팎을 빙빙 돌며 한참 날아다니다가

마침내 어떤 방향을 정해 추락했다는 기록도 있다. 『고려사절요』에는 1250년 천구성에 사람 50명을 제물로 바칠 것이라는 헛소문이 돌았다는 이야기도 있다. 그렇다면 천구가 사람을 해치며 기뻐하거나 사람을 잡아먹을 수도 있다는 이야기를 당시 사람들이 믿었다고 생각해 볼 수 있다.

천량(天糧)	동국여지승람
하늘이 내린 먹을 것, 쌀 바위 ◉ 서울	

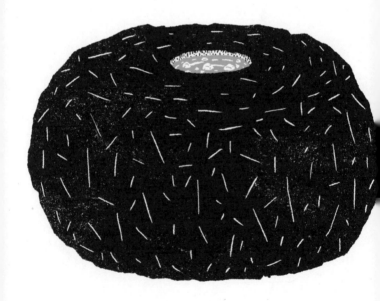

구멍 하나가 뚫린 바위로 구멍에서 국물과 건더기가 나오기도
한다. 국물은 술과 비슷하고 건더기는 떡과 비슷해 제법 맛이
있다. 서울의 숙청문 인근에 나타난 일이『연려실기술』에 나온다.
천량암(天糧巖)이라 칭하는『동국여지승람』의 기록도 있다.

주천(酒泉)처럼 물이 아니라 술이 나오는 샘물에 관한 이야기도 퍼져
있다. 덩어리진 음식이 나오는 경우로는 숙청문 앞의 '쌀 바위'에
관한 기록이 선명하다. 쌀이 나오는 바위 이야기도 전국에 퍼져
『한국민속문학사전』의「쌀 나오는 바위」에는 항상 쌀이 조금씩 나오는
바위가 있는데 욕심을 부려서 쌀을 많이 캐내려 구멍을 쑤셨더니 피
같은 물이 나오고 그 뒤로는 쌀이 나오지 않았다는 이야기가 나온다.
『동국여지승람』에는 원효대사가 어느 절에 머물 때 바위 사이 구멍에서
쌀이 나와서 그곳을 천량암이라고 불렀다 한다. 이런 바위에서 얻는
먹을 것을 '천량', 즉 하늘이 내린 식량으로 생각한 것이다. 음식을
조금씩 뿜어내는 바위 같은 짐승을 소재로 이야기를 꾸며 볼 수도 있을
것이다.

크기는 작은 사슴 정도지만, 얼굴은 호랑이나 사자처럼 사납다. 이마에 뿔이 하나 있고 온몸이 비늘로 덮여 있다. 발은 사납게 생겼다. 모습과 달리 특별히 무섭지는 않다. 선한 사람들에게는 해를 끼치지 않고 악한 것을 물리친다. 경복궁 안쪽 물길에 있는 돌조각이 이것을 나타낸다. 경복궁의 조각상에 관한 이야기가 『이목구심서』에 나온다.

원전의 이야기는 궁전에 있는 조각상의 정체를 짐작해 보면서 중국 고전에서 사악한 것을 물리치는 천록이나 벽사와 비교한 것이다.

천모호(淺毛虎)	고운당필기
◉ 함경도	

털이 듬성듬성 난 모양의 호랑이 같은 것으로 털이 빠진 부분의 가죽은 징그럽게 생겼다. 매우 포악하고 무서우며 날쌔고 가죽도 두껍고 질긴 편이라 사냥하기가 어렵다. 어지간히 뛰어난 사냥꾼조차 총알이 명중했는데 바로 죽지 않는 것을 보면 겁을 먹고 도망친다. 함경도에서 한 마리가 400명의 사람을 죽거나 다치게 했다는데, 포수 40명을 동원했는데도 잡는 데 실패했다. 결국 뛰어난 포수인 김파총이 제 아들과 힘을 합쳐 총알 열여섯 발을 명중시킨 끝에 겨우 사냥에 성공했다 한다.

『고운당필기』를 쓴 유득공이 호랑이 이야기만 모아 썼다는 『속백호통』이라는 책에도 실렸을 법한 이야기로, 이 책은 아직 발견되지 않았다.

등에 큰 날개가 달린 것으로 긴 창을 들었다. 보통 여자의 모습이다. 하늘에 산다. 직위가 아홉 등급으로 나뉜다. 무리를 이루어 많은 수가 움직인다. 선한 것을 지키고 악한 것을 물리치기 위해 용맹하게 싸운다.

원전의 기록은 천주교의 영향으로 유럽 기독교 문화의 천사에 대한 믿음이 조선에 전해져 퍼진 내용을 소개한 것이다. '천신'이라는 말은 선한 것을 지키고 악한 것을 물리친다는 믿음에 따라 불교나 도교에서 종종 나오므로 천주교 문화와 관계없이 그전부터 사용되었다. 여기서는 유럽 기독교 문화의 천사 이야기가 불교에서 진리를 수호하는 팔부중(八部衆)이나 제석천(帝釈天)에 관한 이야기와 섞인 모습이다.

천우인(天雨人)	연려실기술
하늘이 비처럼 사람을 뿌리다 ◉ 평안북도 창성	

우박인데 그 모습이 사람의 머리같이 생겼다. 정확하게 눈, 코, 입이 달렸다. 이것이 떨어진 자리에는 얼마 뒤 사람이 목숨을 잃는 일이 생긴다. 따라서 이것이 많이 내린 지역에서는 많은 사람이 죽거나 큰 난리나 전쟁이 일어난다고 예상할 수 있다. 1625년 평안북도 창성에서 발견된 이야기가 『연려실기술』에 나온다.

청군여귀(青裙女鬼)

푸른 치마를 입은 여자 귀신

◉ 서울 묵정동

머리칼이 희고 푸른 치마를 입었다. 크기는 사람의 절반만 해 찬장이나 다락에서도 움직일 수 있다. 진짜 키를 속이고 더 큰 모습을 보일 수도 있다. 나무 같은 곳에 잘 올라간다. 눈물을 흘릴 때는 늙고 추한 모습이 된다. 날카로운 칼을 매섭게 휘두를 수 있다. 사람을 좋아하지는 않지만 먼저 칼을 휘두르는 일은 많지 않다. 거문고를 튕기며 노는 것을 좋아한다. 자신의 목숨을 상징하는 물건을 몸 밖에 보관하는데, 이것을 찾아 태우면 온몸의 구멍에서 피를 쏟으며 죽는다. 서울 묵정동 흉가에서 발견된 이야기가 『천예록』에 나온다.

푸른 눈이 빛난다

◉ 경기도 여주와 이천

멀리서 보면 땅을 굴러다니는 사람 키 절반 정도의 둥근 불덩어리로
보인다. 그런데 가까이서 보면 불덩어리 안에 조그마한 사람 같은
것이 있다. 노란색 머리칼에 푸른 눈, 손에 낫처럼 구부러진 칼을
들었다. 움직일 때는 큰 소리를 낸다. 갑자기 무척 빠르게 움직일
수 있다. 눈빛이 빛나고 눈동자를 굴리며 사방을 노려보는 모습이
무섭다. 특별한 이유 없이 사람을 해치지는 않는다. 소나기나 폭풍우
때문에 낮이지만 갑자기 어두워졌을 때 주로 눈에 띄었다 한다. 여주와
이천에서 농사를 짓던 이순몽이 본 이야기가 『기재잡기』에 나온다.

청색구인(青色蚯蚓)	고려사
◉ 황해북도 개성	

지렁이 같은 푸른색 벌레다. 비에 섞여 하늘에서 떨어져 움직인다. 사람에게 특별히 해를 끼치지는 않지만 수가 많고 징그럽다. 어느 정도 모이면 서로 얽혀 실타래나 천 같고, 또 그렇게 엉킨다. 1221년, 1227년에 개성에 나타난 이야기가 『고려사』에 나온다.

청우(青牛)

◉ 충청북도 단양

푸른색 소로 일반 소보다 덩치가 크거나 머리가 넓적하거나 뿔과 뿔
사이가 떨어져 있다. 추위에 강하고 산을 잘 탄다. 길들이면 타고 다닐
수 있다. 조선 시대에 이지번이 지금의 단양 근처에 머물 때 길들여서
타고 다녔다.

청우는 한문에 종종 나오는 문학적 표현이면서 중국 도교
이야기에서도 종종 나온다. 상상의 동물이 아니라 실제로 과거에
있었던 한우의 희귀한 품종이 약간 검푸른 색으로 보일 때가 있어
이렇게 불렀다고 추정하기도 한다. 그렇다면 지금의 검은색 한우와
가까운 품종으로 추측해 볼 수 있다. 원전에 뿔과 뿔 사이가 떨어져
있었다는데 덩치가 크다는 점을 나타낸 말일 수도 있고 단순히 생긴
모양이 특이했다는 뜻일 수도 있다. 원전에 이지번이 이것을 타고 추운
날 산기슭에 올라 경치를 즐겼다 하니 산을 잘 타고 추위에 강하다고
볼 수도 있다. 다리도 보통 소보다 더 굵고 짧거나 털이 긴 편이라
생각해 볼 수 있다. 이지번은 고매하고 신령스러운 선비였다 한다. 그가
머물던 방에는 신비로운 빛이 나고, 장난삼아 높은 산봉우리 사이를
줄을 타고 건너는 새 모양 장치를 만들어 타고 다녔다 한다. 청우가
특별히 이런 사람을 잘 따라 태워 주었다고 볼 수도 있다.

청흑충(靑黑蟲) · 황흑충(黃黑蟲)

◉ 강원도 강릉 및 동해안 일대

크게 자라면 손가락만 해지는 벌레로, 들판을 뒤덮을 정도의 아주 많은 수가 떼 지어 다닌다. 주로 땅을 기어다니지만 어느 정도 날아다닐 수도 있다. 청흑색의 이상한 빛깔이다. 다양한 곡식과 식물을 먹어 치우는데 숫자가 많고 먹성이 대단해 농민에게 끼치는 피해가 막심하다. 곡식뿐 아니라 잡초 따위도 먹고 방문의 종이나 천 따위도 먹어 뚫을 수 있다. 독한 기운이 있어 집 안으로 침입하면 사람도 피해를 본다. 밟혀 죽을 경우 극심한 악취가 난다. 황색과 흑색이 섞인 빛을 띠는 일도 있는데, 이것은 거의 비슷하지만 곡식은 먹지 않는다. 도로를 뒤덮을 정도로 크게 번성한 경우가 『명종실록』에 1562년 6월 11일 기록에 나와 있다.

『조선왕조실록』에 실린 곡식을 먹는 해충에 관한 기록 중 가장 이상한 것을 뽑아 보았다. 위 내용은 대체로 청흑충에 대한 것이고, 황흑충에 대한 내용은 1566년 5월 20일 기록인데 둘을 합쳐 보았다. 둘 다 강릉 및 동해안 일대에서 발생했다 한다.

초란은 현대에는 보통 '초라니'라고 하는 가면 놀이의 등장인물인데, 이상한 가면을 쓰고 떼 지어 다니면서 주로 익살과 장난을 치면서 웃기는 역할을 하는 무리를 말한다. 초라니라는 말의 어원은 불명이지만, 『청강선생후청쇄어』에는 '초란'이라는 표기와 함께 초란광대(招亂廣大)라고 나와 있으며, 『목민심서』에는 초란이(焦蘭伊)라고 표기하고 있고 『설나규식』에는 초라(俏儺)라고 표기되어 있다. 비교적 시대가 앞서는 『청강선생후청쇄어』의 기록에서 초란의 한자를 '혼란을 불러오는 것'이라는 뜻으로 써 놓은 것은 아마 초라니라는 역할의 성격을 나타내는 점이 있을 것이다.

대체로 초라니는 궁중에서 새해 첫날 새벽 악귀를 쫓기 위해 하는 나례(儺禮) 행사의 진자(侲子)와 통하는 듯하다. 『용재총화』를 보면, 나례 행사에서는 방상시 탈을 쓴 사람이 진자라고 하는 아이들 수십 명과 같이 음악과 함께 행진하는데, 이때 진자 역할은 궁궐 바깥에서 초청해 온 어린이들에게 맡겼다고 한다. 원래 나례는 중국의 풍습을 가져온 것인데, 중국에서는 이러한 행사가 송나라 이후 차차 쇠퇴했던 데 비해 조선에서는 꾸준히 이어진 듯하다.

이후 『설나규식』이나 『봉성문여』 같은 자료를 보면, 민간에서 설날 행사를 할 때에 '걸립' 또는 '걸공'이라는 이름으로 무리가 행차를 하며 놀이를 하는 대목이 있었는데, 이때 궁중 나례의 진자 역할에 대응되는 역할을 시골 마을에서는 초라니가 맡았던 것 같다.

한 가지 눈에 뜨이는 점은 『용재총화』및 다른 조선의 나례 행사를 나타낸 기록을 보면 방상시가 악귀를 쫓는 시늉을 하면 진자들이 잘못했다고 머리를 조아리며 죄를 비는 시늉을 하는 장면이 나타난다는 것이다. 아마도 진자들이 사람을 괴롭히는 악귀 같은 역할을 어느 정도 상징하는 것으로 치고 공연을 했던 것 같다. 『용재총화』에 따르면 진자의 모습은 붉은 옷, 붉은 두건 차림이라고 되어 있고, 가면을 쓴다는 묘사도 같이 보인다.

정리하자면 조선의 진자 내지는 초란은 어린이와 비슷한 형상인데 괴상한 가면 같은 얼굴을 하고, 붉은 옷, 붉은 두건 차림으로

돌아다니면서 갖가지 장난과 우스운 소리로 사람을 골리는 것으로
사람의 악운을 상징하는 작은 악마 같은 것에 가까워 보인다. 속담 중에
"초라니탈에도 차례가 있다"는 말이 있고, "양반의 집 못 되려면 초라니
새끼 난다"라는 말도 있는데, 그만큼 초라니 역할을 하는 공연자가
혼란스럽고 소란스러우며 엉뚱한 행동을 하는 것이라는 생각이 퍼져
있었던 듯하다.

참고로 「변강쇠가」에 초라니가 등장하는 장면이 있는데, 박동진판
가사에서 그 대목의 초라니 묘사를 옮겨 보면 다음과 같다. "구슬상모
덤벙거지 되게 맨 통장고에, 동정 없는 누비 저고리, 때가 묻은 붉은
전대 제멋대로 들어 메고, 조개장단 주머니에, 주황사 벌매듭, 청삼
승 허리띠며, 버선코를 길게 빼어 오산장 짚신 신고, 푸른 헝겊
둘러메고, 오십살 늘어진 부채 송화색으로 수건 달아 덜미에다 엇게
꽂고, 앞뒤꼭지 쑥 내민 놈, 앞 살 터진 헌망건에, 자개관자 굵게
달아 당줄에다 눌러메고, 굵은 무명 벌통 한삼 무릎 아래 축 쳐지고,
몸통은 집동 같고 뱃통은 물항아리라. 두리두리 두 눈구멍은 고리눈에
테두르고, 납짝한 콧잔등에 주석 대갈 총총 박고, 꼿꼿이 슨 양수염은
양편으로 팔랑팔랑, 반백이 넘은 놈이 목소리가 새된 것이 비지땀을
씻어 가며 헛침을 탁탁 뱉고."

추여묘(雛如猫)

고양이를 닮은 새끼
◉ 경기도 가평

모습이 말과 비슷하고 머리가 고양이 무리처럼 생겼다. 전체적으로 머리가 여러 개인 듯한 모습이지만, 그러면서도 귀가 하나씩만 달려 있다는 말도 있어서 머리가 여러 개인 듯해 보이기도 하고, 완전히 나눠지지 않은 하나로 보이기도 한 이상한 모습이었던 듯하다. 평범한 암말이 낳는다. 1627년 가평에서 발견된 이야기가 『인조실록』에 나온다.

이상한 모습으로 태어난 말은 『조선왕조실록』에 자주 나오는데, 나라의 흉한 징조로 여긴 듯하다. 나라에 나쁜 징조가 있거나 나쁜 일이 일어나고 나라 안을 감도는 알 수 없는 기운 같은 것이 좋지 못하게 균형이 무너져 이상한 짐승이 태어난다고 여긴 것이다. 『인조실록』의 사례는 망아지가 고양이 같다는 점이 특이해 꼽았다. 불길하다고 생각할 수 있지만 모습이 다를 뿐인데 사람들이 불길한 징조로 여겨서 미워하거나 나타난 소식을 숨기려 해 억울한 일을 당하는 이야기를 상상해 볼 수 있다.

아름다운 사람의 모습이고 젊어 보이는 듯하지만, 한편으로는 아주 나이가 많다는 점을 느낄 수 있다. 사람으로서의 욕망을 완전히 버리고 고고하게 사는데, 그 때문에 장수할 수 있다. 그런데 마음이 흔들려 사람으로서 욕망을 조금이라도 느끼면 그 순간 지난 세월에 걸맞은 늙은 모습으로 돌변하고 이내 병들고 썩은 모습이 되어 죽는다. 춘천에서 어떤 노인이 승려가 된 자식 곁에 지내다가 승려가 사망한 뒤 오히려 노인이 득도해 장수하다가 이런 모습이 되었다 한다. 춘천 부사의 아들이 이 노인에게 도전하기 위해 그 앞에서 온갖 세속의 시끌벅적하고 음란한 놀이를 10일 동안 보여 주었는데, 10일째 되던 날 마침내 노인의 마음이 잠깐 흔들리자 단숨에 늙은 모습이 되어 죽었다는 이야기가 『증보해동이적』에 나온다.

백제 시대에 의자왕을 모시던 사람이 우연히 살아남았는데, 어쩌다 보니 장생해 1,000년 넘게 젊고 아름다운 모습으로 살다가 속세 사람과 교류한 지 잠깐만에 늙어 죽었다는 『순오지』의 '백제 궁인' 이야기와 비슷한 형태다. 단, 젊어 보이면서도 연륜이 느껴진다는 묘사나 속세에 대한 욕망을 품는지 아닌지가 젊음과 늙음을 좌우한다는 구도적인 소재가 춘천구 이야기에 선명하게 나타나 더 이야깃거리가 많다고 보고 이것을 수록했다. 여기서 춘천구는 '춘천 할머니'라는 뜻이다.

출목축비(出目縮鼻)	어우야담
눈은 튀어나오고 코는 오그라들다	

돌탑 구멍에 산다. 무척 크며 네발짐승의 형체다. 눈은 튀어나오고 코는 찌그러지고 입꼬리는 귀까지 닿아 있고 귀는 늘어지고 머리칼은 솟아 있고 양 날개가 활짝 펼쳐진 모양이며 몸은 붉고 푸른 빛으로 알록달록하다. 악취를 풍긴다. 밤에 나타나 사람을 놀라게 하는데, 딴청을 부리거나 별것 아니라고 여기면 덤비지 않는다. 조선 시대에 정백창이 보았다.

원전에서는 정백창이 구멍에서 나오는 이것을 보고 놀랐지만 요사스러운 괴물인 것을 알고 태연히 공부를 계속하자 행패를 부리지 않았다 한다. 이것이 도로 들어가자 정백창은 마음을 가라앉히려 술을 마셨다는데, 그렇다면 이것이 사람을 홀리거나 모습이 무척 무섭거나 이상하리라 상상해 볼 수 있다. 반대로 이것을 쳐다보고 두려워하면 이것이 더 힘을 얻어 사람을 해친다는 이야기도 만들어 볼 수 있다. 그렇다면 이것은 잘 보인다고 여길수록 선명해지지만, 보지 않을수록 힘을 잃고, 없다고 여기면 없는 것처럼 별일을 하지 못하는 괴물이라는 상상을 해 볼 수도 있겠다. 그렇게 해석한다면 이것은 사람의 관심이나 놀라움을 먹고 강해지는 괴물인 셈이다.

충기여서(蟲氣如絮)

어우야담

벌레의 기운이 버들강아지 같다

떼로 날아다니는 작은 버들강아지 모양의 솜털 같은 것으로, 방 안을 가득 채울 만큼 몰려와 사람을 괴롭힌다. 사람 몸속으로 파고들면 피부병이 생긴다. 조선 시대에 의사 양예수가 이것에 당한 사람을 진찰했다 한다.

취모(翠毛)

푸른 빛의 털

깊은 산에 사는 아주 커다란 짐승인데, 본 사람이 없으므로 정확한 모습은 알 수 없다. 다만 나뭇가지에 걸린 털의 흔적으로 보아 아주 기다란 푸른색 털로 뒤덮인 짐승으로 보인다. 털은 사람의 손이 닿지 않을 정도로 높이 걸려 있다. 봄, 여름철에 진흙에서 이 짐승의 발자국이 발견되는데 앞뒤의 크기는 차이가 없고 한 자 반, 곧 40-50센티미터가 넘는다. 털은 자세히 보면 짙은 푸른색에, 길이는 말 꼬리, 굵기는 가는 노끈 정도라고 한다. 나무껍질을 물어뜯기도 한다. 아주 깊은 산속만을 돌아다니는 짐승이라 나이가 많은 승려도 이 짐승을 본 적이 없다고 하는데, 금강산에서 이에 대한 이야기를 들었다고 한다. 『어우야담』에 실려 있다.

털이 걸린 위치가 높은 것으로 보아 어깨까지의 높이만 2미터에서 3미터 정도는 될 것이므로 대략 기린이나 코끼리 정도의 크기에, 털이 많은 북실북실한 짐승이라고 추측해 볼 만하다. 앞발과 뒷발의 크기가 같고 본 사람이 없는 것으로 보아서는 날쌘 네발짐승일 듯하다. 나무껍질을 뜯는다고 하니 이빨도 무척 크거나 억센 짐승으로 이야기를 만들어 볼 수도 있을 것이다. 흔적은 발견되지만 아무도 실체를 본 적이 없는 짐승, 사람의 눈에 절대 발견되지 않으면서 깊은 산속 어딘가에 있기는 있는 짐승이라는 특성이 재미로 전설 속에서 강조되고 있다는 생각도 든다.

취생(臭眚)

냄새 나는 재앙

◉ 함경북도

비릿하고 썩는 냄새를 풍기는 안개로 덩어리가 되면 사람의 두세 배만한 모습이 일정치 않은 괴물이 된다. 두 눈에서 빛을 내뿜는데 위치는 사람과 비슷하다. 사람을 죽이곤 한다. 칼로 공격하면 이것에게 상처를 입힐 수 있고 만약 이것이 죽는다면 그때는 벼락같은 소리를 낸다. 죽은 뒤에는 아무 흔적을 남기지 않는다. 함경북도에서 목격된 이야기가 『천예록』에 나온다.

무척 작은 닭 같은데, 너무 작아 베개 속에 둥지를 만들어 그 안에서 평생 살도록 키울 수 있다. 대나무나 나무판자로 베개를 만들어 기르는데 자명종처럼 아침에 우니 잠을 깨우기에 편리하다. 무척 귀한 것으로 친다. 항상 작지는 않지만, 날씨가 쌀쌀할 때 서리를 맞으며 부화하면 어미보다 훨씬 작게 자라나 그만큼 희귀해질 수밖에 없다.

이덕무가 모은 당시 청나라에서 떠돌던 소문에 가까운 이야기로 새가 알을 낳는데, 부화하는 시기를 잘 조절해서 대대로 서리를 맞으며 새끼가 태어나게 하면 서너 대 만에 무척 작은 크기가 될 수 있다고 생각해 볼 수 있다.

탁탁귀병(啄啄鬼兵)	연려실기술
◉ 서울	

모습은 명확하게 알려져 있지 않으나 무섭고 흉측한 모습의 병사 같은 것이다. 탁탁, 똑똑 같은 소리를 내는 듯하며 사람들이 걷잡을 수 없이 놀라 도망갈 정도로 무섭고 잔인한 느낌을 준다. 밤에 괴이한 빛을 띠며 나타나 거리를 돌아다닌다. 사람들은 큰 소리를 내거나 총이나 대포를 쏘면 이것을 쫓아낼 수 있다고 생각해 탁탁귀병을 향해 철 밥그릇 같은 것을 두드리며 소리를 내거나 총을 쏘기도 한다. 하지만 그보다는 오히려 두려워하지 않고 침착하게 맞서면 스스로 물러나는 듯하다.

『연려실기술』의 기록은 병자호란 직후 민심이 흉흉한 상황에서 서울에 어느 날 '탁탁귀병'이라는 것이 나타났다는 헛소문이 돌아 온통 혼란스러웠고, 심지어 대궐 안과 조정의 높은 관리들까지 혼란에 빠졌다는 이야기다. 그 와중에 침착하고 겁에 질리지 않은 임담이 상황을 잘 파악하고 진정시키는 데 공을 세웠다는 내용이 덧붙어 있다. '귀병'이라는 말 이외에는 모습에 대한 묘사는 없는 편인데, '탁탁'이라는 말을 붙인 것으로 보아, 딱따구리가 나무를 쪼는 것이나 끌과 망치를 들고 다니며 돌을 쪼아 대는 것처럼 사람을 공격하는 형태의 괴물이거나 거리를 돌아다니며 집의 문을 두드리거나 바닥을 두드리고 다니는 괴물을 상상한 듯하다.

　　비슷한 시기에 나타난 훼훼귀신과 비슷해 보이는데, 훼훼(喙喙)와 탁탁의 한자가 비슷한 점에서 둘 중 하나가 먼저 기록되고 나머지 하나는 글자를 옮겨 적는 과정에서 생긴 오자 때문에 다른 것으로 나타났다고 추측할 수 있다. 비슷한 이야기로 착착귀신도 함께 살펴볼 만하다.

탄주어(吞舟魚)	성호사설

엄청나게 거대한 고래 같은 것으로, 사람들이 탄 배에 달려들면 한 번에 세 사람 정도를 씹지도 않고 입안으로 삼킬 수 있다. 입이나 배 속에 독한 액이 있어 한번 들어가면 아무리 빨리 들어갔다 나온다고 해도 화상 비슷한 상처를 입고 털이 나지 않아 대머리가 된다 한다.

탄주어는 『장자』 등의 중국 고전에 나오는 '배를 입으로 삼키는 물고기', 즉 탄주지어(吞舟之魚)라는 표현을 그대로 가져와 바꾼 말을 『성호사설』에서 제목으로 삼은 것이다. 이 말은 『성호사설』 속의 동해에서 발견한 고래에 관한 소문을 설명하는 부분의 제목이다.

태고송(太古松)	포봉기
◉ 전남 장흥	

까마득히 아주 머나먼 옛날부터 그 자리를 지키고 있으면서
자라났다는 소나무로 네 그루가 가까이에 모여 있으며 돌 틈 사이에
자라나 있다. 높이는 사람 키의 두 배 정도인데, 몇 뼘 안 되는 길이에도
아홉 번 굽어지고 아홉 번 펴질 정도로 어지럽게 구불구불한 모양이다.
신비로운 산꼭대기에 커다란 바위 하나가 움푹 들어가 생긴 연못에
자리 잡고 있고, 그 한가운데에는 갈대가 무성한 동그란 작은 섬 같은
것이 있다. 그 연못에는 옛날 황금색 게가 살았다고 하며, 근처 바위
절벽 아래에는 꼭 사람 모양으로 손발 모양까지 분명하게 땅이 꺼진
곳이 있는데, 이곳에 신선이 머물다 갔다고 해서 선인와처(仙人臥處,
신선이 누웠던 자리)라 부른다.

　　태고송은 아주 긴긴 세월 자리를 지켜 온 나무지만 사람이
괴롭혀서 일부러 없애려고 들면 버틸 수가 없는데, 신기한 것을
구경하러 온 사람들이 껍질을 벗겨 가고 이름을 새기는 등 사람들
등쌀에 약해지더니 영조 38년 큰 가뭄이 들었을 때 그만 죽어 버렸다고
한다. 전남 장흥 천관산 포봉에 있었다고 믿은 이야기가 위백규의
「포봉기」에 나와 있다.

토육대(吐肉俗)

고기 주머니를 토하다

◉ 경상북도 경주

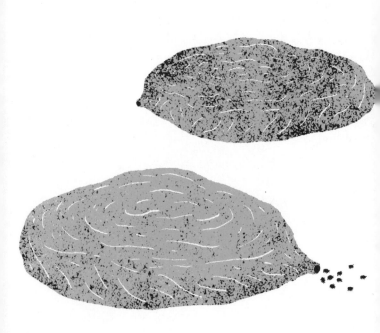

사람 몸에 들어가 사는 벌레 같은 것으로 몸 안에서 새끼를 치며 수를 불린다. 몸속에서 무리를 이뤄 고기 같은 것으로 된 주머니 모양의 집을 짓고 산다. 보통 집이 두 개가 있어 산 벌레와 죽은 벌레는 서로 다른 집에 머문다. 벌레가 죽으면 계속 쌓이기 때문인지 죽은 벌레가 사는 집이 더 크다. 이것이 사람 몸에 있으면 배가 점점 부르고 목구멍은 자꾸 좁아져 매우 답답하고 먹고 마실 수가 없어 죽기 쉬워진다. 식욕이 없어지기도 한다. 독한 술을 마시면 벌레가 견디지 못하기 때문인지 구역질을 하는데 이때 이것이 사는 집을 토한다. 먼저 살아 있는 벌레가 사는 고기 주머니를 토하고, 그다음 죽은 벌레가 있는 고기 주머니를 토한다. 『양촌집』의 「김공경험설」에 이 벌레 때문에 아픈 사람을 치료했다고 전해 들은 이야기가 나온다.

조선 시대 이전의 의학 서적을 보면 사람의 몸속에 이상한 벌레가 살거나 상처에서 기이한 모양의 벌레가 생기거나 몸속에 기이한 뱀 같은 것이 생기는 사례는 제법 있다. 그러나 이런 내용은 주로 중국계 문헌을 그대로 옮겨온 경우가 많고, 직접 목격한 이야기나 전해 들은 이야기가 채집된 사례는 상대적으로 많지 않다.

　　이 이야기는 사람 몸에 몇 개의 주머니로 된 집을 짓고 사는 형태를 보았다는 내용이라는 점에서 특이하다. 그 외에 『세종실록』의 1431년 기록을 보면 뱀 모양의 그림을 넣은 이상한 음식으로 사람을 저주해 복통이 생긴 환자를 곰취 뿌리를 먹여 치료했더니 뱀 같은 것 세 개를 토했다 한다. 그 모양에 관한 묘사는 구체적이지 않다.

토주원(吐珠黿) / 토일소주(吐一小珠)	삼국유사
작은 구슬을 토하다	

자라를 닮았다. 몸에서 진주 같은 구슬을 키워서인지, 여의주를 훔칠 수 있어서인지 이따금 그 구슬을 내뱉는다. 사람이 이 구슬을 몸에 지니면 다른 사람들이 자신을 좋아하게 되므로 큰 보물이 된다. 사람이 먹는 음식을 즐겨 먹는다. 사람의 말을 알아듣고 사람에게 은혜를 갚을 줄도 안다. 신라의 원성왕 시대에 황룡사의 '묘정'이라는 사미가 이 구슬을 발견해 명망을 얻어 임금의 총애를 받는 신하가 되었다 한다.

토주원은 '구슬을 토하는 자라'라는 뜻으로, 조선 시대의 『대동운부군옥』에서 제목으로 삼은 말이다. 원전에서는 당나라의 황제가 용의 여의주를 잃어버린 날과 묘정이 자라가 토한 구슬을 얻은 날이 같아 용의 여의주가 묘정에게 흘러간 것으로 보았다. 그런 점에서 이것이 용을 찾아가거나 물건을 몰래 훔치는 재주가 있어 용의 여의주도 삼켜서 숨겼다가 다른 곳에서 토해 빼돌릴 수 있다고 상상해 볼 수 있다.

파상마립자(波上馬立者)	열하일기
파도 위에 말처럼 서다 ◉ 동해	

『열하일기』에 수록된 「상기」(象記)라는 글을 보면, 저자 박지원이 새벽 즈음으로 추정되는 시각에 동해에 나갔을 때 바다 멀리 파도 위에 꼭 말처럼 서 있는 커다란 것이 있었는데 그 숫자가 매우 많은 것을 목격했다고 한다. 그게 물고기인지 짐승인지 알 수 없었지만 하늘을 향해 우뚝하니 서 있는 모습은 집채같이 컸다.

사실 「상기」는 코끼리에 대한 글인데, 박지원은 나중에 코끼리를 처음 보았을 때 바로 이것을 본 과거의 기억이 떠올랐다고 한다. 그러니 코끼리와도 닮은 느낌이 있는 짐승일 것이다. 박지원은 해가 뜨면 자세히 확인해 보려고 했는데, 그 전에 바닷속으로 사라져 버렸다고 하여 정체를 알 수 없었던 이상한 것처럼 기록해 두고 있다.

다시 정리해 보자면, 이것은 거대한 코끼리 같은 느낌을 주는 짐승인데 바다의 파도 위에서 서 있을 수 있으며 물속으로 들어갈 수도 있고 무리 지어 떼로 다니는데 서 있는 모습은 말과 비슷한 느낌이지만 짐승인지 물고기인지 애매한 모습으로 동해에 살던 것이다. 도대체 박지원은 무엇을 보았던 것일까?

편신모(遍身毛) / 안시객(安市客)	순오지

온몸에 털이 나다

● 강원도 화천군 두류산

사람과 비슷하지만 덩치가 크고 몸이 육중하며 온몸이 털로 뒤덮였다.
깊은 산속에 산다. 말 비슷한 것을 하지만 사람이 하는 말은 아니고
소리도 다르다. 나무 위를 날듯 날렵하게 뛰어다닌다. 나무에 덫을
설치하면 잡을 수 있다. 불 냄새를 맡고 불씨를 훔치거나 꺼뜨린다.
두류산에서 발견된 이야기가 『순오지』에 나온다.

원전에서는 이것을 붙잡은 승려가 "사람이오, 신선이오?" 하고
물었다는데, 산속 깊은 곳에서 오랫동안 사는 것이라는 점과 신선에
관한 이야기와 함께 나오는 점에서 이것도 장수한 사람이나 깨달음을
얻은 사람이 이것으로 변신해 긴 수명과 날아다니듯 움직이는 재주를
가지게 되었다고 상상해 볼 수 있다. 한편으로는 『증보해동이적』에
실려 있는 '안시객'과도 닮은 점이 많은 이야기인데, '안시객'에 대한
내용은 '서천객' 항목에서 설명해 두었다.

해중방생(海中傍生) / 해룡(海龍) / 구호구호출수로(龜乎龜乎出水路) 거북아, 거북아, 수로를 내어놓아라	삼국유사

바다에 사는 용으로 사람들은 이것을 거북에 비유했다. 아름다운 사람이 나타나면 붙잡아 바닷속으로 데려간다. 바닷속으로 들어가는 사람은 물속에서도 이것과 함께 다닐 수 있다. 이것이 머무는 바닷속 세상에는 보석으로 치장한 화려한 궁전이 있고, 지상의 음식들과 전혀 다른 달고 부드럽고 향기롭고 깨끗한 것이 있다. 이것을 따라다니면 이상한 향기가 서리는데 이 세상에서 맡아 볼 수 없다. 여러 사람이 노래를 부르며 위협하거나 한탄하면 그 말을 따른다.

수로부인의 미모가 뛰어나 신령이나 괴물까지 들러붙는 일이 많았다는 이야기에 묘사된 것으로 바다에 사는 용인데, 사람들이 수로부인을 돌려 달라고 노래를 부를 때 "거북아, 거북아"라고 부르므로 거북과 비슷한 용으로 상상해 볼 수 있다. 붙잡아 데리고 다니는 사람이 물속에서 숨을 쉴 수 있게 해 주는 점에서 그런 힘이 있거나 사람을 담아 두는 주머니 같은 것이 있거나 바닷속의 궁전과 음식을 보여 준 점에서 바닷속에서 집을 짓고 요리를 하며 살거나 바닷속에서 궁전을 세운 신령스러운 것들과 친하게 지냈다고 생각해 볼 수 있다. 사람들의 노랫소리를 듣고 수로부인을 돌려주었다는 점에서 노래나 사람들의 한탄을 멀리서도 듣고, 그에 대해 중요하게 여긴다고 상상해 볼 수도 있다.

이야기를 만들어 본다면 어떤 이상하고 신비로운 사람 같은 것이 바닷속에 궁전과 시가지를 만들고 살았는데, 모두 망해 없어지고 그것이 키우던 짐승만 남았다고 생각해 볼 만하다.

| 해중조(海中鳥) | 청파극담 |

꿩보다 약간 작다. 한 번에 수천만 마리가 몰려다닌다. 발은 살쾡이나 고양이처럼 생겨서 나무에 앉지 못한다. 강한 바람과 나타나 땅에 내려와서 곡식의 뿌리를 쪼아 먹는다. 대개 바다에 산다. 왜인이 이 새를 알았다 하니 대체로 남해나 동해에 살 것이다. 영남에 나타난 이야기가 『청파극담』에 나온다.

발로 나무에 잘 앉지 못한다고 했는데 그렇다면 오히려 땅바닥에서 걷기에 알맞아 땅에 살기 유리하고 살쾡이처럼 사냥도 잘한다고 생각해 볼 수 있다. 바람과 몰려다니는 점에서 워낙 수가 많아 바람을 일으키고 기세가 회오리바람처럼 강하리라 생각해 볼 수도 있다. 이름에서 바다 위를 떠돌거나 망망한 바다에 무리 지어 떠 있거나 바닷속에 산다고 상상해 볼 수 있다. 나무에 앉지 못한다는 점에서 '족여서족'과도 비슷한데, 족여서족은 쥐를 닮고, 이것은 고양이를 닮았다는 차이가 있다.

해추(海鰍)	탐라지
◉ 제주도	

크기가 한 나라 전체나 여러 나라를 합친 것만큼 거대한 메기나 고래다. 이것이 들어갈 만한 구멍이 바닷속에 있다. 움직임에 따라 밀물과 썰물이 일어난다. 이따금 난동을 부릴 때 큰 파도가 치고 해일이 생긴다. 머리에 있는 구멍으로 물을 빨아들이거나 내뿜는다. 머릿속에 물을 넣어 두기도 한다. 제주도 사람들이 이런 것이 있었다고 믿던 일이 『탐라지』에 나온다.

중국 고전인 『수경주』 등에 나와서 조선 시대 시인들도 흔히 알던 해추(海鰍)가 거의 그대로 전래되었다. 직역하면 바다의 미꾸리인데 거대한 물고기를 비유할 때도 쓰였다. 조선 시대에 해추를 고래처럼 묘사하기도 했는데, 여기서는 그쪽의 내용을 옮겼다. 19세기의 기록인 『전어지』에서는 해추를 고래의 다른 이름으로 설명하며 머리의 구멍으로 물을 뿜으면 물결이 일어나며 천둥소리와 함께 비가 내린다고 한다. 새끼를 낳을 때 작은 물고기들이 몸으로 들어와 위장을 먹으려 하면 죽는다는 이야기도 덧붙였다. 밀물과 썰물을 일으킬 만큼 거대한 물고기라면 머릿속에 물을 담는 공간이 아주 거대해 그 안이 작은 세계와 같으리라 상상해 볼 수도 있을 것이다. 이런 점에서 이것은 중세 유럽의 트눅달루스(Tnugdalus) 이야기에 나오는 저승의 괴물과 비슷한 느낌도 있다. 툰달(Tundale)이라고도 하는 아일랜드의 기사 트눅달루스의 전설에 따르면 저승에는 아케론(Acheron)이라는 거대한 짐승이 있다고 한다. 아케론의 입과 배 속은 어마어마하게 거대해 한 지역이라 할 만한데, 저승에서 사람들이 벌을 받아 이 짐승의 입과 몸에 갇혀 지내며 고통을 받는다고 한다.

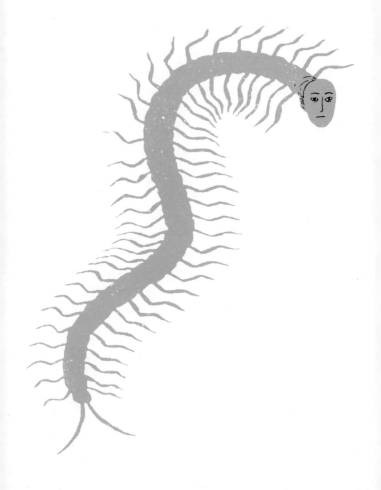

다리가 많은 벌레인데 사람과 닮은 점이 있다. 사람이 변한 것,
사람으로 변한 것이나 사람의 말을 알아듣는 것으로 생각하기도
한다. 입에 독침이 있고 독을 연기처럼 내뿜는 것도 있다. 크기는 일반
지네에서 사람의 열 배에서 스무 배에 이르는 것까지 다양하다. 사는
곳은 외딴 동굴, 민가의 지붕 속, 구들장 아래 등이다. 특히 사람이 사는
건물에 사는 것은 향랑각시(香娘閣氏)로 부른다. 가축이나 사람을
죽이기도 하지만 뱀이나 지네, 독개구리와 독을 겨루다가 죽기도 한다.

지네나 노래기의 모습을 한 괴물 이야기를 한데 엮은 것이다.
서울에서는 음력 2월 1일이 되면 대청소를 마친 뒤 사람들이 목조
건물에 사는 노래기 같은 벌레를 쫓기 위해 "향랑각시야, 천리 밖으로
어서 도망가거라"(香娘閣氏速去千里, 향랑각시속거천리)라고 쓴
부적을 건물에 거꾸로 붙여 놓았다 한다. 이런 믿음에 관한 이야기가
『경도잡지』에 나온다. 『송천필담』의 '오공원 두꺼비' 이야기에 나오는
지네는 '사람을 잡아먹는 지네'인데 『경도잡지』에는 지네와 유사한
노래기를 의인화해 '향랑각시'라고 불렀다. 『한국세시풍속사전』의
내용에 따르면 영천에서는 향랑 대신 복성(福成)이라는 말을 써서
'복성각시'라 부르기도 했고 청도에서는 '고동'이라고도 했으며
사천에서는 '강남', 김해와 보령, 공주에서는 '노래', '노내', '노랑'으로
불렀다 한다. 이야기를 만들어 본다면 지역에 따라 향랑, 복성, 고동,
노랑 같은 조금씩 다른 모습과 성격이 있었다고 상상해 볼 수 있다.
『한국세시풍속사전』을 참고하면 냄새가 지독한 벌레라는 특징에서
반어적으로 이 벌레를 주술적으로 높여 부르기 위해 '향랑'이라는
이름을 붙였고, 징그러운 벌레라는 특징에서 반어적으로 이 벌레를
각시로 불렀다 한다. 그렇다면 겉모습은 오히려 아름답거나 아름답고
추한 모습을 오가는 벌레, 또는 자신의 추한 모습을 무척 싫어하는
벌레로 상상할 수 있다.
    19세기의 기록인 『임하필기』에는 돌 속에 사는 커다란 지네에 관한
이야기가 '영남지괴'(嶺南志怪)라는 소제목으로 나오는데 바닷가에

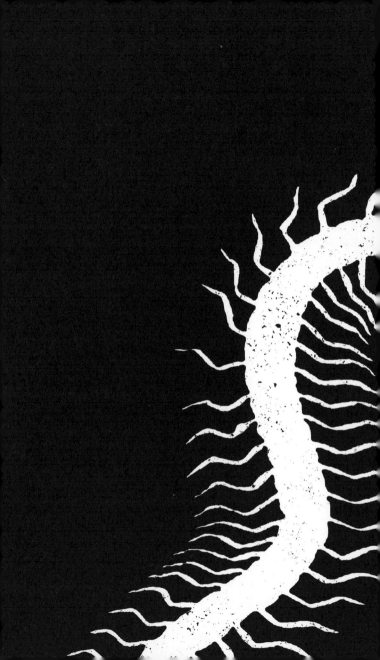

있는 바위 속에 사람 키의 몇 배가 넘는 커다란 지네가 들어 있으며
그 지네가 바위 속에 들어 있는 자국이 선명하게 새긴 것처럼 남아
겉에서도 머리, 꼬리, 입, 눈까지 알아볼 수 있었다 한다. 바위의 무늬
때문에 생긴 전설로 보이는데, 이 이야기에 따르면 온몸으로 돌을
녹이는 지네가 바위로 들어갔다고 생각해 볼 수 있다.

현대에 채록된 전설 중에는 지네가 사람으로 변신했다가
정체를 드러낸다는 것이 있어 흔히 지네 각시 이야기라 한다.
『한국민속문학사전』에는 「지네와 구렁이의 승천 다툼」에 대표적인
사례가 나타나 있다. 여기서는 삶의 의욕을 잃은 남자를 어떤 여자가
구해 주고 융숭하게 대접해 주어 함께 사는데, 사실 그 여자는 지네가
변신한 것이라 한다. 이런 이야기에서는 지네에게 밥알이나 담배를
피우고 침을 뱉으면 모습을 드러낸다거나 구렁이가 지네의 적으로
경쟁자라는 이야기가 흔히 덧붙으며 사실 이 지네 괴물은 하늘 위
세계의 신령스러운 것이었는데 벌이나 저주를 받아 그런 모습으로
지낸다는 사연으로 이어진다.

무척 아름다운 모습의 사람 형체가 지네나 노래기 모습으로
변하는 형태를 상상해 볼 수 있을 텐데, 이런 경우에는 그 중간
단계에서 몸의 한 부분은 지네, 한 부분은 사람인 경우가 있고, 손발이
지네인 사람, 상체는 사람인데 하체는 지네, 사람의 머리를 한 커다란
지네 같은 모습을 상상해 볼 수 있다.

현구(玄龜)	삼연집

산속에서 사는 커다란 거북이로, 다 자라면 등의 너비가 사람 키보다 조금 작은 정도이고 높이도 그 정도이다. 산길을 자유롭게 걸어 다니며 구름 같은 흰 기운을 조금씩 뿜어 올린다. 그래서 수풀이나 바위 사이에 숨어 있더라도 멀리서 보면 그 흰 기운을 보고 위치를 짐작할 수 있다. 사람이 길들여 타고 다닐 수도 있어서, 높은 산 험한 길을 다닐 때 항상 이것을 타고 다니는 사람도 있다. 이렇게 길들인 것은 어린아이들에게도 친근할 정도로 온순하다. 그러나 울음소리를 낼 때는 그 소리가 커서 천둥 같다. 다 자라날 때까지 기간은 상당히 오래 걸려서 타고 다니는 것들의 나이는 보통 사람보다 많다. 정지승이 길들여 산속에서 타고 다녔다는 이야기가 『삼연집』에 수록된 「남유일기」에 나온다.

'현구'는 신령스러운 거북을 말하는 것으로 옛 한시 등에서도 흔히 쓰던 말인데, 「남유일기」에서 이 전설을 돌아보며 읊은 시에 쓰인 적이 있어 제목으로 따왔다. 『삼연집』은 이 시가 실리지 않은 다른 판본도 있다.

정지승이 거북이를 타고 다녔다는 전설 자체는 그보다 시대가 앞서는 『어우야담』에도 실려서 널리 알려진 이야기다. 거대한 자라나 거북이 형태의 짐승은 다른 문헌에도 나타나는데, 사람이 타고 다니는 크기로 온순하게 길들일 수 있고 항상 친근하게 가축처럼 기르며 바닷가나 물가가 아니라 산속에 살면서 흰 기운을 내뿜는다는 묘사는 다소 독특해 별도로 편성했다.

험한 산속에서 사는 거북이라는 점에서 발톱이 유난히 강하거나 다리가 이상하게 긴 편이라든가 추위에 견딜 수 있도록 거북이면서도 긴 털이 있거나 천적 눈에 잘 띄지 않도록 등딱지 부분이 바위처럼 생겼거나 풀과 꽃이 자란다고 상상해 볼 수 있다.

협사이함(篋笥而緘)	어우야담
대나무 통에 가두다	

괴물을 가둔 작은 대나무 통으로 괴물이 날뛸 때마다 들썩거린다. 조선 시대에 황철이 괴물을 가두고 강물에 던지니 이내 조용해졌다 한다.

강물에 던지니 조용해졌다는 점에서 물에서 살 수 없다고 상상해 볼 수 있다. 대나무 통에 가두었다는 점에서 아주 크지는 않으며 대나무 통을 부술 만큼 힘이 세지는 않다고 생각해 볼 수도 있을 것이다. 원전에서 좋은 일을 하는 사람으로 소개된 황철이 가두었다가 물에 던져 없앤 점에서 사람을 해친다고 상상해 볼 수 있다.

형화만실(螢火滿室)	어우야담
반딧불이 방을 가득 채우다	

빛을 내는 벌레. 반딧불과 비슷한데 불에 타지 않는 뼈 같은 것이 있다. 집 안 곳곳에 눈에 거의 띄지 않게 머물며 사람에게 요괴에게 시달리는 병을 앓게 만든다. 원래 사람 머리뼈 가루에서 나오는데 모두 나와 한 덩이로 뭉치면 방을 빛으로 가득 채울 정도로 밝다. 이것을 태우면 사람 머리뼈 같은 모양이 된다. 이 머리뼈를 다른 곳에 묻어 주면 이것을 사라지게 할 수 있다. 조선 시대에 황철이 김의원의 부탁으로 이것을 쫓아냈다 한다.

원전에서는 누군가 다른 사람의 집을 저주하기 위해 사람의 머리뼈를 구해 가루를 내 집 곳곳에 뿌려 놓고 주술을 걸어 그 집안의 사람들이 병에 걸리게 했는데, 황철이 이것을 없애기 위해 반딧불 무리처럼 모아 태운 뒤 머리뼈 모양으로 만들어 묻어 주고 저주를 풀었다 한다. 즉, 이 반딧불 모양의 빛나는 것이 사람 머리뼈를 갈아 만든 주술 때문에 생겼고, 원래 모양으로 되돌리면 주술이 풀린다고 생각해 볼 수 있다.

호구록모(虎軀綠毛)	제하사고
호랑이 몸에 초록색 털	

초록색 털로 뒤덮인 짐승인데 모양은 호랑이와 비슷하다. 그런데 머리에는 뿔이 돋아나 있고 몸에는 날개도 있다. 날개는 깃털이 달린 형태가 아니라 지느러미나 박쥐의 날개와 더 비슷한 모양이다. 그런데 소리 내는 것을 들어 보면 어린 아기의 연약한 울음소리 같다. 이것은 이상한 짐승 중에서도 가장 이상한 축에 속하며 깊은 산속에서 발견되는 경우도 매우 드물어 모두가 너무나 믿을 수 없이 이상한 것으로 여긴다. 한 손님이 자기가 들은 가장 이상한 이야기를 돌이켜 보다가 한 승려가 깊은 산속에서 이것을 보았다는 이야기를 들었다는 것을 기억해 다시 사람들에게 이야기해 주었다 한다.

「제하사고」는 '하사고'라는 제목으로 엮인 시집을 소개하는, 이용휴가 쓴 제영(題詠) 형태의 시다. 내용을 보면 이 짐승을 소개하는 목적으로 이야기를 한 것은 아니다. 그보다는 그냥 아주 상상하기 힘들 정도로 기이한 일들이 세상에 있다는 사실을 밝히며 이런 이상한 짐승을 상상하기 어려운 것의 사례로 가볍게 언급하고 지나간다. 그러면서 『하사고』라는 시집에 매우 보기 드문 시가 실렸다는 본론의 도입부 역할을 한다. 따라서 널리 떠돌던 전설이라기보다는 황당한 상상을 잠깐 언급한 것에 가깝다.

호문조(虎紋鳥)	앙엽기
👁 서해안 홍도 근처	

바닷가에 사는 커다랗고 사나운 새로 크기는 사람의 몇 배에 이른다. 특히 머리가 항아리처럼 크고 날개도 몸집에 어울리게 큼직한데 날개에는 호랑이 같은 얼룩무늬가 있다. 대체로 붉은색을 띤 부분이 많다. 덩치가 크고 느리지만 하늘을 마음대로 날 수 있다. 사람을 삼켜 버리는데 여기에 맛을 들이면 자주 잡아먹는다. 바다를 종횡으로 멀리 날아다니고 쉴 때는 섬의 숲속에 깊이 들어가 땅에 엎드린다. 보통 무인도 같은 고즈넉한 섬에서 쉰다. 배를 공격하기도 한다. 듣는 재주는 뛰어나지만 보는 것이나 냄새를 맡는 재주는 별로 좋지 않은 듯하다. 사람이 그물이나 멍석 같은 것으로 가린 채 조용히 있으면 가까이 있어도 알아채지 못한다. 하지만 일단 알아차리면 사람을 해쳐서 선원들이 두려워했다. 지금의 서해안 홍도 근처 무인도에서 목격된 이야기가 『앙엽기』에 나온다.

원전에서 머리가 크다는 것을 항아리 같다고 설명했는데, 머리가 항아리와 닮은 점에서 모습도 둥글고 묵직하니 거대하리라 생각해 볼 수 있다.

혹언박혹언맥(或言駁或言貘) / 박마(駁馬)	영조실록
누구는 박, 누구는 맥이라 한다 ◉ 평안도	

중국 고전에 나오는 박(駁)이나 맥(貘)과 비슷하지만 조금 다르다. 모습은 말과 곰의 중간으로, 코는 산돼지 같고 털은 산양처럼 길다. 발은 큼직하고 두툼해 곰 발바닥 같고 발톱은 호랑이 같다. 사람을 공격한다. 화승총으로 사냥한 뒤 조정에 가죽을 보냈다 한다. 1747년 평안도에서 발견되었다는 이야기가 『영조실록』에 나온다.

고려시대 이규보의 글 「논일엄사」(論日嚴事)에는 고려 명종 시대에 남쪽 지방에서 어떠한 불치병이라도 치료하는 능력이 있다고 주장하여 성스러운 사람 혹은 신령에 가까운 인물로 인기를 끌었던 일엄(日嚴)이라는 사람의 사기 행각에 대한 이야기가 실려 있다. 일엄이 명성을 얻은 후 고려의 수도 지역에 나타나자 1만에 가까운 사람들이 열광하며 모여들었으며 그중에는 높고 귀한 사람들과 그 부인, 딸 들도 많았다고 한다. 그 많은 사람들이 일엄 앞에 엎드려서 자기 머리카락을 바닥에 깔아 놓고 그가 밟고 지나가면 영광으로 생각했다고 하며 그가 먹고 남은 음식 조각이나 그가 목욕한 물 한 방울이라도 얻으면 매우 귀하게 여기면서 먹었다고 되어 있다.

그런데 일엄이 이렇게 인기가 높던 시절 그가 등장할 때의 신비로운 모습을 묘사하면서, 「논일엄사」에서는 채첩건(綵氎巾)을 쓰고 능선(綾扇)으로 얼굴을 가렸으며 수많은 무리를 대동한 채, 박마(駁馬)를 타고 다녔다고 되어 있다. 박(駮) 또는 박(駁)이라는 글자는 흔히 얼룩말을 뜻하기도 했으니, 여기에서 박마라는 말은 특별한 괴물을 뜻하는 것이 아니라 단순히 얼룩무늬가 있는 희귀한 말, 혹은 값비싸고 좋은 말이라는 뜻으로 볼 수도 있겠지만 그렇다 하더라도 대단히 신비롭고 고귀한 분위기를 장식하는 특별한 짐승으로 언급되고 있는 셈이다.

박에 대한 다른 재미난 기록으로는 일본 문헌 『신서고악도』에 등장하는 「신라박」(新羅狛) 그림이 있다. 박을 뜻하는 글자가 다르기는 한데, 여기서 신라박은 가면을 쓰고 변장한 사람이 짐승 흉내를 내는 사자춤과 비슷한 놀이를 의미한다. 『신서고악도』에 실린 그림을

보면 사나운 짐승 얼굴의 가면을 얼굴에 썼을 뿐만 아니라 두 손과
두 발에도 짐승 얼굴 모양을 낀 모습으로 표현되어 있다. 이 모습이
신라에서 유행한 박(狛)의 형상을 그대로 일본에서 받아들인 것이라면,
신라의 박(狛)이라는 괴물은 사자나 호랑이와 비슷하지만 머리가
하나가 아니라 다섯 개인, 네 다리에 발톱과 발 대신에 머리가 있는
형상이었다고 볼 수 있다.

붉은색 난삼

◉ 충청남도 부여

붉은색의 난삼(襴衫)이라는 옷을 입고 머리를 온통 풀어 헤치고서 비가 내리는 흐린 날 대나무 숲에서 홀연 나타난다. 잘 뛰어다니고 높이 뛰는 일도 자연스러워 담을 넘어 달아난다. 사람이 두려워하지 않고 가까이 다가가면 도망간다. 안 씨가 지금의 부여 임천면 지역인 임천에서 보았다 한다.

봉두귀물에 나오는 긴 머리 여자 귀신과 닮았지만, 담을 넘어 달아났다는 점에서 빠르게 움직이는 모습은 차이가 있으며 붉은 난삼을 입었다는 차이점도 있다. 원전에서는 안 씨가 하인에게 촛불을 밝히라 하고 화장실을 가는 길에 보았다며 귀신을 잘 보는 안 씨의 경험에 관한 이야기 사이에 나온다. 그렇다면 이것도 귀신의 일종으로 믿었을 것이다. 대나무 숲에 살거나 흐리고 비가 내리는 날씨나 화장실 근처를 좋아하거나 어떤 이유로 화장실에 가는 사람을 상대한다고 상상해 볼 수 있다.

안변에서 갈 수 있는 서해안의 어느 섬에 신선의 세계 같은 신비로운 곳이 있다고 한다. 이 전설에 따르면 그 섬의 깊은 골짜기 바위 위에 봉래지전(蓬萊之殿)이라고 적힌 궁전이 서 있으며, 그 섬사람들은 말 대신 사슴을 타고 다니고 새를 타고 날아다닐 수도 있었다고 한다. 게다가 그곳의 음식 담는 그릇은 도자기로 굽거나 쇠를 녹여 만든 재질이 아니었고 먹는 것도 밭을 갈거나 우물을 파서 마련한 것이 아니어서 이 세상에서 볼 수 없는 신비로운 것이었다고 한다. 또한 전설에는 이 섬에서 흘러나온 것으로 추정되는 괴상한 식물이 소개되어 있는데, 복숭아가 매우 거대해서 씨앗이 바가지만 하고 열매는 말이나 되 단위로 따질 만큼 큰 크기이며, 대나무도 아주 거대해서 죽순으로 배를 만들 수 있을 정도였다고 한다. 이러한 복숭아와 대나무를 각각 홍도, 대죽이라고 불렀다는 전설이 유몽인의 『어우집』에 실린 「송이윤경 수광 부안변도호부서」(送李潤卿 睟光 赴安邊都護府序)에 소개되어 있다.

이 글에서는 이 섬을 중국 전설에 나오는 신선이 산다는 신비한 산, 삼신산(三神山)으로 추정할 만하다면서 이야기를 풀어 나가고 있는데, 결말에서는 안변에 새로 부임하는 이윤경이 정치를 잘한다면 이 신비의 섬으로 떠났던 사람들도 대죽으로 배를 만들어 타고 홍도를 먹으면서 바다를 건너 다시 안변으로 돌아올 것이라는 농담 비슷한 말을 하면서 멋지게 응원하고 있다.

　　홍도는 중국 고전에서 신선 세계의 복숭아를 뜻하기도 했던 말이다. 그리고 멀리 떨어진 신비한 섬에 거대한 식물이 있다는 이야기는 이 글 이외에 다른 사례도 보이는데, 예를 들어 우산국, 즉 울릉도에 대한 전설에서 흔히 쓰이던 문구와 이 글의 표현은 통한다. 『세종실록지리지』에는 울릉도의 대나무 크기가 기둥만 하고, 쥐는 고양이만큼 크고, 복숭아씨는 되처럼 크다고 되어 있다.

화소기미(火燒其尾)	지봉유설
꼬리에서 불이 탄다	

아름다운 빛깔의 커다란 새 같은 것으로 봉황이나 난새와 같은 것으로 볼 수 있다. 꼬리에서 불이 타며 하늘로 솟구친다. 사람이 만든 성벽이나 높다란 누각 같은 곳에 내려와 머물기도 한다. 텃새들이 싫어해 까마귀 떼의 괴롭힘을 받는다. 까마귀 떼가 한꺼번에 괴롭히면 견디지 못하고 어디론가 날아간다. 아름답고 멋진 모습 때문에 사람들은 귀한 새로 아끼고 좋아하며 좋은 징조로 여긴다. 과거 시험에 관한 이야기로 1563년생인 이수광이 쓴 『지봉유설』에 나온다.

봉황이나 난새에 대해 조선 시대 사람의 꿈 이야기에 나온 모습 등을 묶어 소개해 본 것이다. 이것이 하늘에 오르는 것은 과거에 합격해 높은 자리에 오르는 것, 이것이 까마귀에게 괴롭힘을 당하는 것은 소인배들의 공격을 받는다는 것을 상징한다는 이야기가 있다.

화위루의(化爲螻蟻)	청파극담
작은 벌레로 변하다	

사람 같지만 온몸이 작은 크기의 동물들이 서로 합쳐져 있는 것이다.
죽어 살가죽이 썩으면 몸에서 작은 동물이 튀어나와 바다로 들어가
물고기처럼 헤엄쳐 멀리 이동한다. 어떤 사람이 병으로 죽은 뒤 이렇게
변했다 한다. 남해안의 한 노인이 보았다는 이야기가 『청파극담』에
나온다.

사람이 마치 개구리처럼 흩어져 튀어나올 수도 있고 물에서도 헤엄을
잘 치는 동물 여러 마리로 변했다는 것이 원전의 중심인데, 살아 있을
때부터 이런 것이 모였다면 살가죽만 사람과 비슷하지 그 속은 이
개구리와 물고기를 닮은 것, 수십에서 수백 마리가 서로 힘을 합해
움직였다고 상상해 볼 수 있다. 그러면서 겉으로는 마치 평범한
사람처럼 말하고 움직였다는 이야기다. 보통 사람이 어떤 병에 걸려
몸이 이런 기괴한 상태로 바뀌어 버렸다고 생각해 볼 수도 있겠다.
원전에서는 땅강아지 같은 벌레인 누의(蝼蛄)로 변했다 하므로, 크기는
땅강아지만큼 작지만 보통의 땅강아지와는 다르게 물에서 헤엄을 칠
수도 있는 형태의 동물일 것이다. 원래 땅강아지와 비슷한 벌레인데,
여러 마리가 붙어 사람의 형체를 갖출 수 있고 물속에서는 물고기처럼
변할 수 있는 것이라 상상해 볼 수도 있겠다.

번개와 함께 나타나는 누런 용으로 번개를 다룬다. 신라 사람들의
도덕과 윤리, 특히 불교에 관한 일을 돕는다. 하늘을 정처 없이
돌아다니고 황룡사를 쉼터로 여긴다. 황룡사 창건 전설로 유명하며
기원전 35년, 238년에 걸쳐 골령 등지에 나타났다.

조선 시대 기록에 따르면 용은 대부분 비를 내리는 것을 관장한다.
하지만 『삼국사기』에는 비와 직접 연결되어 있다기보다는 번개
등을 일으켜 간접적으로 관련된 묘사가 더 많다. 황룡은 사람들과
특히 가까운 편으로 묘사된다. 황룡은 신라나 신라 불교를 수호하는
상징으로 나타나기도 하는데 용이 어떤 사상이나 나라의 수호자가
된다는 내용은 불교를 통해 인도로부터 들어온 불타팔부중에 관한
이야기에서 받은 영향이 클 것이다. 한편, 황색을 띤 용을 위엄이나
승리의 상징, 임금이나 나라의 상징으로 여겨서 군사상의 표식으로
삼는 사례도 이후에 종종 나타난다. 『고려사』에는 건물 기둥이
갈라지고 거기에 구멍이 생기는데, 그 구멍에서 황룡이 나타나는 꿈을
서술하면서 그 꿈이 공예태후 임 씨가 고귀해지는 운수를 상징한다고
나온다. 『고려사』에는 이성계가 황룡 깃발을 세우고 군사를 움직여
최영과 싸워 이겼다는 장면이 나오기도 한다. 음양오행을 따지며 용을
그리다 보면 푸르게 그려 청룡이 되는 수가 많은데, 이렇게 그려 놓으면
청룡과 황룡이 색상이 선명하게 대비되어 황룡은 청룡과 대립하는
일이 있다. 『한국민속문학사전』의 「용 싸움」에서는 청룡과 황룡이
대립하는 이야기로 나타나기도 한다. 『한국민속예술사전』의 「영덕
달봉뛰기」에서는 청룡과 황룡이 각각 여자와 남자의 상징이라 한다.

전과 다름없이 황홀하다

◉ 경기도 북부

푸른빛이 도는 털이 많이 난 천 같은 것으로, 모습은 분명치 않다. 그런데 이것이 아름다운 사람으로 변신한다. 걸음이 빨라 잘 도망치는데 뒷걸음질이 더 빠르다. 불길을 다스리는 재주도 있어 사방에 뜨거운 기운을 내뿜어 불을 낸다. 경기도 북부에서 최원서가 발견한 이야기가 『천예록』에 나온다.

음란한 것을 가르치다
◉ 황해북도 개성 박연폭포

깊은 물속에 사는 원숭이와 비슷한 것으로 물 밖으로 튀어나오면 햇빛
때문에 앞을 잘 보지 못한다. 깊은 산의 연못 같은 곳에 사는데, 갑자기
물 바깥으로 치솟아 튀어 오를 수 있고 머리와 얼굴이 잘 구분되지
않지만 눈은 빛을 내뿜어 분명하다. 물 바깥에서는 오래 있을 수 없는
듯하며 넓은 범위는 아니지만 비를 뿌리듯 폭풍우 같은 것을 만들어
내고 번개를 치게 하고 주변을 어둡게 만들며 사람을 괴롭힐 수 있다.
연못 가까이에 있는 소나무 같은 것을 소중하게 여겨서 나무꾼이 베면
화를 내며 쫓아오기도 한다. 사람에게 애정을 느끼기도 해 박연폭포
앞에서 아름다운 사람이 몸을 씻느라 드러낸 가슴을 보자 크게
흥분했기 때문인지 갑자기 튀어나왔다는 이야기도 있다.

남녀 간의 정분에 관한 박연폭포의 괴물이나 귀신 이야기는 『송도기이』
등 다른 기록에도 여러 편이 있다. 용이 사는 이야기와 연결되어 용의
자손인 사람이 물속에 살거나 용의 자손인 여자가 나타나 남자를
홀려 데려갔다는 기록도 있다. '회음'이라는 말은 『성호사설』에서 이
이야기를 다루는 항목에서 소제목으로 사용했던 말이다.

비 내리는 날 나타나는 괴물로, 정확한 형체를 잘 알아보기 어렵지만, "훼훼" 하는 소리를 내는 것은 잘 들려서 훼훼귀신이라 한다. 문을 드나들 수 있다 하니 크기는 사람만 한 듯하다. 이것이 나타나면 주위의 사람은 가위에 눌려 무서워하고 괴로워하다가 죽는다. 사람을 붙잡아 갈 수도 있다. 형체는 정확히 파악되지 않았지만 뒤웅박 같은 모습이라는데, 깨면 까치 같은 것 수십 마리가 튀어나와 도망쳐 날아간다. 이것이 행패를 부릴 때 활로 명중시키면 그 자리에 죽은 까치 같은 것이 떨어진다 한다.

휴유(鵂鶹)	이목구심서
	송자대전

휴유는 불길하고 괴이한 부엉이, 올빼미류의 새를 상징하는 말이다. 이런 불길한 새가 나타나 울면 불길한 일이 생기고, 그 새가 나타난 집에 사는 사람이 망하거나 죽는다는 식의 생각이 조선 시대에는 많이 퍼져 있었다. 즉 이것은 죽음, 패배를 알리는 울음을 우는 새다.

휴유라는 말은 사악한 것이라는 뜻으로 17세기 후반에 조선의 일부 정파에서 사용하던 단어다. 이 말은 윤휴, 이유, 두 사람을 비난하기 위해, 윤휴의 휴, 이유의 유에서 각각 한 글자씩 따온 말에서 탄생했다. 예로부터 불길한 새라고 여긴 부엉이, 올빼미를 흔히 휴류(鵂鶹)라고 썼기 때문에 발음이 비슷한 휴유를 불길한 단어로 만든 것이다. 이런 새가 일으키는 나쁜 현상을 휴류지변(鵂鶹之變)이라고 부르기도 했다. 이런 표현은 『송자대전』에 실린 송시열이 송시도에게 보낸 편지 등에 은어처럼 보인다.

기괴한 부엉이의 형상을 표현한 글로는 조선 후기 이덕무의 『이목구심서』에 나온 "몸의 4할이 고양이 모양"이라는 서술이 있다. 현대의 생물 지식과는 차이가 나는 부엉이에 대한 과장된 생각인데 이덕무는 부엉이를 완전한 음의 기운, 즉 전음지기(全陰之氣)를 받은 동물이라고 하면서 그 때문에 밤에 활동한다고 서술했다. 다른 묘사로는 『동국여지승람』에 직산의 휴류암에 대해서 묘사한 기록도 짚어 볼 만하다. 여기에서는 휴류암이 양, 말, 사람의 형상이라고 설명하고 있다. 휴류암은 부엉이 바위라는 뜻인데도 그 모습은 보통 부엉이와는 별 관계가 없다는 것을 두고 조선 시대 사람들도 이상스레 여겼다는 것이 『여암유고』 등에 보인다. 그러므로 조금 더 상상해 보자면 휴류암이 나타내는 기이한 부엉이는 부엉이라고는 하지만 흔한 부엉이와는 다르고 오히려 양, 말, 사람과 닮은 점이 있는 기괴한 형상을 한 새라고 생각해 볼 수도 있을 것이다.

올빼미가 불길한 동물이라는 생각이 깊었던 시대로는 고려 말 무렵도 언급해 볼 만 하다. 고려가 멸망할 징조가 뚜렷했다는 예로 조선을 건국한 사람들은 올빼미 울음을 꼽았기 때문이다. 『고려사절요』 1389년 기록을 보면 고려 멸망기의 임금인 우왕이 종묘에서 제사를 지낼 때 올빼미 소리가 천지를 울렸다고 쓰고 있다. "이러니 나라가 망할 때가 되었다"는 식으로 조선의 건국자들은 말하고 다닌 것이다.

반대로 말하면, 그런 사건을 빌미 삼아 이성계 일파는 고려를 멸망시켰다고 볼 수도 있다. 그 때문인지 조선이 건국된 후 조선 초기의 임금들은 올빼미 우는 소리를 대단히 두려워했던 기록이 『조선왕조실록』에 자주 보인다. 올빼미, 부엉이가 울면 궁중에서 해괴제라고 하는 제사를 지내면서 불길함이 사라지기를 애써 기원할 정도였다. 말하자면 마음 한구석이 찔린 셈인데, 그도 그럴 것이 그 올빼미 울음소리를 듣고 이번에는 조선의 임금들을 싫어한 누군가가 "저 임금도 망할 때가 되었나 보네"라고 과거의 자신들처럼 생각할 수도 있었기 때문이다. 조선 중기가 다 되어서야 이런 풍습은 멈추었다.

애당초 부엉이, 올빼미류의 새에 대한 믿음이 자리 잡기 시작한 것은 중국 고전에서 올빼미가 나쁜 뜻으로 사용된 경우가 있었던 것이 원인으로 보인다. 예를 들어 중국 고전에서는 효(梟)라고 하는 올빼미가 어미를 잡아먹는 습성이 있는 새라는 말이 나온다. 이런 이야기들이 효도를 중시하는 조선에서 특별히 올빼미를 더 잔혹하고 사악한 생물로 취급하는 계기가 되었을 것이다. 참고로 중국 고전에서 나온 불길한 올빼미, 부엉이를 가리키는 말과 비슷한 뜻의 단어로 복조(鵩鳥)라는 말도 쓰였다.

재미있는 기록으로 『조선왕조실록』 1407년 음력 9월 18일 기록에 태종 임금이 부인 원경왕후와 다투면서 자기 정책을 원경왕후가 섬기는 민속신앙의 귀신이 비판한 것 같다는 황당한 이야기를 하는 대목이 있다. 그러면서 태종은 자기가 잠자는 건물에 복조, 즉 괴이한 올빼미, 부엉이류 새의 울음소리가 들렸는데 그 올빼미는 원경왕후가 섬기는 귀신이 변신해서 날아온 것이고, 그 올빼미 울음소리가 바로 그런 비판의 의미를 품고 있었던 것 아니겠냐고 말했다.

이런 생각을 받아들인다면 조선 초기 사람들의 믿음 속에서는 괴상한 올빼미, 부엉이가 신령처럼 행동하며 사람의 기도를 듣기도 하고, 또 남을 저주하거나 비판하는 뜻으로 그 사람 옆에서 울기도 한다고 이야기해 볼 수 있을 것이다.

　좀 더 시대가 지난 뒤 올빼미와 관련된 불길한 이야기로는 이런 것도 있다. 어떤 부류의 올빼미는 기이한 능력을 지녔다는 이야기다. 이것은 갑자기 대낮에 일터에 나타나, 나뭇가지에 앉아서 어떤 한 사람을 보면서 운다. 그리고 표표히 날아가는데, 그러고 나면 반드시 그 사람은 직장에서 해면, 해고, 파면, 면직된다고 한다. 매우 정확하게 눈치를 채고 예언하기 때문에, 이 새가 한번 울고 가면 주위 사람들이 모두 수군거리며 걱정하고 근심할 정도에 이른다고 한다. 이런 것이 안변 땅에서 목격된 일이 1563년생인 이수광이 쓴 『지봉유설』에 기록되어 있다.

검은 기운이 캄캄하다

매우 어둡고 까만 괴물로, 덩치는 커다란 듯하며 밤에만 목격되어 정확한 모습은 알려지지 않았다. 다만 움직일 때는 여러 대의 수레가 움직이는 것 같은 아주 큰 소리가 난다. 그러므로 몸의 모양이 특이하거나 걸어 다니는 습성이 독특해서 그 때문에 큰 소리를 내게 되는 형태일 것이다. 사람이 많은 시내에도 나타나며 무서운 느낌이 있어 사람들은 소리를 지르며 도망친다. 용감한 사람은 징을 치며 큰 소리로 쫓으려 한다. 『인종실록』 1545년 7월 2일 기록을 보면 이런 것이 나타났다는 소문이 도는 바람에 사람들이 놀라 소란이 벌어지고 치안 병력도 말릴 수 없는 상황이 사나흘 이어졌다 한다.

'무고경주' 이야기에 실린 『삼국사기』에 나온 사례와 비슷하게 불안한 사회 분위기에서 이유 없이 뜬소문으로 공황에 빠져 도망 다니는 사건이 벌어진 것이 다른 모습으로 나타났다고 볼 수 있다.

흑룡(黑龍)	삼국사기

검은 용으로 우물을 통해 땅 위로 나온다. 검은 먹구름과 함께 나타나 세상을 어둡게 한다. 316년, 455년에 걸쳐 주로 백제에 나타났다.

흑룡이 보통 땅속의 물에 머물다가 이따금 땅 위로 나온다고 생각해 볼 수 있다. 함께 나타나는 먹구름을 자기 마음대로 다룬다는 기록은 없다.

　　조선 시대에 용에 관한 상세한 목격담이나 묘사가 풍부한 기록 중에는 회오리바람을 용으로 착각한 경우로 보이는 것이 많은데, 바다에서 발생한 회오리바람을 하늘로 승천하는 용의 모습으로 착각한 사례가 대표적이다. 이때 회오리바람은 흔히 흰색이 된다. 따라서 이런 용 목격담에는 백룡이 많이 나오는 편이다. 흑룡은 색이 백룡과 대조되는 만큼 백룡과 흑룡이 싸우거나 백룡은 선, 흑룡은 악을 나타내거나 백룡은 조선의 태조 이성계, 흑룡은 그 반대파를 상징하는 이야기도 있다. 『용비어천가』에는 이성계의 할아버지인 이춘이 흑룡과 백룡이 싸울 때 백룡을 도와주었고, 그러자 용이 머물던 연못이 피로 물들었다는 이야기가 나온다.

커다란 호랑이 같은 것으로, 색깔이 검은빛이며 매우 포악하고 나이도 많으며 생김새도 흉측하다. 여러 사람을 잡아먹어 일대를 전멸시키고 난 뒤에도 깊은 산속에 숨어 사는 일도 있다. 얼굴이 흉악하게 생겼고 특히 눈빛이 무서운데, 눈에서 빛을 뿜는 것이 횃불처럼 느껴질 정도다. 특이하게도 쇠붙이나 무기를 미리 느낄 수 있어 총이나 칼로 무장을 하고 다가가면 도망치므로 이것을 사냥하려면 맨손으로 싸우는 수밖에 없다. 이수기라는 사람이 산속에서 사는 사람과 힘을 합쳐 맨손으로 싸운 끝에 이것을 잡았다 한다.

이수기와 산속의 남자가 흑호를 잡은 이야기는 『청구야담』에도 나와서 상대적으로 널리 알려졌다. 그런데 같은 이야기가 시대를 앞서는 『학산한언』에 그대로 나온다. 이로 보아 옛날에도 어느 정도 알려진 이야기였을 가능성이 있다. 유난히 색깔이 어둡거나 검은빛이 도는 호랑이는 가끔 실제로 우연히 나타나는 수도 있으며 흑호가 중국 전설에서 언급되는 사례도 있다. 그러나 이 이야기 속의 사납고 신기한 묘사와 습성은 특색이 있다. 특히 함부로 모습을 드러내지 않고 신중히 숨어 있으며 총이나 칼 같은 무기를 멀리서도 알아채고 피하기 때문에 맨손으로 싸울 수밖에 없다는 점은 그리스 신화에서 특이한 괴물을 잡는 용사 이야기를 연상하게 한다.

　　원전에서는 산속의 남자가 맨손으로 흑호를 상대하는 사이 이수기가 몰래 숨겨서 가지고 있던 작은 칼로 제압한다고 나온다. 그러므로 어떤 방법으로 잘 숨기면 작은 무기 하나 정도는 감출 수 있다는 이야기가 된다.

　　그 외에도 흑호가 사는 곳 근처에 이상하게 생긴 바위가 있다는 것이라든가, 흑호가 나타날 때 자욱하게 모래 먼지가 일어 어둑어둑할 정도였다는 내용, 휘파람을 불자 그것을 마치 결투를 청하는 것처럼 알아듣고 흑호가 나타났다는 내용도 있는데, 이를 통해 흑호의 습성이나 모습을 상상할 수도 있다.

희광 / 희광이 / 휘겡이 / 방상시 가면을 쓴 사람 / 매귀(枚鬼) / 방매귀(放枚鬼) / 대면(大面)	고려사

황금 얼굴을 한 사람과 비슷한 것이다. 이마에도 눈이 있어 모두
네 개다. 귀가 보통 사람보다 크고 머리는 대머리다. 몸은 곰 같은
가죽이고 붉은 옷을 입었다. 오른손에 창을, 왼손에 방패를 들었다.
모습이 비슷한 부하 20-30명 정도를 거느리는데, 부하들은 보통
몽둥이를 들었다. 동물이나 사람을 죽이는 데 솜씨가 좋지만 악한
것만 사냥하고 잡아먹는다. 따라서 사람들은 이것이 악한 것을
물리쳐 주기를 기원했다. 1040년 고려에서 이것이 행차해 악한 것을
물리치라는 뜻으로 그 모습을 매년 연극과 춤으로 재현한 이야기가
『고려사』에 나온다. 이런 풍속은 조선 시대까지 이어졌다.

황금 얼굴에 눈이 네 개 달린 것을 고대 중국에서는 '방상시'라 했고,
가면을 쓰고 악귀를 쫓는 춤을 추는 것도 중국 고대의 풍습이다.
그런데 중국에서는 과거보다 방상시 춤이 시대가 지날수록 점차 덜
유행하는 경향이 있었지만, 고려와 조선에서는 반대로 더 뚜렷한
의식으로 남아 변형되었다. 조선에서는 궁전이나 시장터를 행진하면서
춤을 추었는데, 도우한(도축업자)이 이 역할을 맡는 것이 관례였다.
희광은 무시무시한 일을 하는 특이한 사람이라는 뜻인 듯하다. 사형을
집행하는 도축업자에게 방상시 가면을 쓰고 춤을 추는 일을 맡기기도
했다. 이런 사람들을 흔히 '망나니'나 '희광'으로 불렸다.
　　한편 '방매귀'는 직역하면 귀신을 때려 쫓는다는 뜻인데, 조선
전기 기록인 『용재총화』에 따르면 궁중에서 방상시가 하던 귀신 쫓기
행사를 민간에서 따라 하던 의식이 '방매귀'였다 한다. 『봉성문여』의
'매귀 놀이'(魅鬼戱) 묘사에 따르면 초라한 선비 모습의 조대(措大),
노파, 귀신 가면을 쓴 귀면(鬼面)이라는 세 명의 사람을 광부(狂夫)라
부르면서 그들에게 방상시와 같은 역할을 맡겼던 것 같다.
　　좀 더 시대가 거슬러 올라가는 기록 중에서는 신라의 최치원이
남긴 시 「향악잡영」에서 '대면' 부분을 이와 통하는 이야기로 보기도
한다. '대면'에서는 황금 가면을 쓴 사람이 채찍을 들고 귀신을
부린다는 대목이 있는데, 이 부분을 방상시 가면과 비슷한 것을 쓰고

귀신을 쫓는 의미의 춤을 추는 것으로 해석하여 방상시가 등장하는 모습과 비슷한 것으로 보기도 한다. 그렇다면 신라 시대 '대면'의 역할이나 모습도 방매귀와 통한다고 볼 수 있다.

희랑은 한 사람의 칭호로 심성이 관대하고 보통 사람과 다른 신비한 힘이 있다. 특히 가슴 한가운데 손가락 굵기만 한 구멍이 몸속까지 연결되어 있다. 얼굴과 손은 까맣고 힘줄과 뼈가 유독 울퉁불퉁 튀어나온 모양이다. 원래 머나먼 다른 나라에 사는 사람이었는데 신라로 건너왔다 한다. 천흉승(穿胸僧, 가슴에 구멍이 뚫린 승려)이라 불리며 해인사의 승려로 지냈다.

중국 고전에서는 예로부터 가슴 한가운데 구멍이 뚫린 이상한 사람들이 살았다는 '천흉국'(穿胸國) 이야기가 있다. 그래서 높은 사람이 바깥 외출을 할 때는 가마를 태우는 대신 가슴에 막대기를 끼워 넣고 막대기를 하인들이 메서 들고 다닌다는 이야기도 있다. 청나라 시대의 소설인『경화연』에는 너무 일을 하기 싫어하는 사람들이 그런 심성 때문에 심장이 한쪽으로 점점 쏠리고 그러다가 가슴에 구멍이 뚫렸다는 설명도 덧붙여 있다. 과거 한의학에서는 심장을 사람의 심성과 관계있는 장기로 믿었으므로 그런 식으로 상상한 것이다.

그에 비해 승려 희랑조사에 관한 이야기는 가야산 해인사에 있는 희랑조사 모양의 조각상 때문에 생긴 듯하다. 고려 시대에 만들어진 것으로 추정되는 조각상에는 가슴 중앙에 작은 구멍이 뚫렸다. 무슨 이유로 뚫은 것인지, 벌레 먹거나 다른 잘못으로 뚫린 것인지 알 수 없지만, 조선 시대부터 이런 구멍이 있었다는 기록이 있다. 거기다가 희랑조사가 당나라 등 먼 곳에서 온 외국 사람이라는 이야기가 있다 보니 아예 가슴에 구멍 뚫린 사람들이 사는 나라에서 희랑조사가 찾아왔다는 이야기가 생긴 듯하다.

희랑조사가 가슴에 구멍이 뚫린 사람들이 사는 나라에서 왔다는 전설은 이덕무, 박지원, 성해응 등 조선 시대 여러 사람의 기록에 남아 있다. '천흉승'이라는 말은 박지원이 쓴『영대정잡영』중 해인사 편에 나와 있다. 이덕무는 중국의 '천흉국' 이야기에 비해 구멍이 너무 작아 사실은 아닌 듯하고, 벌레 먹은 구멍을 두고 사람들이 지어낸 이야기로 추측하기도 했다.

현대에 채록된 전설로는 다른 재미난 것이 있는데, 산에 모기가 많아 사람들이 너무 고생하자 희랑조사가 자신을 희생해 다른 사람 피는 빨아먹지 말고 자기 피만 빨아먹으라고 자기 가슴에 일부러 구멍을 냈고, 그곳으로 모기들을 초대했다는 것이다. 그렇다면 모기들을 불러 모으고 몰고 다니는 사람이 희랑이라 할 수도 있고, 희랑을 그런 희생의 상징으로 볼 수도 있다.

신라의 신과 마귀,
『삼국유사』의 신화

곡도노호(鵠島老狐)

신라 진성여왕 시대의 '거타지' 이야기에 나오는 신으로, 곡도에 사는 늙은 여우다. 보통 때는 사람, 특히 승려의 모습인데 매일 해가 뜰 때 하늘에서 내려와 주문을 외면서 곡도에 사는 용들과 서해약(西海若, 서해의 신)을 공격해 간을 빼먹을 수 있다. 주문을 욀 때는 연못을 세 바퀴 도는데 그러면 물속 깊이 사는 서해약의 가족이 물에서 떠오른다. 이때 이들을 공격하는 것이다. 이것의 약점은 하늘에 있을 때 화살로 공격하는 것이다. 화살을 맞으면 원래 모습인 늙은 여우로 변해 땅에 떨어져 죽는다. 거타지는 활을 잘 쏘았으니 서해약이 거타지에게 늙은 여우를 향해 화살을 쏘아 달라고 부탁해 이 늙은 여우는 죽는다. 거타지 일행은 배를 타고 곡도 근처를 지나다가 풍랑을 만나서 곡도에 머무르는데, 곡도에 사는 서해약을 괴롭히는 것이 이 늙은 여우라는 점에서 이 늙은 여우는 평화로운 바다를 거스르는 신이나 나아가 풍랑의 신으로 상상해 볼 수도 있다. 본모습을 숨기고 있었다는 점에서는 속임수의 신으로 상상해 볼 수도 있을 것이다.

귀입궁중(鬼入宮中)
귀신이 궁전에 들어오다

백제 의자왕 말기에 나라에 망조가 들었다는 것을 소개할 때 나오는 것으로, 귀신 하나가 궁전 안에 들어왔는데 "백제는 망한다, 백제는 망한다" 하고 크게 외치다가 땅속으로 꺼졌다 한다. 꺼진 자리를 파 보았더니 거북이 나왔고, 그 등에 "백제는 보름달 같고 신라는 초승달 같다"라고 나와 있었다. 임금이 무당에게 그 뜻을 묻자 "보름달은 이제 차차 줄어들 것이니 백제는 쇠약해지고, 초승달은 이제 차차 차오를 것이니 신라는 점점 강해진다는 뜻이다"라고 해설하자 임금은 화를 내면서 그 무당을 처형했다. 그러자 다른 무당이 임금의 비위를 맞추기 위해 "보름달은 밝으니 백제는 강하고 초승달은 어두우니 신라는 약하다는 뜻"이라 하니 임금이 기뻐했다 한다.

정말로 이런 일이 있었다면 누가 일부러 백제 조정의 분위기를 흉흉하게 만들기 위해 엉뚱한 내용을 거북 등에 새겨서 몰래 파묻어 두고 귀신이 들어간 자리에서 이런 게 나왔다면서 속임수를 쓴 것이겠으나 이 이야기는 백제 멸망을 예언하는 귀신의 흉흉한 모습과 그 예언을 대하는 의자왕의 졸렬한 모습을 비난하는 형태다. 예언을 하는 귀신이 갑자기 나타나 땅으로 꺼지는데, 그 아래를 파 보면 이상한 짐승이 있고 예언이 적혔다는 묘사는 어떤 예언이나 신탁을 드러내는 형태로 보면 흥미로운 점이 있다.

신라에서 황룡사를 건설할 때 백제의 장인인 아비지(阿非知)를 막대한
재물을 들여 초청한다. 아비지가 처음 기둥을 세우던 날 백제가
멸망하는 꿈을 꾸자 불길하게 여겨 황룡사 건설에서 손을 떼려 한다.
그러자 문득 지진이 나더니 금전문에서 늙은 승려 모습의 형체와
장사 모습의 형체가 나타나 기둥을 세우고 다시 신비롭게 사라진다.
이 모습을 보고 아비지는 황룡사 건설이 어쩔 수 없는 일임을 깨달아
마음을 고쳐먹고 건설 작업을 계속했다 한다.

　　이 이야기에서 금전문에 나타난 노승과 장사는 건축을 상징하는
신, 특히 고층 건물을 세우는 신이나 고층 건물을 상징하는 신으로 볼
수 있다.

기장산웅신(機張山熊神)·정씨지류(鄭氏之柳)

사악한 용이 당나라 황족에게 깃들어 병을 일으키자 신라의 승려 혜통(惠通)이 술법을 일으켜 용을 내쫓아 병을 고친다. 이 용은 다시 신라의 문잉림(文仍林)이라는 숲에 가서 큰 소란을 부려서 신라의 정공(鄭恭)이 혜통에게 부탁해 문잉림에서 용을 쫓는다. 그러자 용은 정씨지류(정공의 집 앞 버드나무)에 깃드는데, 정공은 거기에 홀려 버드나무를 좋아하게 된다. 그래서 임금이 길을 내기 위해 정씨지류를 자른다 하니 "내 목은 잘라도 이 버드나무는 못 자른다" 하며 거역하고 결국 사형당한다. 이후 용은 신라 공주에게 병을 일으키는데, 혜통이 다시 퇴치하고 이때 혜통은 이 용을 독룡으로 설명한다. 독룡은 마지막으로 기장산에 가서 웅신(곰과 비슷한 형태의 신령)이 되어 사람들을 괴롭힌다. 결국 혜통이 불교의 가르침을 전수하며 타이르자 해를 끼치는 것을 멈추었다 한다.

다양한 모습으로 변하고 형체가 없어져 병을 일으키는 형태로 깃들기도 하지만 사람을 유혹해 홀리게 하는 버드나무와 곰과 비슷한 신령이라는 점은 독특한 면이 있다. 병을 일으키는 신이면서 한편으로는 버드나무의 신이자 곰의 신인데, 사람에게 해를 끼치는 풀이나 나무와 짐승을 나타내는 신이라 할 수도 있다.

길달(吉達)·비치제귀(飛馳諸鬼)·비형랑(鼻荊郎)

신라 진지왕 시대에 사량부에 도화랑(桃花娘)이라는 여인이 있었는데, 매우 아름다워서 임금이 여인을 유혹했다 한다. 남편이 있던 도화랑은 임금의 청을 거절했고 임금은 남편이 죽은 뒤에는 되겠냐고 말하자 도화랑은 그렇다고 말한다. 그 뒤 임금도 죽고 얼마 후 도화랑의 남편도 죽었는데, 임금의 혼령이 나타났고 이후 임금의 혼령과 도화랑 사이에서 태어난 사람이 비형랑이다.

비형랑은 임금이 불러들였는데도 밤마다 멀리 나가서 놀고 용사 50명으로 지켜도 뚫고 나가서 놀았는데, 그때마다 월성을 넘어 황천 언덕에 가서 지내면서 귀신들을 불러 모아 지냈다 하며 귀신 떼들은 절의 종소리에 맞추어 모였다가 흩어졌다 한다. 나중에 임금의 부탁을 받고 비형랑은 귀신들을 부려 하룻밤 사이에 큰 다리를 건설했으니 이 다리를 귀교(鬼橋)로 불렀다.

그 귀신 중에 길달은 나랏일을 도울 만한 사람으로 비형랑이 추천했는데 흥륜사 남쪽에 누각이 있는 높은 문을 세우고, 항상 그 위에서 잤으니 그 문을 길달문이라 했다 한다. 하루는 길달이 여우로 변해 도망가려 하자 비형랑이 다른 귀신들을 시켜 죽였다는 이야기도 있다. 그만큼 여러 귀신이 비형랑을 무서워해 당시 신라 사람들은 비형랑이 있으니 귀신들은 물러가라는 글(聖帝魂生子 鼻荊郎室亭 飛馳諸鬼衆 此處莫留停)을 붙여 귀신을 쫓았다 한다.

이 이야기는 도깨비 이야기의 원형으로도 가끔 언급된다. 그러나 이 이야기 속 귀신이 조선 시대 이후 한글로 표기되는 도깨비와 얼마나 비슷한지는 명확지 않다. 귀신을 물리치는 글에서는 비형랑이 부리는 귀신들을 비치제귀(飛馳諸鬼, 날뛰는 여러 귀신)라 묘사했다.

길달과 귀신들은 건설의 신, 특히 다리와 문을 짓는 일을 상징하는 신으로 볼 수 있고, 한편으로 비형랑은 귀신을 쫓는 신, 귀신을 다스리는 신으로 볼 수도 있다. 이 귀신들은 여우 같은 동물로 변할 수 있고, 한편으로는 비형랑에게 명령을 받는 처지에서 벗어나 도망치려 애를 쓰기도 한다. 비형랑이 용사 50명을 뚫고 자연스럽게 탈출했다는 점에서 탈출의 신으로 상상해 볼 수도 있다.

귀신을 쫓는 글을 조금 더 살펴보면 "이곳은 비형랑의
집이니 귀신이 올 곳이 아니다"라는 말이 있는데, 비형랑의 집을
비형랑실정(鼻荊郎室亭)이라 했다. 그러니 '비형랑실정'은 귀신이
올 수 없는 곳인 셈이다. 이곳은 귀신들이 올 곳이 아니라는 말은
차처막류정(此處莫留停)이라고 표현한 점에서 '차처막류정'이라는
말이 귀신을 쫓는 주문처럼 쓰였다.

신라 김유신이 백석(白石)과 함께 다른 나라를 정탐하러 가는 길에 세 명의 여자를 만났다는 이야기가 있다. 이 세 사람은 김유신과 백석에게 아름다운 과일을 대접하면서 서로 즐겁게 이야기했다는데, 그러다가 세 사람이 긴히 김유신에게 말하기를 백석만 떼어 놓고 숲속으로 들어가 더 깊은 정에 관해 이야기하자고 한다. 김유신은 즐거워하면서 따라가는데 막상 숲속 깊이 세 사람을 따라 들어가 보니 그때 세 사람은 신의 모습으로 변신해 정체를 드러냈다 한다. 그러면서 자신들은 사실 나림, 혈례, 골화 세 곳에 깃든 신령으로 나라를 지키는데 백석이 사실은 김유신을 속이는 첩자이기 때문에 그 사실을 김유신에게 알려 준다는 것이다.

그렇게 생각해 보면 나림, 혈례, 골화의 삼신은 우선 첩자의 신, 첩자를 밝혀내는 신으로 볼 수 있을 것이고 김유신 일행과 대화를 나눈 과정을 살펴보면 유혹의 신이나 과일, 간식의 신으로 상상해 볼 여지도 있다. 나림, 혈례에 해당하는 신이 먼저 나타나고 골화에 해당하는 신이 나중에 나타난 점에서 나림과 혈례가 조금 가까운 편이고, 골화는 둘과는 조금 덜 친한 신으로 상상해 볼 수도 있다. 산의 이름인 나림과 혈례라는 지역과 비교하면, 골화에는 냇물이 있다는 점을 따로 언급한다는 점도 차이가 있다.

신의 모습을 드러낸다는 말이 있는 점에서 사람 모습으로 있을 때와 신으로 변했을 때가 겉보기에도 확연히 달라 신의 모습이 되면 옷차림이나 얼굴색, 주변을 감도는 빛이나 서 있는 모습 등이 기이해진다고 추측해 볼 수 있다.

신라의 임금인 탈해 이사금은 함달파와 적녀국 공주의 자식인 셈인데 세상을 떠난 뒤 동악(東岳, 토함산)의 신이 되었다 한다. 석탈해는 몸 뼈 길이가 9척 7촌(약 3미터)으로 덩치가 크고 두개골 둘레는 3척 2촌으로 큰 덩치를 고려해도 유난히 머리가 큰 편이다. 특히 이와 뼈가 한 덩어리로 이어져 있으며 세상에서 누구도 이길 수 없는 힘이 센 사람의 골격이었다 한다. 그러니 무척 힘이 센 신이다.

한편 풍수지리를 따져 호공의 집터가 좋다고 보고, 속임수로 그 집터를 빼앗았다는데, 풍수지리에 밝고 속임수에도 밝은 신으로 볼 수 있다. 속임수를 쓸 때 자신이 예로부터 대장장이였다고 소개하는 점에서 대장장이나 철의 신으로 상상해 볼 여지도 있다.

신라에서는 탈해 이사금의 뼈를 부수어 넣은 신상을 만들었다는데, 처음에는 궁전에 두었다가 나중에는 토함산에 두었다 한다.

동지룡(東池龍) · 청지룡(靑池龍) · 분황사정룡(芬皇寺井龍)

신라 원성왕 시대에 두 사람이 임금 앞에 찾아와 자신들은 동지, 청지 두 연못에 사는 용의 부인인데 하서국(河西國)이라는 곳에서 온 사람이 자신의 남편들과 분황사석정에 사는 용까지 세 용을 조그마한 물고기로 바꾸어 잡아갔다며 하소연한다. 이에 원성왕이 하서국 사람을 붙잡아 처형하겠다고 위협해 용을 풀어주게 하니 무사히 세 용이 풀려났다는 이야기다.

세 용은 신라를 지키는 역할을 하기도 했다는데, 땅속의 물길을 따라 동해에서부터 이 연못과 우물에 드나들 수 있었다 한다. 그런 점에서 세 용은 땅속에 있는 샘물이나 땅속의 신으로 볼 수 있다. 용이 풀려나자 우물물이 높이 치솟았다는데, 그렇다면 기분이 좋을 때는 물을 치솟게 할 수도 있었다고 생각할 수 있다.

동해룡(東海龍)

신라 헌강왕이 동해 근처에 왔을 때 갑자기 구름과 안개가
자욱해졌는데, 그러자 신하는 이것이 동해룡의 짓이라며 이럴 때는
좋은 일을 해야 한다 말했고, 그 말에 따라 근처에 절을 세우자 안개가
걷혔다 한다. 동해룡은 기뻐하면서 일곱 아들과 함께 임금의 덕을
칭송하며 춤을 추고 곡을 연주했다는데, 그 일곱 아들 중 한 명이
처용이다.

　　안개가 너무 심해 길을 잃을 정도라는 점에서 동해룡은 안개의
신이라 할 수 있다. 한편으로 길 잃은 사람들의 신으로 상상해 볼 수도
있다. 음악과 춤으로 임금의 덕을 칭송했다는 점에서는 음악의 신으로
볼 수도 있다.

마령신인(馬嶺神人)

고구려의 마령에 나타난 신령스러운 사람 같은 것으로, "너희 나라가 망할 날이 얼마 남지 않았다"라며 고구려에 망조가 든 것을 알린다. 이것은 연개소문 시대에 연개소문이 적극적으로 도교를 받아들이며 상대적으로 불교가 소홀해진 것을 비판하는 이야기의 마지막 부분에 소개된 것으로 신선이 되는 방법을 중시하는 도교를 비판하며 불교를 중시해야 한다는 이야기이기도 하다.

그렇다면 마령신인은 예언을 상징하는 신이면서 망조와 파멸을 예감하는 신, 도교나 신선술을 비판하는 신, 영원히 사는 술수를 비판하는 신, 하늘 위 세상으로 오르기 위해 애쓰는 술수를 비판하는 신으로 볼 수 있다. 고구려의 운명이나 고구려의 신으로 본다는 것도 이상하지는 않겠지만, 예언에서 고구려를 '너희 나라'라 한 점에서 그런 느낌은 약한 편이다.

가라국 내지는 금관가야에 만어산이 있었는데, 그곳에 사악한 신인 오나찰녀(나찰녀 다섯)가 있었다. 가라국에는 '옥지'라는 연못이 있고 사악한 독룡이 살았는데 오나찰녀와 독룡은 서로 왕래하며 사귀었다 한다. 그러면서 번개와 비를 내려 4년 동안 농사를 방해했다 한다. 처음에는 가라국 임금이 주술로 막아 보려 했지만 실패하고, 불교의 설법으로 감복시켜 나찰녀를 불교에 귀의시켜 해결했다 한다.

이 이야기에서 오나찰녀와 옥지독룡은 흉작을 상징하는 신으로 볼 수 있다. 나찰녀는 불교계 인도 신화에서 사람을 잡아먹는 마귀 같은 것이라 한다.

명사(冥司)

명사는 저승사자나 저승을 관장하는 높은 관리라는 뜻인데 『삼국유사』에는 망덕사의 승려 선율(善律)이 저승에 갔다가 돌아오는 이야기에 나온다. 여기서는 선율이 불교 경전을 편찬하다가 죽어 저승에 오자 일을 다 완수하라고 다시 이승으로 돌려보냈다 한다. 그런데 저승에서 이승으로 돌려낸다고 해도 육체만 되살아나게 해 주는 것이라 선율은 무덤에 묻힌 상태로 깨어났고, 무덤 속에서 사흘 동안 살려 달라고 외친 끝에 지나가던 목동이 그 소리를 듣고 나올 수 있었다. 이외에 저승에서 다른 죽은 사람의 사연을 듣는 장면도 이야기 속에 나온다.

　　『삼국유사』의 이 이야기 속 저승은 관청에서 업무를 보는 것 같은 모습으로, 특별한 판단에 따라 죽은 사람을 되살아나게 해 주고 비슷한 시기에 죽은 사람들끼리 살아생전의 모습과 비슷한 모습으로 만날 수도 있는 세상이다.

보대사(普大士)

신라에 '지통'이라는 노비가 있었는데, 17세에 이르러 승려가 되려고 할 때 까마귀가 나타나 "영축산의 낭지에게 의탁하라"고 말했다 한다. 그 말을 듣고 영축산에 간 지통은 어느 골짜기 나무 아래에서 쉬다가 보대사라는 사람을 만나 잠깐 대화를 나누며 가르침을 받는다. 그러자 문득 지혜가 생겨 깨우침을 얻었다 한다. 이때 보대사는 불교의 보현보살을 말하는 것이면서 영축산의 산령, 곧 산신령을 말하는 것인데, 한편으로 영축산의 산신령은 변재천녀(辨才天女)였다는 말도 나온다.

보대사는 불교의 보현보살, 변재천녀의 성격을 띠는 영축산의 산신령인데 그렇게 보면 보현보살이 상징하는 진리, 수행, 장수의 신이자, 변재천녀가 상징하는 장수, 부유의 여신으로 볼 수 있다. 이야기 속에서는 노비 출신의 젊은이가 단숨에 깨달음을 얻어 경지가 높은 승려가 되었다는 내용이 중심이므로 진리와 지혜를 상징하는 면이 강하다.

북천신(北川神)

신라 원성왕이 김주원과 임금의 자리를 놓고 다툴 때 원성왕이 북쪽에 있는 냇물의 신, 즉 북천신에게 기도를 했더니 김주원이 궁전에 들어오려 할 때 북천의 물이 갑자기 불어나 건너오지 못했다 한다. 이때 원성왕이 재빨리 궁전에 들어와 임금이 될 수 있었다는 것이다.

　　그렇게 보면 북천신은 어떤 자리를 놓고 사람들이 다툴 때 그것을 도와주는 신이나 출세나 승진을 상징하는 신으로 상상해 볼 여지도 있다. 갑자기 냇물을 불어나게 했으니 홍수의 신이기도 하다.

사방대력신(四方大力神)

신라 시대에 김양도가 어린아이일 때 말도 못 하고 몸이 마비되는 병에 걸렸는데, 이때 항상 대귀가 소귀들을 거느리고 와서 집 안을 돌아다니며 음식을 먹는 등 행패를 부렸다 한다. 대귀는 소귀들을 거느리면서 명령하는데, 소귀들은 철퇴로 무장해 마음에 들지 않는 사람이 보이면 철퇴로 머리를 때려죽였다.

이 귀신을 물리치기 위해 밀본(密本)이라는 승려를 부르자 밀본은 사방대력신을 불러 귀신을 잡아가게 한다. 사방대력신은 빛나는 쇠갑옷을 입고 기다란 창으로 무장했는데, 사방이라는 점에서 동서남북을 상징하는 네 명일 것이다. 대력신이라는 점에서 덩치가 크고 힘이 세며 싸움을 잘한다고 볼 수 있다. 귀신을 잡아간 뒤 천신들이 둘러싸고 기다렸는데, 구체적인 묘사는 없지만 천신들은 병사나 관복을 입은 관리 같은 모습이지 않았을까 싶다. 그러니 이 이야기에서 대귀와 소귀는 병을 일으키고 사람을 마비시키고 음식을 빼앗아 먹는 신이다. 사방대력신은 병을 물리치는 신이나 귀신을 잡아가는 신으로 볼 수 있다.

보통 현대의 무속에서는 동서남북 네 방향에 중앙을 더해 다섯 방향에 대해 장군 같은 신이 있다고 보고, 오방신장이나 오방장군이라는 체계를 더 많이 쓴다. 중국 도교의 영향으로 보이는데 사방대력신은 그에 비해 사천왕으로 나타나는 불교의 영향이 더 강한 느낌이다. 대력신이라는 말도 불교에서 힘이 센 괴물이나 귀신 같은 것을 묘사할 때 쓴다. 아수라들의 세상에는 대력신이 사는데 대력신은 항상 화를 내고 싸움을 좋아한다는 이야기가 있다. 불교의 사천왕에 견주어 보면 여기에 나오는 긴 창을 들었다는 묘사는 사천왕 중 다문천왕(多聞天王)과 비슷하다.

음양오행에서 동서남북과 중앙이 각각 청색, 백색, 적색, 흑색, 황색과 대응된다고 보고 각각 나무, 쇠, 불, 물, 흙과 대응된다고 보기도 하는데 그 때문에 현대 무속에서는 오방신장을 동방청제, 서방백제로 부르기도 한다. 그렇게 보면 사방대력신도 남방의 대력신은 붉은색이고 불에 관한 힘이 있고, 북방의 대력신은 검은색이고 물에

관한 힘이 있다고 상상해 볼 여지도 있다.

『삼국사기』의 「잡지」에는 신라의 여러 제사에 관해 설명하면서 네 가지 방향에 대해 제사를 지내는 사례가 나오기도 한다. 앞서 설명한 오악(중앙과 네 방향의 산)에 제사를 지내는 것을 제외하면 네 방향의 큰길, 바다, 하천 등에 지내는 제사에 대한 기록이 나온다. 이 중에 네 방향의 큰길에 깃든 신을 소개해 보면, 차례로 고리신(古里神), 저수신(渚樹神), 첨병수신(簷幷樹神), 활병기신(活倂岐神)이다. 각각 나무, 쇠, 불, 물을 상징한다. 네 군데 큰길에서는 압구제(壓丘祭)나 벽기제(辟氣祭) 같은 신라 고유의 제사를 지낸다는 기록도 있으니 제법 중시하던 것일 수 있다. 압구제와 벽기제가 정확히 무엇인지는 알기 어렵지만 압구제는 건물이나 무덤 같은 것을 짓기 전에 운수가 좋아지라고 터를 잡으면서 지내는 제사, 벽기제는 사악한 기운을 쫓는 제사로 추측했다 한다.

신라 헌강왕 시대에 임금이 포석정에 갔을 때 남산의 신이 나타나서 춤을 추었는데 그 모습을 신하들은 보지 못하고 임금만 보았다 한다. 그러자 임금이 직접 춤을 추어 그 모습을 주변에 보여 주었다 한다. 이때 이 신을 상심, 그 춤을 어무상심(御舞祥審)이나 상염무(霜髥舞)라 했다 한다. 또 이 춤의 모습을 조각으로 새겨 보존했다 한다.

상심은 춤의 신인 셈인데 임금이 직접 춤을 추게 했을 정도이니 춤의 모습이 단순하면서도 무척 흥겨웠으리라 상상해 볼 수 있다. 다만 『삼국유사』에서는 임금이 흥겹고 즐거운 것으로만 여긴 이 춤이 사실은 점차 나라가 기우니 주의하라는 경고였다고 한다.

서해약(西海若)

신라 진성여왕 시대의 '거타지' 이야기에 나오는 신으로, 서해를 다스린다. 곡도(鵠島)라는 섬에 머무는데 보통 노인의 모습이지만 용이기도 하다. 곡도의 연못에 살다가 노인의 모습으로 연못에서 걸어 나와 모습을 드러내는데, 바다를 다니는 배를 보호할 때는 용을 두 마리 보내 그 배를 등에 지고 가게 해 줄 수 있다.

서해약에게는 원래 부인과 여러 자손이 있었는데, 늙은 여우가 용의 간과 창자를 빼 먹으려 공격해 다 죽고 부인과 딸 하나만 살아났다 한다. 늙은 여우가 용의 간을 노리는 점에서 서해약의 간이 특별한 효능이 있는 약으로 상상해 볼 여지도 있다. 늙은 여우와 싸울 때 물 위로 모습을 드러낸 뒤 당하는 점에서 물속 깊이 있을수록 힘을 발휘하지만, 물 바깥에 가까워지면 약해진다고 생각해 볼 수도 있다.

이름대로 서해를 다스리는 신이자 항해하는 배들의 신이기도 하다. 『삼국유사』의 이야기는 서해약이 거타지의 배를 용으로 보호하면서 당나라로 가게 하니 그것을 보고 당나라 임금이 놀라 잔치를 베풀어 주고 큰 상을 내렸다는 것이 결말이다. 신라 하대에 서해가 신라와 당나라 사이의 외교와 무역에 자주 활용되었다는 점에서 서해약은 무역상들과 외교 사절을 보호해 주는 신으로 생각해 볼 수도 있다. 한편 처음 뱃사람들이 곡도에 내려보낼 사람을 정할 때 제비뽑기를 했는데, 유독 거타지의 제비만 물에 가라앉았다는 이야기가 있다는 점에서 서해약이 제비뽑기나 도박의 결과를 바꾸는 신으로 상상해 볼 수도 있다.

선도성모는 선도산에 깃든 신으로, 겉모습이 아름답고 구슬로 쪽 찐 머리를 장식했다 하고, 신라에서 제사를 지내던 여러 신 중에서도 가장 우선하는 신으로 손꼽히던 것이라 한다. 선도성모는 먼 옛날 서쪽의 다른 땅에서 신선의 술법을 얻어 신라 가까운 곳에 왔다는데, 그 뒤 솔개를 따라 어느 산에 머물지 정했다 한다. 신라 경명왕 때는 매사냥에 쓰던 매를 잃어버린 임금이 선도성모에게 기도하며 매를 찾으면 작호를 내리겠다고 하자, 이윽고 매가 돌아와 선도성모에게 대왕의 작호를 내렸다 한다.

여러 천선(天仙, 하늘의 신선이나 하늘의 경지에 이른 신선)에게 명령을 내려 비단을 짜게 했고, 그것을 비색(緋色)으로 물들여 남편의 관복으로 주었다는데, 이 관복에 신기한 힘이 있었다 한다. 그 뒤 낳은 자식이 신라의 첫 임금이 되었다는 이야기도 전해진다 한다. 이후 중국 송나라 사람들은 선도성모가 옛날 중국 황제의 딸이 신라 지역으로 건너간 것으로 믿었다는데, 그렇게 보면 선도성모는 중국 전한 시대에 신선술에 심취한 어느 황제의 딸이 되는 셈이다.

이런 이야기를 보면 선도성모는 영원히 사는 법을 익힌 신선이면서 옷감이나 옷의 신으로 볼 수 있다. 솔개, 매에 대한 이야기와 엮인 점에서 새의 신으로 상상해 볼 수도 있다. 다른 나라 문화의 전래를 상징하는 신으로 생각해 볼 수도 있다. 비구니가 절을 세우기 위한 재물이 필요해 기도를 하자 꿈에 나타나 황금 열 근이 묻힌 장소를 알려 주었다는 이야기도 있는데, 황금을 내려주는 신이나 숨겨진 보물을 찾아 주는 신으로 상상해 볼 수도 있다.

아사달 산신은 단군이 임금의 자리에서 떠나 신선처럼 변해 수천 년 이상 살 수 있게 된 것을 가리킨다. 원래 단군은 웅녀가 단수(壇樹) 아래에서 기도를 드린 결과로 태어났다 하니 나무의 신으로 볼 수도 있다. 『세종실록』의 기록처럼 '단군'이라는 말 자체를 '박달나무 임금'이라는 뜻의 단군(檀君)이라 할 때도 있고, 『제왕운기』에 실린 이야기처럼 단수신(檀樹神, 박달나무 신)의 자식으로 단군이 태어났다고 할 때도 있으니 역시 나무나 박달나무 신의 성격을 이어받았다고 볼 수 있다.

단군의 행적에서는 세속의 부귀영화를 벗어 던지고 산에 들어가서 신선처럼 된다는 점이 눈에 띈다. 일단 『삼국유사』에 실린 이야기에서부터 임금으로 살다가 임금 자리를 벗어 던지고 아사달의 산신이 되어 1,908살까지 살았다는 내용이므로, 임금으로 지낸다 한들 속세의 삶은 죽으면 그뿐이니 오히려 산에 들어가서 도를 닦으며 살면서 신선이 되어 수천 년을 사는 것이 낫다는 생각이 엿보인다는 것이다. 실제로 후대에는 단군을 적극적으로 신선술의 상징으로 본 사례도 있다. 조선 시대 소설인 『금오신화』의 「취유부벽정기」에서는 궁전의 공주라 하더라도 전쟁이 일어나고 난리가 나면 비참한 신세가 되는 것이 속세의 삶이니 차라리 속세를 떠나는 것이 낫다는 이야기를 해 주는 신령으로 단군에 해당하는 것이 나타난다 하고, 『해동이적』에서는 단군을 신선이 되는 방법을 알아내려 한 사람들의 시초로 보기도 한다.

단군은 고조선을 세운 인물로 나오는 만큼 아사달 산신은 이후 한반도와 인근 나라들의 신으로 볼 수도 있다. 조선 시대에 이르면 단군을 최초의 임금으로 조정에서도 숭배하기 시작하며 『동사』와 같은 조선 후기의 문헌에서는 이후 모든 나라가 단군의 후예라 생각하기도 한다.

역신(疫神)

신라 헌강왕 시대에 처용의 부인과 몰래 바람을 피우는 신으로,
이름대로 병이나 전염병을 일으키는 신이다. 처용의 부인이 너무
아름다워 부인에게 다가갔다는데, 처용이 그 사실을 알고도 노래를
부르고 춤을 추면서 한탄만 하자 부끄러움과 감동을 하고 처용에게
사죄한 뒤 앞으로는 처용의 모습을 그린 것만 보아도 그 근처에는 가지
않겠다고 말한다. 그래서 이후로 사람들이 처용의 형상을 문에 붙여
사악한 귀신을 쫓아내는 풍습이 생겼다 한다.

오악삼산신(五岳三山神)

오악삼산은 신라에 있는 다섯 방향에 있는 명산과 경주 일대의 신성한 산 세 곳을 말하는 것으로, 오악에서 동악은 토함산, 서악은 계룡산, 남악은 지리산, 북악은 태백산, 중악은 팔공산이며 삼산은 나림, 혈례, 골화 세 곳이다. 이 중에서 동악과 삼산에 깃든 신은 동악신과 나림, 혈례, 골화 삼신 이야기에서 나오고, 북악의 신도 '옥도금'이라 칭하며 따로 설명되어 있다.

신라 경덕왕 시대에 오악 삼산의 신이 궁전의 뜰에 나타나 임금을 모셨다는데, 그렇다면 신라의 국토를 상징하는 여덟 개 산의 산신령은 신이지만 인간보다 위에 있는 것이 아니라 신라 조정의 명령을 받고 신라 임금에게 충성을 다한다고 묘사된 셈이다.

신라에는 산에 깃든 신령이 많고 나라에서도 그런 신령들을 중시하는 편인데, 이것은 이후의 한국사에도 어느 정도 이어지는 특징이다. 이런 특징이 당시 당나라 사람 등에게도 특이해 보였는지 『구당서』 등 중국계 문헌에서도 신라의 풍속을 소개하면서 특별히 "산신에게 제사 지내기를 좋아한다"라는 기록을 남긴다.

한편 『삼국유사』의 오악삼산신은 신라가 당나라로부터 『도덕경』을 도입한 후에 묘사되는데 『도덕경』이 중국 도교의 가장 중심이 되는 경전이라는 점에서 오악삼산신에 대한 이런 믿음은 도교 느낌이 강하리라 생각해 볼 수 있다. 실제로 신라 하대의 김가기 같은 사람은 당나라로 건너가서 도교의 신선이 되었다는 전설을 중국에 남기기도 했으니 어느 정도는 도교 문화가 신라에 퍼져 있었다고 볼 수 있다. 그렇다면 몸을 단련하거나 신비로운 약을 만들어 황금을 만들어 내거나 사람을 영원히 살 수 있게 하거나 하늘을 날 수 있게 하는 도교 계통의 술법으로 이후 고려와 조선에서 유행한 것들이 오악삼산신과 관련이 있어 그들이 비법을 전수해 주거나 그런 비법을 알아내려는 사람들이 오악삼산신이 깃들어 있다는 곳에 가서 기도하면서 연구를 한다고 상상해 볼 수도 있다.

신라의 제2대 임금인 남해 차차웅의 부인인 운제부인(雲帝夫人)을 상징하는 신으로, 현재의 포항 운제산에 깃든 신으로 볼 수 있다. 이름대로 구름의 여신인 셈인데『삼국유사』에도 가뭄이 들었을 때 운제산성모에게 기도를 드리면 영험이 있다 한다.

신라 시대의 승려인 보양(寶壤)이 중국에서 신라로 오는 길에 바다에서 용궁에 가는데 그곳에서 경전을 외자 용궁의 임금이 보물을 주고 그 아들을 보양에게 딸려 보낸다. 이 용의 아들이 이목이다. 이목은 보양이 창건한 절 옆에 있는 연못에 살았는데, 가뭄이 들면 비를 내려 주는 등 사람을 돕고 착한 일을 하려 한 듯하다. 그러나 이것이 하늘의 순리를 거스르는 행동이라 천제는 이목에게 번개를 내려 죽이려 하는데, 이목은 절의 승려에게 살려 달라 하고 승려는 이목을 책상 밑에 숨겨 준 뒤 천제가 보낸 천사가 이목을 내놓으라 했을 때는 자두나무를 가리킨다. 그러자 천사는 자두나무를 번개로 부순 뒤에 되돌아간다. 이후에 이목이 자두나무를 쓰다듬자 나무가 되살아난다.

　　이목은 사람을 돕고 나무를 살려 주려는 착한 신으로 비의 신이나 죽은 나무를 되살리는 신이라 할 수 있다. 일부 연구자들은 이목이 용이 되기 전 상태의 뱀과 비슷한 괴물인 이무기와 발음이 비슷하니 관련이 있다고 보기도 한다. 이목의 뜻에 주목하면 눈의 모습이 유리로 된 느낌이 들기도 한다.

백제의 전성기에 백제의 서울(사비) 주변의 세 산인, 일산, 오산, 부산에는 각각 신인(神人, 신령스러운 사람)이 살았다 한다. 세 신인은 아침저녁으로 날아 서로 왕래가 끊이지 않았다는데, 그러므로 백제의 전성기를 나타내는 신, 백제의 신으로 볼 수 있다. 한편으로 날아서 왕래했다는 점에서 하늘을 나는 것에 대한 신, 하늘을 나는 술법을 알고 가르쳐 주는 신으로 상상해 볼 수도 있다.

　　지금은 부여의 부산을 부산으로, 오산(烏山)을 오산, 금성산(錦城山)을 일산으로 추정한다 한다. 부여군에서 펴낸 『전통문화의 고장 부여: 내 고장 전통 가꾸기』에 나오는 이야기라 한다.

일월지정(日月之精)

일월지정은 일지정(日之精, 해의 정기)과 월지정(月之精, 달의 정기)을 함께 말하는 것이다. 일지정이나 월지정은 어떤 사람이나 물건에 내려와 서린다고 한다. 이 사람이나 물건은 해와 달의 빛을 내뿜게 하는 힘이 있거나 해와 달의 빛을 조정하는 힘이 있다고 상상해 볼 수 있다.

서기 157년 무렵에 바닷가에 살던 연오랑이 해초를 따는데, 바다에서 바위가 나타나 연오랑을 태우더니 저절로 움직여 왜국으로 갔고 왜국에서는 연오랑을 신성하게 여겨 왕으로 삼았다 한다. 얼마 후 연오랑의 아내인 세오녀는 남편을 찾다가 남편의 신발이 바닷가 바위에 있는 것을 보고, 그 바위 위에 올라갔더니 역시 바위가 움직여 왜국으로 데려가 왕비가 되었다 한다. 이후 신라에는 해와 달이 빛을 잃었다는데 일관(日官, 천문을 살피고 점을 치는 관리)에게 물어보니 원래 일월지정이 우리나라에 내려와 있었는데 일본으로 가서 이렇게 되었다 한다. 그래서 신라 임금이 왜국에 사신을 보내 두 사람을 찾았더니 직접 돌아갈 수는 없고, 세오녀가 짠 고운 비단이 있으니 이것을 가지고 하늘에 제사를 지내라 한다. 그 비단을 두고 제사를 지냈더니 해와 달이 빛을 되찾았다 한다. 신라 조정에서는 이후 이 비단을 왕비가 준 물건을 넣어 둔 창고라는 뜻으로 귀비고(貴妃庫)라는 창고에 보관했다 한다.

이 이야기를 보면 일월지정이 서린 사람은 바다를 떠돌아다니는 바위를 타고 다니고, 일지정이 서린 사람은 해초를 좋아하고, 월지정이 서린 사람은 옷감을 잘 짜고, 일지정이 서린 사람과 월지정이 서린 사람은 서로 부부가 되고, 일지정이 서린 사람이나 월지정이 서린 사람이 만든 물건에도 정기가 서린다고 생각해 볼 수 있다. 일월지정이 서린 물건을 보관하는 창고의 이름이 '귀비고'라는 것도 눈길을 끈다. 해와 달의 정기가 서린 옷감이나 옷이 있다면, 그런 옷감을 두르거나 옷을 입은 사람의 이야기를 상상해 볼 수 있을 법도 하다.

조금 다른 기록으로 『삼국사기』의 「잡지」에는 신라에 일월제라는 해와 달에 대해 제사를 지내는 기록이 있고, 중국의 문헌인 『수서』에도 신라 사람들이 새해 첫날에 조정에서 연회를 베풀어 벼슬아치의

노고를 위로하고 해와 달의 신에게 제사를 지낸다는 기록이 있다. 명확하지는 않지만 신라에서 해와 달을 숭배한 것은 사실인 듯하다. 새해 첫날에 조정에서 지내는 제사라면 꽤 중요한 신으로 다루어진 셈인데, 그런 신의 정기를 상징하는 사람이나 물건이 신라 어딘가에 있다는 발상이 있었다고 볼 수도 있다. 특히 해와 달이라는 매우 중요한 하늘에 있는 것의 정기가 평범해 보이는 어느 어부나 바닷가에 사는 베를 짜는 사람에게 있다는 내용은 인상적이다.

장천굴굴신(掌天窟窟神)

울진군 성류굴(聖留窟)의 옛 이름이 장천굴인데 보천이 허공을 날아다니는 경지에 도달했을 때 날아서 장천굴에 도착했다 한다. 보천은 수구다라니(隨求陀羅尼)라는 불교의 주문을 밤낮 외는데, 그러자 장천굴 굴신이 나타나 자신이 굴신이 된 지 2,000년이 지났고, 드디어 수구다라니의 참된 도리를 들었으니 이제 불교에 귀의하고자 한다고 말한다. 그 뒤 동굴이 없어져 놀랐다 한다.

이 이야기에서 장천굴 굴신은 긴 세월 진리를 찾아 계속 기다린 신이다. 한편 동굴 그 자체가 사라졌다는 점에서 굴을 생기게 하거나 없애는 신으로 상상해 볼 수 있다.

정성천왕(靜聖天王)

비슬산에 깃든 신으로 사람들이 비슬산에 들어가 향나무에서 향을
채취하면 밤에 저절로 빛을 내뿜어 촛불처럼 보이는데, 이것을
정성천왕의 힘으로 여겼으며, 이 일을 경축해 득광지세(得光之歲, 빛을
얻은 시절)라 불렀다 한다. 정성천왕은 지금 세상과는 다른 먼 과거의
다른 시대에 부처의 당부를 받고 1,000명의 깨달음을 얻은 사람이
나오기를 기다리겠다며 승려가 많이 생기기를 돕는 신이라 한다.

그렇다면 정성천왕은 향나무의 신이나 수행의 신으로 볼 수 있고,
'득광지세'라는 말에 초점을 맞추면, 밤을 밝히는 빛의 신으로 상상해
볼 수 있다.

지백급간(地伯級干) · 옥도금(玉刀鈐)

신라 헌강왕 시대에 임금이 상심(祥審)을 만난 뒤 금강령에
갔을 때 북악의 신이 나타나 춤을 추었고, 동례전에서 잔치를
할 때 땅의 신이 나타나 춤을 추었다 한다. 이때 북악의 신을
옥도금, 땅의 신을 지백급간이라 했다 한다. 이때 춤을 추면서
"지리다도파도파"(智理多都波都波)라고 흥얼거렸다는데 그냥
흥얼거리는 소리로 볼 수도 있지만, 지혜로운 사람들은 모두 도망치고
나라의 도읍은 파괴된다는 뜻으로 볼 수도 있어 멸망의 예언이기도
하다는 것이다.

지백급간은 땅의 신이다. 지백급간이 춤을 보여 준 것은 사실
나라가 망할 징조로 경계하는 의미인데, 당시 임금과 신하들은 그저
즐거운 것으로만 생각하고 향락에 빠져 더욱 멸망의 길로 갔다는
것이 『삼국유사』에 실린 이야기의 결론이다. 그런 점에서 즐겁고 들뜬
가운데 사실 파멸의 징조가 서린 양면성을 나타내는 신으로 상상해 볼
수도 있다.

한편, 이 무렵에는 동해룡, 처용, 상심, 옥도금, 지백급간 같은
다양한 신이 임금 앞에 나타나 춤과 노래를 보여 준다는 이야기가
나온다. 처용을 중앙아시아나 그보다 더 서쪽 지역의 먼 나라 사람으로
추정하는 요즘의 연구를 받아들인다면, 이때 나타난 신은 사실 그
복장과 모습이 특이한 먼 나라 사람들이 그 나라의 독특한 노래와 춤,
묘기나 마술을 보여 준 것이 와전된 것으로 볼 수도 있다. 그렇게 보면
이 이야기들은 특이한 나라의 갖가지 이상한 놀이에 몰두하는 임금의
모습을 상징한다고 볼 수도 있다.

처용(處容)

처용은 동해룡의 아들로 신라 임금을 따라와 벼슬을 하다가 부인의 미모에 반한 역신이 부인과 바람이 나자 그것을 한탄하며 노래를 부르고 춤을 춘 사람이다. 역신은 부끄러움을 느껴 이후로는 처용의 모습을 그린 것만 봐도 근처에는 가지 않겠다고 말한다. 그 뒤 사람들이 처용의 형상을 문에 붙여 사악한 귀신을 쫓아내는 풍습이 생겼다 한다.

역신을 쫓아낸다는 의미에서 처용은 의술의 신이자 춤과 노래로 역신을 감복시켰다는 면에서는 춤과 노래의 신이기도 하다. 처용의 얼굴 모습으로 사악한 귀신을 쫓는 풍습은 후대에 처용의 가면을 쓰고 춤을 추는 것으로 변하기도 했다. 특히 조선 시대에는 처용 춤이 궁궐에서 행사로 시행되기도 했는데, 연산군 같은 임금은 처용 춤에 능했다 한다. 역신이 처용의 부인과 바람난 점에서 오쟁이 진 남편의 신, 배우자가 바람난 처지의 신으로 생각해 볼 수도 있다.

천사(天使)

신라 진평왕이 즉위한 해에 하늘과 땅을 오가는 하늘의 신하이자 심부름꾼, 즉 천사가 하늘에서 내려와 옥으로 만든 허리띠 하나를 주고 진평왕이 그것을 받자 다시 하늘로 올라갔다는 이야기가 있다. 흔히 하늘에서 준 옥대라며 천사옥대(天賜玉帶)로 부르는 것인데, 이 옥대를 전해 준 천사에 관한 특별히 자세한 묘사는 없다. 하지만 이 이야기에서는 하늘 위를 다스리는 임금을 상황(上皇)이라 하고, 진평왕이 꿇어앉아 그것을 받았다는 점에서 하늘을 다스리는 임금은 신라의 임금도 높여 섬긴다고 생각해 볼 수 있다.

'이목' 이야기에서는 천사가 이목이 어디 있냐고 물었을 때 승려가 자두나무를 가리키자 자두나무를 번개로 쳐서 꺾었다는 말이 있다. 이 이야기를 보면 천사는 뻔한 거짓말도 곧이곧대로 잘 믿고, 한편으로는 번개를 무기로 쓰는 힘도 있다고 생각해 볼 수 있다.

천제(天帝)

하늘을 다스리는 임금으로 『삼국유사』의 '북부여' 이야기에서는 해모수(解慕漱)와 동일시된다. 이 이야기에서는 오룡거(五龍車, 용 다섯 마리가 이끄는 수레)를 타고 하늘과 땅을 오간다 한다. 하늘을 다스리는 임금으로 흔히 옥황상제 같은 도교 색채가 더 뚜렷한 표현을 쓰는 사례도 있지만, 『삼국유사』에는 천제라는 말이 더 많이 나오고 한국사 최초의 신화 기록인 「광개토왕릉비」의 앞부분에도 하늘을 다스리는 임금을 천제라 부른다.

　『삼국유사』의 '표훈대덕' 이야기에서는 사람이 태어날 때 어떤 모습으로 태어나는지는 천제가 결정한다 한다. 이목 이야기에서는 천제가 가뭄이 들게 한 지역에 이목이 비를 내리자 하늘의 이치를 어겼다며 화를 내고 번개로 공격한다는 대목도 있다. 이런 점에서 하늘의 임금이기는 하지만, 세상 다른 일에 비해 사람을 특별히 중시하지 않는 듯해 사람에게는 비정하게 대하는 신이나 번개로 적을 공격하는 신으로 생각해 볼 수도 있겠다.

신라 눌지 마립간 시대에 박제상은 왜국에 가 있는 왕자를 몰래 빼내 오기 위해 왜국의 왕을 목숨 걸고 속이다가 결국 죽는다. 목숨을 걸고 일을 해내고 고문을 당하다 죽을 때까지 충성을 외치는 모습 때문에 흔히 목숨 바치는 충신의 모습으로 박제상은 자주 언급된다.

박제상의 부인은 왜국으로 떠난 박제상이 언제 돌아올까 치술령(鵄述嶺)이라는 고개에 올라 기다리다가 결국 통곡하며 죽었다 한다. 이후 박제상의 부인은 치술신모로 불리며 신으로 섬김을 받았다. 그런 점에서 치술신모는 그리움의 신, 기다림의 신, 이별의 신, 슬픔의 신으로 생각해 볼 수 있다. 딸이 세 명 있었다 하니 치술신모의 후손이 이어지기도 했을 것이다.

하백은 '강물의 신'이라는 뜻으로, 중국 고전에서도 흔히 쓰는 말인데
『삼국유사』에는 고구려를 세운 주몽의 외할아버지를 일컫는 경우가
가장 선명하다. 「광개토왕릉비」에도 언급된다.『삼국유사』에는 주몽이
위기에 처했을 때 거북과 자라가 물에서 떠올라 주몽이 도망치는
다리를 만들어 주었다는 이야기가 나오는데, 이런 것을 하백의 힘으로
볼 수 있다. 이규보가 쓴『동명왕편』에는 한번 마시면 일주일 내내
깨지 않아서 칠일내성(七日乃醒)이라고 표현한 술을 하백이 가지고
있다거나, 하백에게 여러 동물로 변신하는 재주가 있다는 대목도
나온다. 딸인 유화에게 벌을 내릴 때는 입을 팔다리 길이만큼 길게
튀어나오게 바꾸었다는 이야기도 나온다.

유화는『삼국유사』에서 하백의 딸로 나오고 주몽은 그 유화의
아들인데『삼국유사』에서는 '동명성제'라 부르기도 한다. 동명성제는
활을 아주 잘 쏘는 사람이라 직접 활을 만들어 사용했고, 주몽 자체도
'활을 잘 쏘는 사람'이라는 뜻이었다 한다.『삼국사기』에는 고구려에서
유화와 동명성제에게 제사를 지내고 신령처럼 숭배하는 듯한 묘사가
나오는 대목도 있는데, 당나라 군사들이 요동성에 침입했을 때
동명성제의 사당에 미녀를 단장시켜 부인으로 들여보내면서 무당이
이제 동명성제가 기뻐하실 테니 당나라 군사들을 물리칠 수 있겠다
말하는 대목이 있다.

『동명왕편』에서는 유화 외에도 그 여동생으로 위화(葦花)와
훤화(萱花)가 있다는 이야기도 나오고 유화가 물속에 살면서 어부가
잡는 물고기를 빼앗아 먹다가 그물에 잡혀 올라왔다는 이야기도
있다. 한편, 같은 글에서 동명성제가 하늘의 힘으로 구름 속에서
구제궁(九梯宮)이라는 궁전을 단숨에 만들었다는 이야기나 옥기린을
길들여 말처럼 타고 다녔다는 이야기, 그리고 '조천석'이라는 돌을 타고
하늘에 올라가 하늘 위 세상과도 오갈 수 있었다는 이야기도 있다.
「광개토왕릉비」에는 세상을 떠날 때 용의 머리를 딛고 하늘로 올라갔다
한다.

함달파(含達婆) / 이십팔용왕(二十八龍王) / 적녀국적룡(積女國赤龍)

함달파는 동해 건너 먼 곳에 있다는 용성국(龍城國), 정명국(正明國), 완하국(琓夏國), 화하국(花廈國)이라는 곳을 다스리는 임금으로, 용왕이라 할 수 있다. 스물여덟 명이 있다는데 서로 다투거나 따지지 않고 전부 순리대로 임금의 자리를 계승한다 하며 용왕이지만 사람과 혼인해 자손을 이어간다 한다. 함달파는 적녀국의 공주와 결혼했다는데 『삼국사기』에는 여국(女國)이라 하니 이곳을 여자들만 사는 나라라 볼 수 있다.

함달파는 아들이 없어 7년 동안 기도를 했더니 왕비가 커다란 알을 낳았고 이것은 좋은 일이 아니라 멀리 보내는 것이 좋다고 생각해 이 알과 일곱 가지 보물과 노비들을 배 안에 있는 큰 상자에 넣어 띄워 보냈다 한다. 그리고 이 배가 적룡의 보호를 받으며 떠다니다가 신라에 도착한다. 그렇다면 함달파는 동해 먼바다의 신이고 적룡을 부리는 항해와 배의 신으로 상상해 볼 수도 있다.

호국대룡(護國大龍)

신라 시대에 문무왕이 죽으면서 호국대룡(나라를 지키는 커다란 용)이 되겠다는 유언을 남겼다. 문무왕은 이미 삼국통일을 완수했으니 죽어서는 용이 되어 바다를 건너오는 적을 막겠다는 것이 유언의 의미라 생각해 볼 수 있다. 이 말에 지의법사는 불교의 환생을 설명하면서 "용이 되는 것도 축생이 되는 것이니 업보가 좋지 않은 것 아닙니까?" 하고 물었는데, 임금은 "어차피 나는 임금으로 살았고 삼국을 통일하기까지 했으니 이제 세상의 영화에는 관심이 없다. 축생이 되어도 내 뜻에 합당하다"라고 대답한다. 그래서 신라 사람들은 임금이 동해에서 호국대룡이 되었다고 믿었다. 그렇다면 호국대룡은 나라를 지키는 신, 전쟁의 신, 나아가 한국 지역의 통일을 상징하는 신으로 볼 수 있다.

환웅(桓雄)

환인의 서자로 하늘 위 세계에 살지만, 하늘 아래 인간 세계에 관심이 많다. 환인의 서자라 했으니 그 형이나 어머니가 다른 적자도 있을 것이고 환인은 부인이 여럿 있을 것이다. 그런 점에서 환웅의 형이 자신이 사는 하늘 위 세계에 관심이 있지만, 환웅은 특별히 인간 세상에 관심이 많다고 볼 수 있다. 인간 세상에 내려와서는 농사, 의술, 형벌, 선악 같은 인간 세계 360개의 일을 주관했다 하니 역시 인간을 위하는 신이자 인간 세상의 여러 제도에 대한 신으로 생각해 볼 수 있다.

환웅은 이상한 마늘과 쑥을 동물에게 먹게 해 동물을 사람으로 바뀌게 하는 술법을 쓸 수 있다는데, 사람으로 변하는 데 성공한 곰, 즉 웅녀가 혼인할 사람을 구하자 직접 사람으로 변신해 곰과 혼인하기도 하는 등 여러모로 특이할 정도로 인간이나 사람됨에 대한 애착을 보여 주는 신으로 볼 수 있다. 조선 후기의 문헌인 『동사』에서는 이때 곰을 사람으로 변하게 하기 위해 환웅이 사용한 신비한 약을 동해지애(東海之艾)와 경구지산(瓊丘之蒜), 즉 동해의 쑥과 경구의 마늘이라 불렀다.

조선 후기의 문헌인 『성호사설』의 '삼성사' 이야기에서는 단군의 어머니에 해당하는 웅녀 역시 웅신(熊神), 즉 곰의 신령이나 곰의 모습에서 변한 신령으로 보고 있기도 하다.

환인(桓因)

하늘 위 세계의 일부를 지배하는 임금 같은 것으로『삼국유사』에서는 불교계 신화에 등장하는 제석(帝釋)을 말한다 한다. 이런 신화에서 제석은 악을 물리치고 불교를 수호하는 것이면서 동시에 그만큼 싸움에 매우 뛰어나고 술을 잘 마시는 듯 괄괄한 느낌이 있다.

『삼국유사』의 '흥륜사' 이야기 등에서 제석이 하늘의 임금인 천제(天帝)와 동일시되는 사례도 있는데, 여기서는 제석이 지상에 나타나면 주변의 건물과 나무, 흙, 돌에 이상한 향기가 풍기고, 오색구름이 일대를 뒤덮으며 근처 연못의 물고기들이 뛰어오른다 한다. 고려 시대에는 불교문화가 더욱 널리 퍼지면서 제석을 숭배하는 것이 무당의 굿에 포함되었다는 기록도 나오는데, 이규보의「노무편」 같은 시가 그 예다. 이런 경우 제석은 주로 건강이나 제물, 아기가 태어나는 것을 기원하는 신이 된다.

참고 문헌

가야산기(加倻山記)
18세기 조선에서 이덕무가 쓴 글로
가야산을 여행하면서 보고 듣고 느낀
점을 기록했다.
► 희랑

강도몽유록(江都夢遊錄)
조선 후기의 한문 서적으로 병자호란
당시 강화도에서 죽은 여성들이
어느 날 밤 꿈에 나타나 저마다 한을
토로한다는 이야기다.

경도잡지(京都雜志)
조선 후기 18세기 무렵에 활동한
학자인 유득공이 쓴 책으로 조선 후기
서울 지역의 풍속을 서술했다.
► 금갑장군
► 야광
► 향랑

경화연(鏡花緣)
1828년 중국 청나라의 이여진이 쓴
소설로 세계의 이상한 곳을 여행하는
내용을 소재로 한 상상 세계가
등장한다.

고대일록(孤臺日錄)
임진왜란 당시 의병장이었던
정경운이 쓴 일기로 1592년 4월
23일부터 1609년 10월 7일까지의
일을 기록했다.
► 신유육면

고려사(高麗史)
1451년 김종서 등을 중심으로 조선
조정에서 펴낸 역사서로 고려 시대
역사를 기록했다.
► 관비산란
► 내투지웅
► 목랑
► 식인충
► 엽인족항
► 인수사신
► 청색구인
► 희광

고려사절요(高麗史節要)
1452년 김종서 등을 중심으로 조선
조정에서 펴낸 역사서로 고려 시대
역사를 기록했다.
► 사각승선
► 용손

고운당필기(古芸堂筆記)
조선 정조 시대에 유득공이 쓴 책으로
여러 필기류 저작을 모으고 다양한
주제에 관해 보고 듣고 생각한 바를
산문으로 정리했다.
► 목객
► 주계
► 천모호

광개토왕릉비(廣開土王陵碑)

4-5세기 무렵 고구려 조정에서 광개토왕의 무덤을 기리기 위해 세운 비석으로 흔히 '광개토대왕릉비'나 '광개토대왕비'로 부르기도 한다.

광법사사적비명(廣法寺事蹟碑銘)

1727년 평양의 광법사에 얽힌 사연을 새긴 비석으로 글은 이시항이 지었다.
▶ 녹족부인

광제비급(廣濟秘笈)

1790년 간행된 이경화가 낸 의학서로 함경도 관찰사 이병모가 함경도의 의료 체계가 부족한 것을 안타까워하여 펴낸 책이다.
▶ 노채충
▶ 수매
▶ 적색충

광해군일기(光海君日記)

1633년 조선 조정에서 펴낸 책으로 조선 광해군의 행적과 나라의 일을 당시 남겨진 자료에 따라 서술했다.
▶ 완전전요

구당서(舊唐書)

945년 중국 후진(後晉)에서 유후 등을 중심으로 조정에서 펴낸 역사서로 중국 당나라의 역사를 기록했다.

금독태자전(金犢太子傳)

1328년 편찬된『석가여래십지 수행기』의 금독태자 이야기를 발췌해 전해진 이야기와 그 이야기가 후대에 다시 배포된 것을 일컫는다.

금송아지전(金송아지傳)

연대 미상의 고전 소설로 신동진의 「금우태자전 연구」에서는 「금송아지전」이 「금우태자전」보다 나중에 나타났다고 보았다.

금오신화(金鰲新話)

15세기 조선에서 김시습이 쓴 한문 단편소설집이다.

금우태자전(金牛太子傳)

연대 미상의 고전 소설로 신동진의 「금우태자전 연구」에서는 「금우태자전」이 「금송아지전」보다 먼저 나타났다고 보았다.

기묘록속집(己卯錄續集)

조선 중기 기묘사화와 관련된 여러 인물의 삶과 사연에 관한 이야기를 모은 책이다.

기문(紀聞)

중국 당나라 시대에 우숙이 쓴 책으로 자신이 들은 것 가운데 재미있는 이야기를 기록했다.

기언(記言)

1689년 임금의 명령에 따라 허목이 쓴 책으로 학문, 역사, 여러 한국사의 유명한 인물에 관한 이야깃거리, 자신이 삼척 지역에서 머물 때 보고 듣고 겪었던 것을 엮었다. 흔히 허목의 호를 따 미수기언(眉叟記言)이라 부른다.

기재잡기(寄齋雜記)

조선 후기 인조 시대 무렵 박동량이 쓴 책으로 그때까지 조선 시대에 전해 내려오는 역사에 관한 설화를 담았다. 임진왜란 전후의 상황을 일기로 기록한 내용도 포함하고 있다.
▶ 청목형형

김공경험설(金公經驗說)

1409년 죽은 권근이 남긴 여러 글을 모은 『양촌집』에 포함된 글로 김씨 성을 가진 아는 사람이 이상한 병을 고치는 방법을 알아낸 사실을 기록했다.

난실담총(蘭室譚叢)

조선 후기에 성해응이 쓴 책으로 당시 조선에 돌던 이야깃거리 가운데 흥미를 끌 만한 것을 모았다.

난중잡록(亂中雜錄)

남원 출신의 의병장 조경남이 임진왜란과 정유재란 당시의 상황과 국내외 정세 등을 기록한 책이다.
▶ 농원

남사록(南槎錄)

김상헌이 1601년 안무어사로 제주도에 와서 보고 들은 일을 기록한 책으로 김상헌의 경험과 제주에 대한 전반적인 지리, 풍속에 대한 내용이 포함되어 있다.
▶ 송신

남유일기(南遊日記)

조선 후기에 김창흡이 쓴 글로 남쪽 지역을 여행하며 보고 듣고 생각한 것을 기록했다. 『삼연집』에 실렸다.

노무편(老巫篇)

고려 시대에 이규보가 쓴 글로 나이 든 무당의 행태를 비판하기 위해 시를 쓰고 그에 관해 짧은 서술을 덧붙였다.

달천몽유록(㺚川夢遊錄)

조선 중기에 황중윤이 쓴 한문 서적으로 임진왜란 당시 죽은 병사들이 어느 날 밤 꿈에 나타나 저마다 한을 토로한다는 형태의 이야기다.

대동운부군옥(大東韻府群玉)

조선 중기 선조 시대 무렵에 권문해가 펴낸 사전 형태의 책으로 단어에 관한 한국 역사의 갖가지 이야깃거리를 모았다.

도덕경(道德经)

중국 춘추 전국 시대 즈음에 나온 책으로 도가의 사상을 정리한 경전이다.

동국사략론(東國史略論)
1403년 권근 등을 중심으로 펴낸 한국 고대사를 다룬 역사서인 『동국사략』에 편찬자가 자신의 의견과 비평을 쓴 부분을 일컫는다.

동국여지승람(東國輿地勝覽)
1481년 조선 조정에서 펴낸 책으로 조선 각지의 지리 정보에 관한 내용을 수집하고 정리했다.
► 공주산
► 목랑
► 백사
► 범어
► 서도신
► 옥기린
► 인갑여전
► 차귀
► 천량

동명왕편(東明王篇)
고려 시대에 이규보가 쓴 서사시 형태의 글로 고구려 건국 이전의 신화와 주몽의 일대기에 관한 설화를 다루었다.

동사(東史)
18세기 조선에서 이종휘가 쓴 역사서로 단군에서부터 고려까지의 역사를 정리했다.

동사강목(東史綱目)
1778년 안정복이 쓴 역사서로 고려 시대까지의 한국사를 정리했다.
► 거잠

동패락송(東稗洛誦)
18세기 조선에서 노명흠이 쓴 책으로 여러 단편 형태의 이야기를 모았다.
► 석굴선생
► 압골마자

면암집(勉菴集)
조선 말에 최익현이 남긴 여러 글을 나중에 모아 엮은 책이다.

명엽지해(蓂葉志諧)
1678년 홍만종이 쓴 설화집으로 우스운 이야기와 재치를 소재로 한 이야기가 많은 편이다.
► 분귀
► 신기원요

명종실록(明宗實錄)
1571년 조선 조정에서 펴낸 책으로 명종의 행적과 나라의 일을 당시 남겨진 자료에 따라 서술했다.
► 청흑충 · 황흑충

묵재일기(黙齋日記)
조선 17세기 초에 주로 활동한 이귀의 일기를 몇 가지 주제에 따라 편집해 엮은 책이다.
► 무두귀

박물지(博物誌)
중국 삼국 시대와 진나라 시기에 장화가 쓴 책으로 세상 곳곳에 있다는 이상한 것들을 나열했다.

박이지(博異志)
중국 당나라 시대에 정환고가 쓴
책으로 기이하고 신비로운 소재를
다룬 이야기를 모았다.

보한집(補閑集)
1254년에 최자가 쓴 책으로 주로 당시
고려의 여러 시와 시를 짓는 사람에
얽힌 이야기를 모았다.

부계기문(涪溪記聞)
조선 후기 김시양이 쓴 책으로 함경도
부계 지역에서 귀양살이를 하면서
들은 이런저런 이야기를 모았다.
▶ 사두여장

북관기사(北關紀事)
조선 후기 문신 홍의영이 쓴 지리서로
북평사로서 경험한 함경도 지방의
전반적인 정황을 서술했다.
▶ 목객

북정록(北征錄)
신유가 소위 나선정벌이라고 하는
조선, 청나라, 러시아 사이의 전투에
참전했던 1658년 4월 6일부터 8월
27일까지의 사건을 중심으로 기록을
정리한 책이다.
▶ 견부락
▶ 소인국
▶ 악지어

사리매문(謝魑魅文)
정도전이 귀양을 갔을 때 사람이 찾지
않는 깊숙한 곳에 사는 이상한 괴물을
만났다가 그 괴물에게 미안해하는
이야기의 형식을 빌려 자신의 심정과
생각을 밝힌 글이다.

산해경(山海經)
중국 춘추 전국 시대 무렵에
저술되었으리라 추정되는 책으로
세상 각지의 지리에 관한 관념적인
생각과 상상을 담았다.

삼국사기(三國史記)
1145년 김부식 등을 중심으로 고려
조정에서 펴낸 역사서로 삼국 시대의
역사를 서술했다.
▶ 강수선생
▶ 거루
▶ 거인
▶ 견상여록
▶ 계룡
▶ 궁중괴수
▶ 금와
▶ 노구화위남
▶ 노구화호
▶ 대영차
▶ 모색심명
▶ 목야유광
▶ 목우사자
▶ 무고경주
▶ 백작
▶ 백장
▶ 백치
▶ 백호

삼국유사(三國遺事)

1281년 일연이 쓴 설화집으로 삼국
시대의 역사를 중심으로 여러 역사에
얽힌 이야기, 전설, 신화 등을 담았다.

▶ 일월지정
▶ 자의남
▶ 장시상천
▶ 장천굴굴신
▶ 정성천왕
▶ 중서함미
▶ 지귀
▶ 지백급간 · 옥도금
▶ 지엽부포
▶ 처용
▶ 천사
▶ 천제
▶ 치술신모
▶ 토주원
▶ 하백 · 유화 · 동명성제
▶ 함달파
▶ 해중방생
▶ 호국대룡
▶ 환웅
▶ 환인

삼국지(三國志)
중국 진나라 시대에 진수가 중국 삼국 시대의 역사를 정리해 쓴 역사서다.

삼연집(三淵集)
1722년에 사망한 김창흡이 남긴 여러 글을 모아 엮은 책이다.
▶ 현구

상루필담(商樓筆談)
조선 후기 박지원이 쓴 글로 1780년 청나라에 다녀왔을 때 보고 듣고 겪은 것을 기록했다. 『열하일기』의 「성경잡지」의 한 부분으로 사람들이 여러 주제로 잡담을 나눈 것을 담았다.

석가여래십지수행기(釋迦如來十地修行記)
1328년 고려에서 간행된 불교 설화집으로 주로 석가모니가 전생에 겪은 일을 소재로 교훈을 주는 설화를 담았다.
▶ 금우

석보상절(釋譜詳節)
1447년 조선 조정에서 펴낸 책으로 석가모니의 일대기와 주요 가르침을 한글로 서술했다.

선조실록(宣祖實錄)
1616년 조선 조정에서 펴낸 책으로 선조의 행적과 나라의 일을 당시 남겨진 자료에 따라 서술했다.
▶ 기남삼인

성경잡지(盛京雜識)
조선 후기에 박지원이 1780년 중국 청나라에 다녀왔을 때 보고 듣고 겪은 것을 기록한 책인 『열하일기』의 한 부분으로 심양 지역에서 머물렀던 때의 일을 담았다.

성옹지소록(惺翁識小錄)

조선 중기에 허균이 쓴 책으로 주로 조선 시대의 과거 여러 유명한 인물들에 얽혀 전해 내려오는 일화가 많은 편이다.

▶ 육절이굴곡

성종실록(成宗實錄)

1499년 조선 조정에서 펴낸 책으로 성종의 행적과 나라의 일을 당시 남겨진 자료에 따라 서술했다.

▶ 단피몽두
▶ 삼구일두귀
▶ 생사귀

성호사설(星湖僿說)

조선 후기에 이익이 쓴 백과사전 형태의 책으로 세상의 다양한 사물에 관해 탐구하고 자료를 조사하면서 생각한 방대한 내용을 정리했다.

▶ 감서
▶ 고산나봉
▶ 마명조
▶ 망량
▶ 목요
▶ 어화인봉
▶ 염매
▶ 종
▶ 주건사
▶ 탄주어
▶ 회음

세시기(歲時記)

조선 후기에 조수삼이 쓴 책으로 당시 조선의 1년 열두 달의 계절과 명절에 따른 풍속을 기록했다.

세시기속(歲時記俗)

조선 후기에 조운종이 쓴 책으로 당시 조선의 1년 열두 달의 계절과 명절에 따른 풍속을 기록했다.

세종실록(世宗實錄)

1454년 조선 조정에서 펴낸 책으로 세종의 행적과 나라의 일을 당시 남겨진 자료에 따라 서술했다.

▶ 만인혈석
▶ 약입토
▶ 여이조

소하록(消夏錄)

'소하록'이라 줄여 말하는 중국계 문헌은 몇 가지 있으나 조선의 『해동역사』에서 『소하록』을 인용하면서 어떤 것인지는 정확히 밝혀져 있지 않다. 다만 『소하록』을 인용해 언급한 백룡 가죽 이야기는 『극담록』(劇談錄)에도 실려 있다. 『극담록』은 중국 당나라 시대에 강병(康騈)이 쓴 책으로 흥미롭고 신기한 이야깃거리를 모았다. 이 대목은 『태평광기』에도 편집되어 실려 있다.

속잡록(續雜錄)

조선 후기에 임진왜란 당시의
의병장이었던 조경남이 쓴 책으로
16세기 말에서 17세기 초 조선의
여러 혼란스러운 상황 속의 사연을
정리했다.

► 교전지상
► 익대여후
► 훼훼귀신

손와만록(巽窩漫錄)

조선 후기에 김경천이 쓴 책으로
그동안 살면서 겪은 일과 그중에 보고
들은 일 중 이야깃거리가 될 만한 것을
기억해 정리했다.

송남잡지(松南雜識)

19세기 조선의 조재삼이 쓴 책으로
방대한 종류의 사물에 관해 기록해
둘 만한 지식을 백과사전 형식으로
정리했다.

송도기이(松都記異)

1631년 이덕형이 쓴 설화집으로
송도의 유수로 일하며 들은 개성
지역에 관한 설화를 담았다.

► 묘아두

송와잡설(松窩雜說)

조선 중기에 이희가 쓴 책으로
고대로부터 당시에 이르기까지 여러
이야깃거리를 담았다.

► 별여동전

송이윤경수광부안변도호부서
(送李潤卿晬光赴安邊都護府序)

16세기 유몽인이 지인이
안변도호부에 부임한다고 하기에
그를 축하하기 위해 지은 글이다.

송자대전(宋子大全)

1689년 송시열이 죽은 뒤 시일이 지난
시점에 송시열이 남긴 다양한 글을
모두 모아 정리해 펴낸 책으로 발간은
1795년 이루어졌다.

► 봉두귀물
► 휴유

송천필담(松泉筆譚)

1782-1784년 심재가 쓴 책으로 당시
조선의 다양한 이야깃거리를 담았다.

► 백악산야차
► 오공원 두꺼비
► 장수피

수경주(水經注)

6세기경 중국에서 나온 문헌으로
『수경』(水經)이라는 책에 주석을 달아
놓은 형식으로 이루어져 있다. 주로
고대 중국의 물길과 그 주변 지역의
지리에 관한 내용을 담았다.

수서(隋書)

656년 중국 당나라 조정에서 중국
수나라의 역사를 정리해 펴낸 책이다.

수신기(搜神記)
4세기 무렵 중국 동진(東晉)의 간보가
쓴 책으로 신령과 관계되어 있다고
생각한 기이하고 이상한 이야기를
담았다.

수이전(殊異傳)
신라 멸망 이전에 창작되었으리라
추정되는 기이한 설화를 모은 책으로
현재 전해지지 않고 몇몇 책에 인용된
부분이 남아 있다.
▶ 죽통미녀

숙종실록(肅宗實錄)
1724년 조선 조정에서 펴낸 책으로
숙종의 행적과 나라의 일을 당시
남겨진 자료에 따라 서술했다.
▶ 두생일각
▶ 적색일괴

순군부군청기(巡軍府君廳記)
17세기 허균이 감옥에 갇혔다가
나오는 과정에서 겪은 신기한 일을
묘사한 글이다.
▶ 순군부군

순오지(旬五志)
1678년 홍만종이 흥밋거리가 될 만한
정보와 이야깃거리를 생각나는 대로
정리한 책이다.
▶ 목객
▶ 약산저상
▶ 여용사
▶ 인어사
▶ 편신모

신당서(新唐書)
1060년 중국 북송 조정에서 중국
당나라의 역사를 정리해 펴낸 책이다.

아라비안나이트(Arabian Nights)
중세 시대 중동 지역의 방대한 설화가
연결된 이야기책이다. 여기서는
한국에 잘 알려진 영국의 탐험가 겸
인류학자인 리처드 버턴(Richard
Burton)이 영문으로 번역하고 정리해
소개한 판본을 말한다.

아정유고(雅亭遺稿)
1793년 이덕무가 죽은 뒤 시일이 지난
시점에 임금의 명령으로 이덕무가
남긴 다양한 글 가운데 일부를 선별해
펴낸 책이다.
▶ 공리비사

악양국왕자전
'악양국 왕자 노래'라고도 하는 것으로
「안락국태자경」과 매우 비슷한
내용을 담은 가사의 노래가 경상남도
김해에서 굿을 하는 중에 불리는 것을
현대에 조사해 채록한 것이다.

안락국전(安樂國傳)
「안락국태자경」의 내용을 한글 소설 형태로 꾸민 고전 소설을 말한다.

안락국태자경(安樂國太子經)
불교 경전 속 이야기의 형식을 취해 안락국 태자가 겪는 사건을 교훈적으로 풀이한 것으로 고려 후기에 나온 『석가여래십지수행기』의 부록 등에 기록되어 있으며 같은 형태의 이야기가 다른 곳에도 널리 퍼졌다.
▶ 사십팔용선

안락국태자전(安樂國太子經)
조선 전기에 나온 『월인석보』에 기록된 불교 경전 속 이야기의 형식을 취해 안락국 태자가 겪는 사건을 교훈적으로 풀이한 이야기다.

암흑의 조선(暗黑なる朝鮮)
조선의 설화를 조사한 일본인인 우스다 잔운(薄田斬雲)이 쓴 책으로 1908년 조선의 설화 스물일곱 편을 수집해 정리했다.

약사경(藥師經)
불교의 신앙 대상인 약사여래의 이야기를 서술한 불교 경전으로 달마급다(達摩笈多)가 한문으로 정리한 판본 또는 중국 당나라의 현장이 한문으로 정리한 판본이 삼국 시대 이후 백제와 신라 등지에 퍼졌다.

앙엽기(盎葉記)
18세기 조선에서 이덕무가 쓴 책으로 세상 여러 사물에 관해 탐구한 내용과 수집한 자료를 정리했다.
▶ 강철
▶ 담부
▶ 침중계
▶ 호문조

양촌집(陽村集)
1409년 권근이 죽은 뒤 시일이 지난 시점에 권근이 남긴 다양한 글을 모아 정리해 펴낸 책이다.
▶ 토육대

어우야담(於于野談)
17세기 초 무렵 조선에서 유몽인이 쓴 책으로 당시 돌고 있는 여러 설화와 이야기를 수집했다.
▶ 거악
▶ 괴외촉천
▶ 대망
▶ 대여구룡
▶ 도전복
▶ 도피사의
▶ 목노개생염 · 목비개생발
▶ 반동
▶ 백어
▶ 백죽모 · 사장
▶ 비유설백
▶ 산발지지
▶ 삼대봉
▶ 소여구아
▶ 쌍두사목
▶ 양육각

▶ 요무지귀
▶ 은불
▶ 인어
▶ 장고장각
▶ 장구당로
▶ 장량이
▶ 제성대곡
▶ 청우
▶ 출목축비
▶ 충기여서
▶ 취모
▶ 협사이함
▶ 형화만실

어우집(於于集)

1623년 유몽인이 죽은 뒤 시일이 지난 시점에 유몽인이 남긴 다양한 글을 모아 정리해 펴낸 책이다.

▶ 금저
▶ 홍도 · 대죽

여지도서(輿地圖書)

1765년 조선에서 전국 각지의 지방 읍에서 자신의 읍에 관한 정보를 기록한 책인 '읍지'들을 한데 모아 펴낸 책이다.

▶ 녹족부인

역어유해(譯語類解)

1690년 신이행 등을 중심으로 조선 조정에서 펴낸 중국어 사전으로 특정한 한문 표현을 당시 조선에서 어떻게 말했는지 알아보기에 유용하다.

연도기행(燕途紀行)

1656년 조선 효종의 아우이기도 한 이요(李㴭)가 쓴 책으로 사신 행렬을 따라 중국 청나라의 서울인 북경에 다녀오면서 보고 듣고 생각한 바를 기록했다.

▶ 강길

연려실기술(燃藜室記述)

18세기 조선의 이긍익이 쓴 책으로 조선 시대에 있었던 각 사건을 그 사건에 관한 다른 문헌의 자료를 인용해 소개하는 방식으로 정리해 서술했다.

▶ 거치봉발
▶ 마면졸속
▶ 백룡
▶ 부석
▶ 빙탁지성
▶ 오색란연
▶ 의충폐해
▶ 족여서족
▶ 착착귀신
▶ 천우인
▶ 탁탁귀병

열하일기(熱河日記)

조선 후기에 박지원이 쓴 책으로 1780년 중국 청나라에 다녀왔을 때 보고 듣고 겪은 것을 기록했다.

▶ 선비화
▶ 파상마립자

영대정잡영(映帶亭雜咏)
1805년 박지원이 죽은 뒤 시일이 지난
시점에 박지원이 남긴 다양한 글을
모아 정리한『연암집』이 나왔는데,
그중 네 권으로 박지원이 남긴 여러
시가 담겨 있다.

영조실록(英祖實錄)
1781년 조선 조정에서 펴낸 책으로
영조의 행적과 나라의 일을 당시
남겨진 자료에 따라 서술했다.
▶ 서묘
▶ 혹언박혹언맥

영표록이(嶺表錄異)
중국 당나라 시기에 유순이 쓴 책으로
지금의 중국 남부 해안 지역과
그곳에 도는 바다에 관한 이상한
이야깃거리를 모았다.
▶ 소인국

오디세이아(Οδύσσεια)
고대 그리스에서 호메로스가
지었다고 전해지는 서사시로 바다를
떠돌며 여행하는 오디세우스의
신화적 모험담을 담고 있다.
국내에서는 흔히 영어식으로 읽어
'오디세이'(Odyssey)라고도 한다.

오산설림초고(五山說林草藁)
16세기 후반에서 17세기 초반에
활동한 차천로가 쓴 여러 일화, 사연
등을 모아 놓은 이야기책이다.
▶ 비모척

오주연문장전산고(五洲衍文長箋散稿)
조선 후기의 학자인 이규경이 쓴
책으로 세상의 다양한 사물에 관해
탐구하고 자료를 조사해 자신의
생각을 논했다.

옥당한화(玉堂閑話)
10세기경 중국에서 왕인유가 쓴
책으로 자신이 보고 들은 것 가운데
이야깃거리가 될 만한 것을 모았다.

용비어천가(龍飛御天歌)
1445년 조선 조정에서 펴낸 것으로
조선 선대 임금의 공적을 칭송하는
방대한 노래 가사로 이루어져 있다.

용성지(龍城誌)
1699년 이도와 최여천이 남원 지역에
관한 정보를 모은 책을 펴냈는데
현재의『용성지』는 1725년에 자료를
보완한 것이다.

용재총화(慵齋叢話)
조선 초기 성현이 쓴 책으로
1525년 발간되었으며 당시까지
조선에 떠돌던 여러 이야깃거리를
모았다.
▶ 각귀
▶ 고관대면
▶ 고수여칠
▶ 노호정
▶ 도깨비불
▶ 목여거
▶ 백포건
▶ 소백충

용주유고(龍洲遺稿)
1669년 조경이 사망한 뒤 시일이 지난 시점에 조경이 남긴 다양한 글을 모아 정리해 펴낸 책이다.

용천담적기(龍泉談寂記)
1525년 김안로가 쓴 책으로 당시 조선에 떠돌던 여러 이야깃거리 30여 편을 모았다.

월인천강지곡(月印千江之曲)
세종이 불교와 석가모니에 관한 한글 책인 『석보상절』이 완성되자 그에 관한 방대한 노래 가사를 지어 1447년 악장 형식으로 쓴 것이다.

월정집(月汀集)
1616년 윤근수가 죽은 뒤 시일이 지난 시점에 윤근수가 남긴 다양한 글을 모아 정리해 1648년에 펴낸 책이다.

유분록(幽憤錄)
조선 시대에 을사사화를 당한 인물들의 삶에 관한 이야기를 모아 기록한 책이다.

유양잡조(酉陽雜俎)
중국 당나라 시대에 단성식이 쓴 책으로 괴상하고 이상한 짧은 소문이나 전설 같은 것을 주로 모아 엮었다.

유청량산록(遊淸涼山錄)
1544년 주세붕이 쓴 책으로 청량산을 여행하며 보고 듣고 느낀 바를 기록했다.

응천일록(凝川日錄)
1609년 11월부터 1635년 8월까지 조선에서 일어난 일을 궁중의 사건과 임금에 관한 일을 중심으로 날짜별로 정리한 자료 형태의 책이다. 1635년 무렵 간행되었다.

이공본풀이
「안락국태자경」과 매우 비슷한 이야기를 줄거리로 하는 제주도의 일부 굿에서 사용되는 노래 가사를 현대에 수집한 것이다.

이목구심서(耳目口心書)
18세기 조선의 이덕무가 쓴 책으로
자신이 듣고 보고 생각한 다양한 것을
기록했다.
► 구업
► 절불가식
► 천록벽사
► 휴유

인조실록(仁祖實錄)
1653년 조선 조정에서 펴낸 책으로
인조의 행적과 나라의 일을 당시
남겨진 자료에 따라 서술했다.
► 추여묘

인종실록(仁宗實錄)
1550년 조선 조정에서 펴낸 책으로
인종의 행적과 나라의 일을 당시
남겨진 자료에 따라 서술했다.
► 흑기암심

일사집략(日槎集略)
조선 말 이헌영이 쓴 책으로
신사유람단의 일원으로 일본에
다녀오는 과정에서 보고 들은 바를
기록했다.

임하필기(林下筆記)
1871년 이유원이 쓴 책으로 세상의
다양한 사물에 관해 이야깃거리가 될
만한 내용을 모아 방대한 분량으로
기록했다.
► 백귀 · 소의산매

잠곡유고(潛谷遺稿)
1658년 김육이 죽은 뒤 시일이 지난
시점에 김육이 남긴 다양한 글을 모아
정리해 펴낸 책이다.

잠곡필담(潛谷筆談)
조선 후기 김육이 쓴 책으로
이야깃거리가 될 만한 조선의 다양한
내용을 담았다.

장산인전(張山人傳)
조선 중기 허균이 '장한웅'이라는
사람이 신비한 술법을 배우고 이상한
일을 겪는 사연을 기록한 일대기
형태의 이야기로 완전한 소설의
형태를 갖추고 있다.

장자(莊子)
중국 춘추 전국 시대 무렵 장자와 그와
사상이 비슷한 학자들의 사상에 관한
이야기를 모은 책이다.

전당시(全唐詩)
중국 청나라 시대에 임금의 명령에
따라 조인 등을 중심으로 당나라 시인
2,200명의 시 4만 8,000수를 정리한
책이다.

전어지(佃漁志)
1806-1842년 유구가 쓴
『임원경제지』의 네 번째 권으로
목축, 사냥, 낚시 등에 관한 지식을
정리했다.

정조실록(正祖實錄)
1805년 조선 조정에서 펴낸 책으로
정조의 행적과 나라의 일을 당시
남겨진 자료에 따라 서술했다.
▶ 백운거사 · 청오거사
▶ 사린

제왕운기(帝王韻紀)
1287년 이승휴가 쓴 책으로 한국사와
중국사의 이야기를 서사시 형태로
정리했다.

제하사고(題霞思稿)
조선 후기에 이용휴가 쓴 것으로
「하사고」라는 시에 관해 설명과 시의
형식으로 정리했다.
▶ 호구록모

조선신가유편(朝鮮神歌遺篇)
1930년 손진태가 쓴 책으로 당시
무속에서 사용하는 노래의 내용을
채집했다.

조선왕조실록(朝鮮王朝實錄)
조선 태조 때부터 철종 때까지 25대
472년 동안의 역사적 사실을 편년체로
쓴 역사서다.
▶ 묘수좌

조선전래동화집(朝鮮傳來童話集)
1940년 박영만이 쓴 책으로 한국
각지에 전해 내려오는 설화 가운데
아이들에게 들려줄 만한 것을
정리했다.

중종실록(正祖實錄)
1550년 조선 조정에서 펴낸 책으로
중종의 행적과 나라의 일을 당시
남겨진 자료에 따라 서술했다.
▶ 수류견

증류본초(證類本草)
1083년경 중국 북송에서 펴낸 책으로
약재가 될 수 있는 것에 관한 여러
기록을 모아 엮었다.

증보해동이적(增補海東異蹟)
조선 후기 홍만종이 쓴 『해동이적』에
내용을 보충한 책으로 한국의 여러
신선에 관한 이야기를 모았다.
▶ 서천객
▶ 춘천구

지봉유설(芝峰類說)
1614년 이광수가 쓴 책으로 세상의
다양한 사물에 관해 탐구하고 자료를
조사하면서 생각한 방대한 내용을
백과사전 형식으로 정리했다.
▶ 가사어
▶ 근화초
▶ 금섬
▶ 별이절대
▶ 부유면
▶ 식호표
▶ 여인국
▶ 화소기미

지장수산기(至長壽山記)
조선 말기에 송병선이 쓴 책으로
황해도 장수산에 갔다가 보고 듣고
느낀 바를 기록했다.

척주기사(陟州記事)
17세기에 활동한 허목이 삼척 지역의
풍습과 지리에 대해 정리해 서술한
책이다.

천성일록(天聖日錄)
조선 후기에 김육이 쓴 책으로 자신이
보고 들은 일을 중심으로 이야기를
기록했다.
▶ 용마

천예록(天倪錄)
1717-1724년 임방이 쓴 책으로
기이하고 놀라운 일에 관한 이야기를
모았다.
▶ 귀구
▶ 노작저
▶ 병화어
▶ 복기
▶ 청군여귀
▶ 취생
▶ 황연의구

천학문답(天學問答)
1785년 안정복이 쓴 책으로 기독교의
문제점을 문답식으로 비판했다.
▶ 마귀
▶ 천신

청강선생후청쇄어(淸江先生鯫鯖瑣語)
1629년 간행된 이제신의 수필집,
이야기책이다.
▶ 초란

청구야담(靑丘野談)
조선 후기의 대표적인 이야기책으로
260편 이상의 소설 같은 느낌을 갖춘
이야기를 모았다.

청파극담(靑坡劇談)
1512년 이전에 이륙이 쓴 책으로
이상한 사건에 관한 이야기와 그 밖의
이야깃거리가 될 만한 것을 모았다.
▶ 가면소수
▶ 어탄독물
▶ 해중조
▶ 화위루의

촌담해이(村談解頤)
조선 성종 무렵 강희맹이 쓴 책으로
우스운 이야기를 모았다.
▶ 귀봉변괴
▶ 서입기혈

추안급국안(推案及鞫案)
조선시대 중죄인의 조사 내용과 판결
내용을 관청에서 정리한 기록을 모은
책으로 선조 대에서 고종 대까지의
각종 사건 관련 기록들이 일정하지
않은 분량으로 모여 있다.
▶ 성귀 · 용녀부인

침구경험방(鍼灸經驗方)
1664년 간행된 의학서로 태의를 지낸
허임이 침술에 대해 설명한 책이다.
▶ 대두온

탐라기(耽羅記)
18세기 조선에서 정운경이 쓴 책으로
제주도에 관한 여러 정보를 모았다.

탐라문견록(耽羅聞見錄)
18세기 조선에서 정운경이 쓴 책으로
제주도와 제주도 사람이 겪은 일에
관해 보고 들은 것 가운데 흥미로운
것을 모았다.
▶ 수승지앵

탐라순력도(耽羅巡歷圖)
1702년 이형상이 제주도 곳곳에서
치른 여러 행사의 모습을 그림으로
그리도록 지시하고 그에 관한 간단한
기록을 정리한 그림책이다.
▶ 어룡

탐라지(耽羅志)
1653년 이원진이 쓴 책으로 제주도에
관한 여러 정보를 모았다.
▶ 남입연중
▶ 조갑여옥
▶ 처우담중
▶ 해추

태평광기(太平廣記)
978년 이방 등을 중심으로 북송
조정에서 펴낸 책으로 방대한 여러
책에서 세상의 기이한 이야기를
7,000건 이상 수집했다.
▶ 거잠

택리지(擇里志)
1751년 이중환이 저술한 조선의
지리에 대한 책이다.

통원고(通園稿)
1775-1787년 유만주가 일기체로
자신의 생각을 기록한 책인
『흠영』(欽英)에서 일부를 편집해
이야깃거리가 될 만한 것만 엮은
책이다.
▶ 대인

평양지(平壤志)
평양에 관한 정보를 모은 책으로
여럿이 있지만 여기서는 1590년
윤두서가 쓴 것과 1730년 윤유가 쓴
『평양속지』를 함께 일컫는다.
▶ 어개일목

포봉기(蒲峯記)
18세기 위백규가 천관산의 표봉을
둘러보고 그에 대해 쓴 글이다.
▶ 태고송

표해록(漂海錄)

1770-1771년 장한철이 제주를 출발해
바다를 표류하며 겪은 여러 일을
나중에 기록한 책으로 이보다 유명한
최부가 쓴 같은 제목의 『표해록』과는
다른 책이다.
▶ 성모

필원잡기(筆苑雜記)

조선 초기 1486년 무렵 서거정이
쓴 책으로 역사에 관한 여러 이야기
가운데 설화 형태의 것을 중심으로
모아 엮었다.
▶ 명주단원

학고집(鶴皐集)

1758년 김이만이 죽은 뒤 시일이 지난
시점에 김이만이 남긴 다양한 글을
모아 정리해 펴낸 책이다.

학산한언(鶴山閑言)

조선 후기 신돈복이 쓴 책으로
이상하고 기이한 일에 관한 이야기를
중심으로 이야깃거리가 될 만한 것을
엮었다.
▶ 독각
▶ 복중능언
▶ 연지신물
▶ 영춘남굴
▶ 흑호

한거잡록(閑居雜錄)

조선 말기 신재철이 남긴 책으로 여러
잡다한 이야깃거리를 엮었다.

한국구비문학대계(韓國口碑文學大系)

한국정신문화연구원을 중심으로
1979년부터 1985년에 걸쳐 전국에서
구전되는 이야기 자료를 조사 정리해
1980-1992년에 간행한 자료집이다.

한국민속문학사전(韓國民俗文學事典)

국립민속박물관을 중심으로
2001년경부터 편찬 사업이 기획
추진되고 있는 『한국민속대백과사전』
중 민속 문학을 다룬 책으로 2013년
12월 발간되었다.

한국민속신앙사전(韓國民俗信仰事典)

국립민속박물관을 중심으로
2001년경부터 편찬 사업이 기획
추진되고 있는 『한국민속대백과사전』
중 한국 민속신앙을 다룬 책으로
2011년 12월 발간되었다.

한국민속예술사전(韓國民俗藝術事典)

국립민속박물관을 중심으로
2001년경부터 편찬 사업이 기획
추진되고 있는 『한국민속대백과사전』
중 민속예술을 다룬 책으로 2016년
12월 발간되었다.

한국민족문화대백과사전 (韓國民族文化大百科事典)

한국정신문화연구원을 중심으로
1980-1987년 원고를 모으고 1988-
1991닌 발간한 사전으로 한국의 역사,
생활, 풍습 등 한국의 문화유산에 관한
정보를 정리했다.

한국세시풍속사전(韓國歲時風俗事典)
국립민속박물관을 중심으로
2001년경부터 편찬 사업이 기획
추진되고 있는 『한국민속대백과사전』
중 세시 풍속을 다룬 책으로 2007년
12월 발간되었다.

한서(漢書)
1세기 말에서 2세기 초 무렵 중국
후한의 반표, 반고, 반소 등을
중심으로 펴낸 책으로 중국 전한의
역사를 정리했다.

한양세시기(漢陽歲時記)
조선 말기 권용정이 쓴 책으로 당시
조선 서울에서 사람들이 따르던 1년
열두 달의 계절과 명절에 따른 풍속을
기록했다.

한죽당섭필(寒竹堂涉筆)
1783년 이덕무가 쓴 책으로 경상남도
함양 지역에 벼슬을 얻어 일하게
되었을 때 그곳에서 머물며 보고 들은
바를 중심으로 여러 지식을 기록했다.
▶ 육덕위

해동고승전(海東高僧傳)
1215년 오관사와 영통사의 주지였던
각훈이 쓴 책으로 삼국 시대에 활동한
승려들에 관한 이야기를 정리했다.
▶ 독흑리

해동야서(海東野書)
1864년 무렵 펴낸 이야기책으로
『청구야담』에 수록된 이야기 가운데
일부를 발췌한 형태다.

해동야언(海東野言)
조선 중기 허봉이 쓴 책으로 당시까지
조선의 여러 사건과 알려진 인물에
관한 이야깃거리와 설화를 모았다.

해동이적(海東異蹟)
조선 후기 홍만종이 쓴 책으로 한국의
여러 신선에 관한 이야기를 모았다.
▶ 신선골

해동잡록(海東雜錄)
1670년경 권별이 조선 이전의 여러
역사 속 사건과 알려진 인물에 관한
이야깃거리와 설화를 모아 쓴 책으로
인명 사전 형태로 편집되어 있다.
▶ 면패어리

해산잡지(海山雜誌)
18세기 조선의 정운경이 제주도의
풍경과 지리에 관한 여러 정보를 모아
엮었다.
▶ 금완연

해인사팔만대장경사적기
(海印寺八萬大藏經事蹟記)
조선 후기에 이덕무가 당시
해인사에 전해 내려오는
해인사와 팔만대장경에 관한
전설을 기록한 글로 원문 제목은
'기해인사팔만대장경사적'
(記海印寺八萬大藏經事蹟)이다.
▶ 삼목인

현종실록(顯宗實錄)
1677년 조선 조정에서 펴낸 책으로
현종의 행적과 나라의 일을 당시
남겨진 자료에 따라 서술했다.
▶ 반회반흑

후한서(後漢書)
5세기 무렵 중국 유송의 범엽 등을
중심으로 펴내 이후 북송 시기까지
보완된 책으로 중국 후한의 역사를
서술했다.

훈몽자회(訓蒙字會)
1527년 최세진이 한자 학습을 위해
쓴 책으로 자주 쓰는 3,000자 이상의
한자를 정리하고 뜻과 발음을 한글로
정리했다.

곽재식

2006년 단편소설 「토끼의 아리아」가 MBC '베스트극장'에서 영상화되면서 본격적인 활동을 시작했다. 『당신과 꼭 결혼하고 싶습니다』, 『가장 무서운 이야기 사건』, 『사기꾼의 심장은 천천히 뛴다』, 『140자 소설』 등 다수의 장·단편 소설을 비롯해 글쓰기에 관한 『항상 앞부분만 쓰다가 그만두는 당신을 위한 어떻게든 글쓰기』 등을 썼다. 『당신과 꼭 결혼하고 싶습니다』는 영화화 계약이 완료되어 제작을 기다리고 있으며 『사기꾼의 심장은 천천히 뛴다』는 드라마 「스위치」의 소재가 되기도 했다. 최근에는 MBC '심야괴담회', SBS '당신이 혹하는 사이', tvN '다빈치 코드' 등 대중매체에서도 활발히 활동하며 이상한 사건 속 수수께끼를 파헤치는 역할을 맡고 있다. 한편, 2007년부터 한국의 옛 기록에 등장하는 괴물 이야기를 정리해 인터넷에 '괴물 백과사전'이라는 이름으로 공개해 왔으며, 그 내용은 많은 창작자에게 알려져 소설, 만화, 학술 논문 등의 소재가 되었다.

이강훈

일러스트레이터, 시각예술가. 관심사에 따라 흘러 다니며 여러 장르를 아우르는 작업을 하고 있다. 300여 권의 단행본에 그림을 그렸고 『도쿄 펄프 픽션』, 『나의 지중해식 인사』 등을 쓰고 그렸다. '월간 윤종신'의 미술 부분 디렉터, 제20회 부천 국제 판타스틱 영화제 아트디렉터로 활동했다. 2016년 겨울부터 이듬해 봄까지 광화문 촛불 집회에서 '차벽을 꽃벽으로' 프로젝트를 이끌었다. 2021년부터 새로운 미술 영역으로 등장한 NFT아트에 관심을 가지면서, NFT아트 플랫폼 슈퍼레어(SuperRare)에서 1년간 매일 새로운 작품을 발행, 총 365개의 작품으로 완성하는 실험적인 프로젝트를 진행했고, 현재 새로운 프로젝트를 모색 중이다.